トップ大合格への

英文精読トレーニング

別冊演習問題集

トップ大合格への
英文精読
トレーニング

味岡 麻由美 著

別冊演習問題集

別冊の利用法

演習問題

各セクションで学習した文法や構造理解の知識を確認するための実践問題です。全て実際に大学入試で出題された英文を使用しています。本書での学習をより効果的にするために必ず「挑戦前の学習範囲」を確認し、該当するセクションの学習を終えてから演習問題に取りかかってください。辞書を引いても構いませんが、なるべくすぐに辞書に頼るのではなく、最後まで一読してから和訳を書く段階で調べるようにしましょう。初めに一読する際に、あとで辞書を引く語に印をつけるのも有効でしょう。

英文構造の理解

演習問題で挑戦した英文の構造分析や解説を載せているほか、イディオムや慣用表現、指示語や代名詞に印がついています。赤シートを復習に活用してください。

CONTENTS

第1部　リーディング・グラマー

演習問題1　［1］	6
演習問題1　［2］	7
演習問題2	10
演習問題3	12
演習問題4	14
演習問題5	17
演習問題6　［1］	20
演習問題6　［2］	20
演習問題7　［1］	27
演習問題7　［2］	28

演習問題 8　[1] ---------------------------- 33
演習問題 8　[2] ---------------------------- 34
演習問題 9　[1] ---------------------------- 39
演習問題 9　[2] ---------------------------- 40
演習問題 10　[1] ---------------------------- 43
演習問題 10　[2] ---------------------------- 44
演習問題 11　[1] ---------------------------- 49
演習問題 11　[2] ---------------------------- 50

第2部　パラグラフ・リーディング
演習問題 12　[1] ---------------------------- 58
演習問題 12　[2] ---------------------------- 58
演習問題 13　[1] ---------------------------- 63
演習問題 13　[2] ---------------------------- 64
演習問題 14 ---------------------------- 68
演習問題 15 ---------------------------- 71
演習問題 16 ---------------------------- 75
演習問題 17 ---------------------------- 78
演習問題 18 ---------------------------- 84
演習問題 19　[1] ---------------------------- 92
演習問題 19　[2] ---------------------------- 93

記号と略語（Symbols & Abbreviations）

「英文構造の理解」のページでは、各演習問題で扱われた英文の文法的な分析と重要語句のチェックができるように本文を再掲載しています。以下の「記号と略語」について確認しながら解き終えた英文をもう一度見つめなおしてください。

一般（GENERAL）
- S　　：主語（S' は従属節内の主語）
- V　　：動詞（V' は従属節内の動詞）
- O　　：目的語（O' は従属節内の目的語）
- C　　：補語（C' は従属節内の補語）
- M　　：修飾語（= Modifier）
- Prep ：前置詞（= Preposition）

並立構造について（JUXTAPOSITIONS）
- 等位接続詞（and, but, or, など）は○で囲む。並列でない時は∅で囲む。
  例：A ⓐⓝⓓ B
  例：Aの文, ~~but~~ Bの文

- 並列関係にあるものは単語、句、節共に該当部分に下線を引き A, B, C, などアルファベットで表す。

- 複数の並列関係などが本文中に見られる場合、A_1 and B_1, A_2 and B_2 などアルファベットの横に小さい数字を用いて並列になっている語を表す。

節について（CLAUSES）
- that, what, when, if … ：節を率いる語については、その語を ☐ で囲む。
  例： That … …..

- That S' + V' … ：名詞節のとき、接続詞を含めて（ ）でくくる。
  例：(That S' + V' …)

・先行詞 who + V' ... : 形容詞節のとき、関係詞の中心から（　）でくくり、制限用法のとき先行詞に矢印あり、非制限用法のとき矢印なし。
　例：制限用法　　　　先行詞　（who + V' ... ）
　例：非制限用法　　　先行詞 ,　（who + V' ... ）

・Though S' + V' ... : 副詞節のとき、接続詞を含めて [ ] でくくる。
　例：[Though S' + V' ...]

・Inserted phrases/clauses : 挿入された語・句・節は、必要に応じて < > でくくる。
　例：< ... ... >

・関係詞の先行詞：下線を引き、「先」と表示する。

注釈（NOTES）
本文で用いられている重要な語・表現・構文・指示語・文法について、必要に応じて覚えるべき表現としてリストで紹介します。和訳等は赤字で表示していますので、赤シートを復習用に活用してください。

　重要語句・表現　　語、表現、構文、文法、および Verb collocations など離れた語同士の連語関係について

　指示語・代名詞　　指示語や代名詞が何を指しているか

挑戦前の学習範囲　SECTION：1〜3

演習問題 1

解答 → P.266

[1]　次の英文を読み、以下の問いに答えなさい。

　Learning words increases the size of a child's vocabulary. (1)Behind this obvious truth lies a set of complex issues concerning the wide range of information that children employ in learning new words. But does the size of a child's vocabulary influence how he or she learns, or retains, new words? (2)Clearly, there must be a relationship between the child's ability to learn new words and the size of his or her vocabulary.

（2007年　名古屋大・改）

問1)　下線部(1)、(2)のSVをそれぞれ文中から書き抜きなさい。
問2)　SVに注意しながら全文を和訳しなさい。

[2] 次の英文を読み、以下の問いに答えなさい。

(1)How English develops in the world is no business at all of native speakers in England, the United States, or anywhere else. They have no say in the matter, no right to intervene or pass judgment. They are irrelevant. (2)The very fact that English is an international language means that no nation can have custody* over it. To grant such custody of the language is necessarily to arrest its development and so undermine its international status. It is a matter of considerable pride and satisfaction for native speakers of English that their language is an international means of communication. But the point is that English is international to the extent that it is not their language. It is not a possession which they lease out to others, while still retaining ownership as their mother tongue. Other people actually own it.

As soon as you accept that English serves the communicative and shared needs of different communities, it follows logically that it must be diverse. An international language has to be an independent language. It does not follow logically, however, that the language will break down into mutually unintelligible varieties. (2008年　信州大・改)

（注）custody: 管理権

問1）　下線部(1)、(2)のSVをそれぞれ文中から書き抜きなさい。
問2）　SVに注意しながら全文を和訳しなさい。

英文構造の理解

演習問題 1 [1]

Learning words increases the size of a child's vocabulary. Behind this obvious truth lies a set of complex issues (concerning the wide range of information (that children employ in learning new words)). But does the size of a child's vocabulary influence (how he or she learns, or retains, new words)? Clearly, there must be a relationship between the child's ability to learn new words and the size of his or her vocabulary.

重要語句・表現

□ concerning ~ 「~に関して、~に関する」（regarding ~ と同じ）　□ in ~ ing 「~する際に」

演習問題 1 [2]

(How English develops in the world) is no business at all of native speakers in England, the United States, or anywhere else. They have no say in the matter, no right to intervene or pass judgment. They are irrelevant. The very fact (that English is an international language) means (that no nation can have custody over it). To grant such custody of the language is necessarily to arrest its development and so

8

演習問題 1

undermine its international status. It is a matter of considerable pride and satisfaction for native speakers of English (that their language is an international means of communication). But the point is (that English is international to the extent (that it is not their language.)) It is not a possession (which they lease out to others, while still retaining ownership as their mother tongue). Other people actually own it.

[As soon as you accept (that English serves the communicative and shared needs of different communities)], it follows logically (that it must be diverse). An international language has to be an independent language. It does not follow logically, < however, > (that the language will break down into mutually unintelligible varieties).

重要語句・表現

第1段落 □ no/not/never ~ at all「全く~ない」 □ a matter of ~「~の問題」 □ considerable「かなりの~」(「考慮できる」ではない) □ the point is that S' V' ~「重要なのは~だ」 □ to the extent that ~「~する程度まで」(to some extent「ある程度」)
第2段落 □ it follows that S' V' ~「~ということになる」 □ break down into ~「~に分解される」(break down A into B「AをBに分解する」)

指示語・代名詞

① They = native speakers (in England, the United States, or anywhere else) ② it = English ③ it = English ④ they = native speakers of English

挑戦前の学習範囲　SECTION：4 ～ 5

演習問題 2

解答 → P.267

次の英文を読み、以下の問いに答えなさい。

　Many of our feelings of satisfaction or dissatisfaction have their roots in ⑴ how we compare ourselves to others. ⑵ When we compare ourselves to those ⑶ who have more, we feel bad. ⑷ When we compare ourselves to those ⑸ who have less, we feel grateful. ⑹ Even though the truth is ⑺ that we have exactly the same life either way, our feelings about our life can vary greatly based on ⑻ who we compare ourselves with. Compare yourself with those examples ⑼ that are meaningful, but at the same time, make you feel comfortable with ⑽ who you are and ⑾ what you have.（2007年　佐賀大・改）

問1）　下線部（1）～（11）を、名詞節、形容詞節、副詞節のどれを導いているかを明らかにし、導く節の最後の2語を書いて示しなさい。

問2）　節の種類に注意しながら、文脈を切らないよう、まず全体を最後まで読み進め、内容を把握してから、一文一文を和訳しなさい。

英文構造の理解　演習問題2

演習問題2

Many of our feelings of satisfaction or dissatisfaction have their roots in (how we compare ourselves (to) others). [When we compare ourselves to those (who have more)], we feel bad. [When we compare ourselves to those (who have less)], we feel grateful. [Even though the truth is (that we have exactly the same life either way)], our feelings about our life can vary greatly / (based) (on) (who we compare ourselves with). Compare yourself with those examples (that are meaningful), but at the same time, / make you feel comfortable with (who you are) and (what you have).

重要語句・表現

□compare A to B「AをBと比較する」「AをBにたとえる」 □The truth is that S V ～「本当は～だ、真実は～だ」 □exactly the same「まったく同じ」 □either way「どちらでも、どちらにしても」 □based on ～「～に基づいて」 □compare A with B「AをBと比較する」 □vary「さまざまだ、変わる」（変化を意味するのではなく、多様性を意味する） □make O 原形「Oに～させる」（使役動詞） □who you are「あなたがどのような人か、あなたの人格、人となり」 □what you have「あなたの財産、あなたがどのようなものを持っているか」

11

挑戦前の学習範囲 SECTION：6
演習問題 3

解答 → P.267

次の英文を読み、以下の問いに答えなさい。

　In the rich and fascinating tradition of philosophy there are various schools of thought, and individual philosophers have often put forward views which conflict with those of other philosophers. (1)The point is not that there are final answers in philosophy which one can accept, like buying a ready-made suit. (2)What the philosophers agree about is that we have to think things through for ourselves, taking the different sides of every problem into account. （2006年　大阪大・改）

問1）　下線部(1)、(2)の名詞節を全て抜き出し、その節を導いている語を文法的に説明しなさい。

問2）　名詞節に注意しながら全文を和訳しなさい。

演習問題 3

In the rich and fascinating tradition of philosophy / there are various schools of thought, and individual philosophers have often put (forward) views (which conflict (with) those of other philosophers). The point is not (that there are final answers in philosophy (which one can accept), like buying a ready-made suit). (What the philosophers agree about) is (that we have to think things through / for ourselves, / taking the different sides of every problem (into) (account)).

重要語句・表現

□ school「流派、学派」 □ put forward「（意見、議案、提案など）を提出する、提起する、提案する」 □ conflict with ～「～と対立する」 □ The point is that S V ～「重要なのは～だ」 □ think O through「Oを考え抜く、最後まで考える」 □ for oneself「自分で、自力で、自分のために」 □ take O into account「Oを考慮に入れる」（= take O (into) (consideration)）

指示語・代名詞

① those = the views

挑戦前の学習範囲　SECTION：7〜8

演習問題 4

解答 → P.268

次の英文を読み、以下の問いに答えなさい。

(1)I have implied a distinction between decoration and realism that I have not clearly defined. (2)This distinction is not, though it has often been held to be, a distinction between two different kinds of art, between which runs a sharp dividing line. It is rather a recognition of opposite ends of a scale, like the recognition of heat and cold, both degrees of temperature, but without intrinsic superiority one over the other. In painting we thus distinguish between the attempt to imitate and the willingness (not the intention) to suggest nature. This distinction is best expressed in the old simile of the window and the wall. Some pictures represent a pattern on a wall; some pictures represent a vision through a window. In some we look at the canvas; in others we look through the frame. Some are decorative; some are realistic. (3)Many painters have wished that their pictures should not be found wanting when compared with the pictures of similar subjects that each spectator paints with the brushes and palette of his own brain. Sometimes this desire has been carried so far as to preclude all others.（2008年　大阪教育大・改）

問1）　下線部(1)〜(3)の関係代名詞とそれが修飾している先行詞をそれぞれ抜き出しなさい。また、関係代名詞の役割（主格、所有格、目的格）を示しなさい。

問2）　英文を形容詞節に注意しながら、前から読んで和訳しなさい。

演習問題 4

I have implied a distinction (between) decoration (and) realism (that I have not clearly defined). This distinction is not, < though it has often been held to be >, a distinction between two different kinds of art, (between which runs a sharp dividing line). It is rather a recognition of opposite ends of a scale, like the recognition of heat and cold, both degrees of temperature, but without intrinsic superiority one over the other. In painting / we < thus > distinguish (between) the attempt to imitate (and) the willingness not the intention to suggest / nature. This distinction is best expressed in the old simile of the window and the wall. Some pictures represent a pattern on a wall; some pictures represent a vision through a window. In some / we look at the canvas; in (others) / we look through the frame. Some are decorative; some are realistic. Many painters have wished (that their pictures should not be found wanting [when compared with the pictures of similar subjects (that each spectator paints with the brushes and palette of his own brain)]). Sometimes this desire has been carried so far as to preclude all others.

重要語句・表現

☐ though it has often been held to be　挿入の though 節。it を明らかにし be の後ろに省略されたものを補うと、though this distinction has often been held to be a distinction between two different kinds of art となり、直前の主節 SVC の関係と一致する。☐ a distinction between A and B「AとBの区別」☐ distinguish between A and B「AをBと区別する」(= distinguish A from B) ☐ some - others「ある人（もの）は～、また他の人（もの）は～」☐ wanting「不足している、欠乏している」(their pictures should not be found wanting は SVOC の受動態で、wanting は found の補語（C）にあたる) ☐ be carried so far as to 原形「～しさえする」(= go so far as to 原形；so far as to 原形「～するところまで、～しさえ」の使い方に慣れること)

指示語・代名詞

① It = this distinction (= a distinction between decoration and realism) ② **opposite ends of a scale** = heat (and) cold ③ **both** = opposite ends of a scale ④ **this desire** = Many painters have wished that their pictures ～ of his own brain.

挑戦前の学習範囲 SECTION：9

演習問題 5

解答 → P.269

次の英文を読み、強調に注意して全文を和訳しなさい。

　Today, it is said that when we buy a product, what we desire is not only the object itself, but the self-image it suggests to us. Suppose you are thinking of buying a car. Does an image of yourself behind the wheel of a certain type of car come to mind? Surely it does, and whatever car you see yourself driving, for others it will be a Toyota SUV*, or a sedan, or a Ferrari. The fact is that most people do not choose their cars on the basis of convenience or utility; it is not the function of the car that we intend to consume so much as the image it carries: little and cute, sporty, or whatever. It is this image that you want to make your own.
（2007年　小樽商科大・改）

(注) SUV ＝ Sport Utility Vehicle の略。ミニバンやRV車を含む、キャンプなどの屋外娯楽活動を楽しむことを目的とした多目的自動車のアメリカでの一般的総称。車高が高く、四輪駆動(4WD)のものが多い。

英文構造の理解

演習問題 5

Today, it is said that [when we buy a product,] what we desire) is not only the object itself, (but) the self-image (it suggests to us). Suppose (you are thinking (of) buying a car). Does an image of yourself behind the wheel of a certain type of car (come) to (mind)? Surely it does, and [whatever car you see yourself driving,] for others / it will be a Toyota SUV, or a sedan, or a Ferrari. The fact is (that most people do not choose their cars / (on) the (basis) (of) convenience or utility); It is not the function of the car that we intend to consume / (so) (much) (as) the image (it carries): little and cute, sporty, or whatever. It is this image that you want to make your own.

重要語句・表現

□ not only A but (also) B 「AだけでなくBもまた」 □ Suppose S V ~ 「~だと想定してみよう、~だと考えてみよう」 □ think of ~ ing 「~しようと思う、~しようと考える」 □ behind the wheel 「車の運転中で、車を運転している」 (wheel は「車輪」のことだが、「自動車のハンドル」のこともwheelと言う。handle は「取っ手」のことなので、「自動車のハンドル」には用いない) □ (a) certain ＋ 名詞 「ある~、何らかの~」 (名詞を特定させないときに用いる、「確かな」の意味ではないので注意) □ come to mind 「頭に思い浮かぶ」 □ The fact is that S V ~ 「実際は~だ、事実は~だ」 □ on the basis of ~ 「~を基にして、~に基づいて」 □ not A so much as B = not so much A as B 「BというよりむしろA」 □ intend to do 「~するつもりだ、~しようと意図する」

18

演習問題 5

☐ make O one's own 「O を自分のものにする」

指示語・代名詞

① it = the object ② it = an image of yourself behind the wheel of a certain type of car ③ does = come to mind ④ it = whatever car ⑤ it = the car

挑戦前の学習範囲　SECTION：10〜11

演習問題 6

解答 → P.269

[1] 次の英文を読み、句と節に注意しながら全文を和訳しなさい。

　You can find joy in practically any situation if you are open to the experience of happiness. Even a mundane* task such as washing dishes can become an occasion for pleasure if you let yourself marvel at the colors in the soapsuds* or let the sight of a plate remind you of the last holiday meal you spent with family or friends. Whatever your activity, do it with care and consideration and awareness. If you focus on doing the best that you can under the circumstances, without making yourself anxious or nervous about it, you might find that what you are doing becomes a source of enjoyment and pleasure rather than just a chore*.
（2006年　高知大・改）

(注) mundane: 日常の、ありふれた　soapsuds: 石けんの泡　chore: 決まりきった仕事、日課

[2] 次の英文はイギリス人の哲学者がアメリカで行った講演の一部です。英文を読んで下記の設問に答えなさい。

　The subject upon which I am supposed to be talking to you tonight is a very modest and easy subject—"How to Be Free and Happy." (1)I do not know whether I can give you a recipe, like a cookbook recipe, which each one of you can apply. I do want to say a few things which I believe firmly and I consider, as far as my own experience goes, very important.

　Perhaps there may be some of you here, and certainly there are many elsewhere, who will say (A)that the whole answer to my question "How to Be Free and Happy" is summed up in one simple sentence—"Get a good income!" That is an answer which I think is generally accepted.

演習問題 6

(2) However, I think that it is a mistake to imagine that money is a very much more important thing in producing happiness than it actually is. I have known in the course of my life a great many rich people, and I can hardly think of one of them who appears to be either happy or free. I have known a great many people who were extremely poor—they also could hardly be happy and free. But in the intermediate realms you find most happiness and freedom. It is not great wealth or great poverty (B) that brings most happiness.

(3) My impression about it is this: that when you are talking of the external conditions of happiness, a person must have, of course, enough to eat and the necessaries of life and what is needed for the care of children. When you have those things you have as much as really contributes to happiness. Beyond (C) that you only multiply cares and anxiety. So that I don't think enormous wealth is the solution. I should say, for the external conditions of happiness, (D) that in this country, as far as the material problem of the production of goods is concerned, you have quite solved it. If the goods (E) that are produced were distributed with any justice, that certainly would be a real contribution towards happiness. Your problem here is two-fold. It is first a political problem: to secure the advantages of your unrivalled production for a wider circle. (4) On the other hand, it is the psychological problem of learning how to get the good out of these material conditions that have been created by our industrial age. (F) That, I think, is where we modern people have failed most — on the psychological side, on the side of being able to enjoy the opportunities which we have created. (2008年 岩手大・改)

問1) 太線(A)～(F)のthatの品詞、それぞれの文法的用法を説明しなさい。
問2) また下線部(1)～(4)を日本語に訳しなさい。

21

英文構造の理解

演習問題6 [1]

You can find joy in practically any situation [if you are open (to) the experience of happiness]. Even a mundane task (such) (as) washing dishes can become an occasion for pleasure [if you let yourself marvel at the colors in the soapsuds or let the sight of a plate remind you (of) the last holiday meal (you spent with family or friends). [Whatever your activity], do it with care and consideration and awareness. [if you (focus) (on) doing the best (that you can under the circumstances), < without making yourself anxious or nervous about it, > you might find (that (what you are doing) becomes a source of enjoyment and pleasure (rather) (than) just a chore.

重要語句・表現

□ be open to ~「~に対して開かれている、(人が) ~に心を開いている」 □ such as ~「たとえば~のような」 □ let + O + 原形「Oに~させる」 □ remind ~ of ...「~に・・・を思い出させる」 □ whatever your activity (may be)「あなたの活動が何であろうと (副詞節)」(V'が省略されているときは、be動詞と考える) □ focus on ~「~に焦点をあてる」 □ A rather than B「BというよりむしろA」

指示語・代名詞

① it = your activity

演習問題6 [2]

The subject upon which I am supposed to be talking to you tonight is a very modest and easy subject—"How to Be Free and Happy." I do not know (whether I can give you a recipe, < like a cookbook recipe >, (which each one of you can apply). I do want to say a few things (which I believe firmly and I consider, < as far as my own experience goes >, very important).

Perhaps there may be some of you here, and certainly there are many elsewhere, (who will say (that the whole answer (to) my question "How to Be Free and Happy" is summed (up) in one simple sentence—"Get a good income!")) That is an answer (which < I think > is generally accepted). However, I think (that it is a mistake to imagine (that money is a very much more important thing in producing happiness than it actually is)). I have known < in the course of my life > a great many rich people, and I can hardly think of one of them (who appears to be either happy or free). I have known a great many people (who were extremely poor)—they also could hardly be happy and free. But

23

in the intermediate realms / you find most happiness and freedom. It is not great wealth or great poverty that brings most happiness.

My impression about it is this: (that) [when you are talking (of) the external conditions of happiness,] a person must have, < of course >, enough to eat and the necessaries of life and what is needed for the care of children). [When you have those things] you have as much as really (contributes) (to) happiness. Beyond that / you only multiply cares and anxiety. So that I don't think (enormous wealth is the solution). I should say, < for the external conditions of happiness >, (that in this country /, < (as) (far) (as) the material problem of the production of goods is concerned >, you have quite solved it). [If the goods (that are produced) were distributed with any justice,] that certainly would be a real contribution towards happiness. Your problem here is two-fold. It is first a political problem: to secure the advantages of your unrivalled production for a wider circle. (On) the (other) (hand), it is the psychological problem of learning how to get the good out of these material conditions (that have been created by our industrial age). That, < I think >, is (where we modern people have failed most)—on the psychological side, on the side of being able to enjoy the opportunities (which we have created).

重要語句・表現

第1段落 □ upon [on]「〜について、〜に関して」(前置詞 on, upon の意味として覚えておこう) □ be supposed to do「〜することになっている、〜しなければならない」□ as far as S goes「S に関する限り、S に関して言うと、S に限って言うと」第2段落 □ the answer to 〜「〜の答え」 □ sum up 〜「〜を要約する、まとめる」□ in the course of 〜「〜の間に、〜の過程で」□ think of ＋名詞「〜(のこと) を考える、〜について考える」(think は通常、直接後ろには節を取り、名詞を取るときは of を用いる) 第3段落 □ this 指示語 this は that と異なり、前に書かれた内容だけでなくこれから書かれる内容を指すこともできる。この場合は、this: の直後から同段落の最後まで全てを指す □ talk of 〜「〜について話す」(say of 〜, talk of 〜, speak of 〜についても、of は「〜について」の意) □ contribute to 〜「〜に貢献する、寄与する」□ So that S' V' 〜「その結果〜」(結果を表す so that 節。この場合は、独立した1文として表記されている) □ as far as S is concerned「S に関する限りでは」□ on the other hand「一方、他方では」(2つのものうち後者を述べるとき、また対照的なもののうちもう一方を述べるときに用いる) □ get O out of 〜「〜の中から O を手に入れる」□ where S V 〜「〜するところ」(分類上は関係副詞だが、先行詞 a place が省略されていると考える)

指示語・代名詞

① That = "Get a good income!" ② it = money ③ them = a great many rich people ④ they = a great many people who were extremely poor ⑤ it = 人の幸福をもたらすものは、経済的な豊かさでも貧しさでもないということ ⑥ those things = enough to eat and the necessaries of life and what is needed for the care of children ⑦ that = 幸福に本当に貢献するものは全て十分に揃っている状態 ⑧ it = the material problem of the production of goods ⑨ that = 生産された商品が公正に分配されること ⑩ two-fold = 二重の問題とは、① その生産において、他の誰にも並ぶことない利益をより広範囲にわたり確保するという政治的問題、② 我々の産業時代によって生み出されたこれらの物質的条件からどうやって利益を手に入れるかを学ぶという心

理的問題、のこと ⑪ It = your problem ⑫ it = your problem ⑬ That = learning 〜 by our industrial age (of)

挑戦前の学習範囲　SECTION：12

演習問題 7

解答 → P.271

[1] 次の英文を、後置修飾（名詞を後ろから修飾するパターン）に注意しながら、前から読んで和訳しなさい。

Last Sunday the *New York Times* I bought was almost as thick as the telephone book. Since it takes me a week to read it, I only buy a newspaper once a week. First I start with the local news. Reading it, I find out what's happening around me in my immediate environment. I can read about speeches given by local election candidates, robberies in my neighborhood, and also keep up on what's new in the next borough*.

Then I read national news. Coming from the South, I usually look at that news first, but I read about all the regions in the country. I consider myself a good citizen and I think it's important to know what's going on across the nation. The problems of the people in another area today may be the same ones we'll be facing here in New York next year. The national coverage in the *Times* is very thorough, and I feel quite well-informed after reading it.

Last, but not least, I read the international news. Since I have a daughter living in Japan and a son-in-law who works for a German firm, Asia and Europe are of particular interest to me. The world changes so rapidly and has come to be so interdependent during the past few decades. It's a pleasure to read stories about what people in other countries are reading or about a typical day in the life of an average working man or woman. I read the political and economic news, too, though I can't say I enjoy it as much.

There are other parts to the newspaper, but my wife usually walks off with them. I'm satisfied with my three types of news anyway, and I spend about two days on each. （2008年　滋賀大・改）

(注) borough:（ニューヨーク市の）自治区

[2] 次の英文を、後置修飾（名詞を後ろから修飾するパターン）に注意しながら、前から読んで和訳しなさい。

Few people realize that psychologists make a secret promise that at some point in their professional lives they will publish a book, a chapter in a book, or at least an article that contains this sentence: 'The human being is the only animal that …' We are allowed to finish the sentence any way we like, but it has to start with those eight words. Most of us wait until relatively late in our careers to fulfill this solemn obligation because we know that successive generations of psychologists will ignore all the other words that we managed to pack into a lifetime of well-intentioned scholarship and remember us mainly for how we finished *The Sentence*. We also know that the worse we do, the better we will be remembered. For instance, those psychologists who finished The Sentence with 'can use language' were particularly well remembered when chimpanzees were taught to communicate with hand signs. And when researchers discovered that chimps in the wild use sticks to extract tasty ants from their mounds (and to bash one another over the head now and then), the world suddenly remembered the full name and mailing address of every psychologist who ever finished The Sentence with 'uses tools'. So it is for good reason that most psychologists put off completing The Sentence for as long as they can, hoping that if they wait long enough, they just might die in time to avoid being publicly put to shame by a monkey.（2008年　東北大・改）

演習問題 7 [1]

Last Sunday / the *New York Times* (I bought) was almost as thick as the telephone book. [Since (it) (takes) (me) a week (to) read it,] I only buy a newspaper once a week. First I start with the local news. Reading it, I find out (what's happening around me in my immediate environment). I can read about speeches (given by local election candidates), robberies in my neighborhood, and also keep up on what's new in the next borough.

Then / I read national news. Coming from the South, / I usually look at that news first, but I read about all the regions in the country. I consider myself a good citizen and I think it's important to know what's going on across the nation. The problems of the people in another area today may be the same ones (we'll be facing here in New York next year). The national coverage in the *Times* is very thorough, and I feel quite well-informed after reading it.

Last, but not least, I read the international news. [Since I have a daughter (living in Japan) and a son-in-law (who works for a

German firm)], Asia and Europe are of particular interest to me. The world changes so rapidly and has come to be so interdependent during the past few decades. It's pleasure to read stories about (what people in other countries are reading) or about a typical day in the life of an average working man or woman. I read the political and economic news, too, [though I can't say I enjoy it as much].

There are other parts to the newspaper, but my wife usually walks off with them. I'm satisfied (with) my three types of news anyway, and I spend about two days on each.

重要語句・表現

第1段落 □ it takes + [人] + [時間] + to 原形「[人]が〜するのに[時間]がかかる」 □ keep up on 〜「〜の最新動向についていく」(keep up は「維持する」、on は「〜について」) **第2段落** □ what's going on 〜「何が起こっているか」「起こっていること」 **第3段落** □ not least「特に、決して軽んじられないことで、大事なこととして」 □ of + 抽象名詞 = 形容詞 (of particular interest = particularly interesting) □ as much as much (as stories about what people in other countries are reading or about a typical day in the life of an average working man or woman) の ( ) 内が省略されている。本来は not as 〜 as ...「…ほど〜ない」の比較の構造。 **第4段落** □ walk off with 〜「〜を持ち去る」(off は「離れて」を表す副詞) □ be satisfied with 〜「〜に満足している」

指示語・代名詞

① it = the local news ② that news = the news about the South ③ ones = problems ④ it = the *Times* ⑤ it = the political and economic news ⑥ them = other parts ⑦ my three types of news = the local news, national news, and the international news ⑧ each = each of the three types of news

演習問題 7 [2]

Few people realize (that psychologists make a secret promise (that at some point / in their professional lives / they will publish a book, a chapter in a book, or at least an article (that contains this sentence: 'The human being is the only animal that...'))) We are allowed to finish the sentence any way (we like), but it has to start with those eight words. Most of us wait until relatively late in our careers to fulfill this solemn obligation [because we know ((that successive generations of psychologists will ignore all the other words (that we managed to pack into a lifetime of well-intentioned scholarship) and remember us mainly for (how we finished *The Sentence*))]. We also know (that the worse we do, the better we will be remembered). For instance, those psychologists ((who finished The Sentence with 'can use language') were particularly well remembered [when chimpanzees were taught to communicate with hand signs]. And [when researchers discovered (that chimps in the wild use sticks to extract tasty ants from their mounds (and to bash one (another) over the head (now) and

(then)))], the world suddenly remembered the full name (and) mailing
　　　　　　　　　　　　　　　　　　　　　　　　　　　　　A　　　　　　B
address of every psychologist ([who] ever finished The Sentence with
'uses tools'). So it is for good reason that most psychologists put (off)
　　　　　　　　　　　強調
completing The Sentence for as long as they can, hoping ([that] [[if] they
　　　　　　　　　　　　　　　　　　　　　　　　　　　　　　　　　　　　⑥
wait long enough,] they just might die in time to avoid being publicly
put to shame by a monkey).

重要語句・表現

☐ The + 比較級 + S V 〜, the + 比較級 + S' V' … 「〜すればするほど、ますます…」 ☐ one another 「(3者以上で) お互いに」 ☐ now and then 「時々」 (at times, from time to time, every once in a while も同義) ☐ put off 〜 ing 「〜するのを延期する」 ☐ as 〜 as S' can 「できるだけ〜」 ☐ in time 「間に合って、時間内に」 ☐ put O to shame 「Oに恥をかかす」

指示語・代名詞

① they = psychologists ② it = the sentence ③ those eight words = 'The human being is the only animal that.' ④ this solemn obligation = その8語で始めなければならない文 ⑤ The Sentence = 心理学者が業績に残そうとしている 'The human being is the only animal that' の8語で始まる文 ⑥ they = psychologists

演習問題 8

挑戦前の学習範囲　SECTION：13～14

解答 → P.272

[1] 次の英文を、Verb Collocations に注意しながら、前から読んで和訳しなさい。

We all tend to favor our own ideas, which is natural enough. They are, after all, in a sense our very own babies, the conceptions of our minds. But conception is possible in the thinking subject only because of the subject's encounter with the world. Our ideas owe their existence, ultimately, to things outside and independent of the mind, to which they refer: objective facts.

Our ideas are clear, and our understanding of them is clear, only to the extent that we keep constant tabs on the things to which they refer. The focus must always be on the originating sources of our ideas in the objective world. We do not really understand our own ideas if we suppose them to be self-generating, that is, not owing their existence to extramental realities.

The more we focus on our ideas in a way that systematically ignores their objective origins, the more unreliable those ideas become. The healthy bonds that bind together the objective orders are put under great strain, and if we push the process too far, the bonds may break. Then we have effectively divorced ourselves from the objective world. Instead of seeing the world as it is, we see a projected world, one that is not presented to our minds but which is the products of our minds.

（2006年　大阪教育大・改）

[2] 次の英文を、Verb Collocations に注意しながら、前から読んで和訳しなさい。

Every person creates his or her own reality. Authorship of your life is one of your absolute rights; yet so often people deny that they have the ability to script the life they desire. They often use the excuse that they cannot do what they want to do or get what they desire in life because they lack the resources to do it. They look past the fundamental truth that it is not our external resources that determine our success or failure, but rather our own belief in ourselves and our willingness to create a life according to our highest aspirations.

You can either engage in the blame game, making frequent use of the statement, "I couldn't because ...," or you can take control of your life and shape it as you would like. You can either let your circumstances, be they your physical appearance, your financial condition, or your family origins, decide what happens to you, or you can transcend your perceived limitations and make extraordinary things happen. The "yeah, buts ..." do not produce results — they just reinforce the delusion* of inability.
（2007年　大阪外国語大・改）

（注）delusion: 思い込み、錯覚

演習問題8 [1]

We all tend to favor our own ideas, (which is natural enough). They are, < (after) (all), > < (in) a (sense) > our very own babies, the conceptions of our minds. But conception is possible in the thinking subject / only because of the subject's encounter with the world. Our ideas owe their existence, < ultimately >, (to) things (outside and independent of the mind), to (which they refer): objective facts.

Our ideas are clear, and our understanding of them is clear, only to the extent [that we keep constant tabs on the things to (which they refer)]. The focus must always be (on) the originating sources of our ideas in the objective world. We do not really understand our own ideas [if we suppose them to be self-generating, < (that) (is), > not owing their existence (to) extramental realities].

The more we focus on our ideas in a way (that systematically ignores their objective origins), the more unreliable those ideas become. The healthy bonds (that bind together the objective orders) are put under great strain, and [if we push the process too far,] the bonds may break.

Then we have effectively divorced ourselves from the objective world. (Instead) (of) seeing the world as it is, we see a projected world, one (that is not presented to our minds) but which is the products of our minds).

重要語句・表現

第1段落 □ after all「結局」 □ in a sense「ある意味で（は）」 □ very「まさにその～」（このveryは形容詞） □ conception「概念」（「胎児、受胎」の意味もある） □ owe A to B「AはBのおかげだ、AはBによるものだ」 □ refer to ～「～を参照する」 **第2段落** □ focus - on「焦点を当てる（対象には on を用いる）」 □ suppose O to be C「OがCだと思う」 □ that is「すなわち」 **第3段落** □ the ＋比較級＋S V ～, the ＋比較級＋S' V' ...「～すればするほど、ますます…」 □ push O too far「Oをやりすぎる、度を超す」 □ divorce A from B「AをBと切り離す」 □ instead of ～「～のかわりに」 □ see A as B「AをBとみなす」 □ as it is / as they are「ありのままに」

指示語・代名詞

① They ＝ our own ideas ② their ＝ our ideas ③ objective facts ＝ things outside and independent of the mind, (to which they refer) ④ one ＝ a world

演習問題 8 [2]

Every person creates his or her own reality. Authorship of your life is one of your absolute rights; yet / so often / people deny (that they have the ability to script the life (they desire)). They often use the excuse (that they cannot do (what they want to do) or get (what they desire in life) [because they lack the resources to do it]. They look past the fundamental truth (that it is not our external resources that determine our success or failure, (but) rather our own belief in ourselves and our willingness to create a life according to our highest aspirations.

You can either engage in the blame game, making frequent use of the statement, "I couldn't because …," (or) you can take control of your life and shape it as you would like. You can either let your circumstances, < be they your physical appearance, your financial condition, or your family origins, > decide (what happens to you), or you can transcend your perceived limitations and make extraordinary things happen. The "yeah, buts …" do not produce results—they just reinforce the delusion of inability.

重要語句・表現

第1段落 □ yet「しかし」 □ look past「見過ごす、見落とす」 □ not A but B「AでなくてB」 □ according to ~「~にしたがって」 第2段落 □ either A or B「AあるいはB」 □ make use of ~「~を利用する」 □ take control of ~「~を支配する、管理する、制御する」 □ let ＋ O ＋ 原形「Oに~させる」 □ be they A, B, or C ＝ whether they be A, B, or C「AであろうとBであろうとCであろうと」

指示語・代名詞

① do it ＝ do what they want to do or get what they desire in life ② it ＝ your life ③ they ＝ the "yeah, buts …"

演習問題 9

挑戦前の学習範囲　SECTION：15 ～ 16

解答 → P.273

[1]　次の英文は環境関連の会議の案内文である。英文を読んで、以下の問いに答えなさい。

　The aim of this workshop is to put some important environmental issues on the policy agenda [(1)]and to debate how the engineering [(2)]and environmental community can contribute to their solution. By thoroughly discussing the issues we seek to bring our knowledge [(3)]and experiences to the attention of those who are making the decisions [(4)]and providing the funds to solve the problems.（2006年　名古屋大・改）

問1）　下線部(1)～(4)のandが結ぶ並列関係にある部分を抜き出しなさい。
問2）　全文を和訳しなさい。

[2] 次の英文を読んで、以下の問いに答えなさい。

　While it is not necessary to spend long hours in the kitchen in order to eat properly, it is necessary to spend *some* time in the kitchen. Simple, healthy menus require careful planning rather than long hours of preparation. Much can be accomplished in the way of advance preparation by dedicating just one block of four to five hours per week to food, which might include shopping, starting a large pot of stock* to last the week, putting up* a jar of fermented* vegetables, making a batch* of cookies for school lunches (1)and preparing a large casserole of soup or stew that can last for several meals. Simple, nutritious meals can be prepared very quickly when one lays the groundwork ahead of time. If your present schedule allows not at all for food preparation, you would be wise to reexamine your priorities.（2007年　滋賀大・改）

（注）stock: スープのもと　put up: 貯蔵する　fermented: 発酵させた　batch: ひと焼き分

問1）　下線部(1)のandが結ぶ並列関係にあるものを全て抜き出しなさい。
問2）　全文を和訳しなさい。

演習問題9 [1]

The aim of this workshop is to put some important environmental issues on the policy agenda and to debate (how the engineering and environmental community can (contribute) (to) their solution). By thoroughly discussing the issues / we seek to bring our knowledge and experiences to the attention of those (who are making the decisions and providing the funds to solve the problems).

重要語句・表現

□ contribute to ～ 「～に貢献する」　□ by ～ ing 「～することによって」（手段）

英文構造の理解

演習問題 9 [2]

While it is not necessary to spend long hours in the kitchen / in order to eat properly, it is necessary to spend *some* time in the kitchen. Simple, healthy menus require careful planning rather than long hours of preparation. Much can be accomplished in the way of advance preparation by dedicating just one block of four to five hours (per) week (to) food, which might include shopping, starting a large pot of stock to last the week, putting up a jar of fermented vegetables, making a batch of cookies for school lunches and preparing a large casserole of soup or stew (that can last for several meals)). Simple, nutritious meals can be prepared very quickly when one lays the groundwork (ahead) (of) time. If your present schedule allows not at all (for) food preparation, you would be wise to reexamine your priorities.

重要語句・表現

☐ by ~ ing「~することによって」（手段） ☐ dedicate A to B「AをBに捧げる」 ☐ per week「1週間につき」 ☐, which 関係代名詞非制限用法、先行詞は dedicating ~ to food ☐ ahead of time「前もって、予定の時間より早く」（= in advance, beforehand） ☐ allow for ~「~を許す、~の余裕がある」

演習問題 10

挑戦前の学習範囲　SECTION：17〜18

解答 → P.274

[1]　次の英文を、句読点に注意しながら、前から読んで和訳しなさい。

　It seems that computers, even comparatively simple and primitive specimens, are extraordinarily good in some ways. They possess huge memories, have virtually instant and unfailing recall, and demonstrate the ability to carry through vast numbers of repetitive arithmetical operations without weariness or error. If that sort of thing is the measure of intelligence, then already computers are far more intelligent than we are. It is because they surpass us so greatly that we use them in a million different ways and know that our economy would fall apart if they all stopped working at once.

　But such computer ability is not the only measure of intelligence. In fact, we consider that ability of so little value that no matter how quick a computer is and how impressive its solutions are, we see it only as a giant calculator with no true intelligence at all. What the special human skill seems to be, as far as intelligence is concerned, is the ability to see problems as a whole, to grasp solutions through insight, to see new combinations, to be able to make extraordinarily perceptive and creative guesses. Can't we program a computer to do the same thing? Not likely, for we don't know how we do it.（2006年　小樽商科大・改）

[2] 次の英文を、句読点に注意しながら、前から読んで和訳しなさい。

Noh is the classical Japanese art form, developed in the 14th century, that combines drama, dance, music and poetry. Unusual in the world's other ritualized dramas, many of noh's principal characters are ghosts.

In the classical repertory of some 250 plays performed today, ghosts take a central role in the standard plots. For example, the ghost of an old man who departed this life, troubled and resentful, appears in a place where events important to him had once occurred; he tells of his life and asks for help in achieving Nirvana*. Or the ghost of a woman comes forth and volunteers a love story; longing intensely to be alive again, she dances a quiet dance. Or the ghost of a warrior who died a violent death tells the event, commits his resentment and sorrow to a dance, and asks for release that will allow him to enter Nirvana.

T. S. Eliot, the 20th-century English poet and dramatist, once said that there is nothing more dramatic than a ghost. But don't expect the dramatic happenings found in action-packed plays to provide the pace for noh. In noh, the appearance of a ghost is in itself dramatic. The ghost now inhabits the hereafter, and the incidents occurred during his or her life. Only memory remains, memory that is relived. That is all.
（2006年 滋賀大・改）

（注）Nirvana: 涅槃（仏教における理想の境地）

演習問題 10 [1]

It seems that computers, < even comparatively simple and primitive specimens, > are extraordinarily good in some ways. They possess huge memories, have virtually instant and unfailing recall, and demonstrate the ability to carry through vast numbers of repetitive arithmetical operations without weariness or error. [If that sort of thing is the measure of intelligence], then already computers are far more intelligent than we are. It is because they surpass us so greatly (that) we use them in a million different ways and know ([that our economy would fall apart [if they all stopped working at once]).

But such computer ability is not the only measure of intelligence. In fact, we consider that ability of so little value (that) [no matter how quick a computer is and how impressive its solutions are], we see it only (as) a giant calculator with no true intelligence at all. (What the special human skill seems to be), < as far as intelligence is concerned >, is the ability to see problems as a whole, to grasp solutions through insight, to see new combinations, to be able to make extraordinarily

perceptive (and) creative guesses. Can't we program a computer to do
　　　　　　A　　　　B
the same thing? Not likely, (for) we don't know how we do it.
　　　　　　　　　　　　　理由の接続詞

重要語句・表現

第1段落 □It seems that S V ～「～のように見える、思われる」 □in some ways「いくつかの点で」(way は「方法」以外に「点」の訳も可) □if ～, then …「もし～なら」(then は書かれないことも多い) □so ～ that S V …「とても～なので…」 第2段落 □of + 抽象名詞 = 形容詞、of little value = hardly valuable「ほとんど価値がない」 □see A as B「A を B とみなす」 □as far as S' is concerned「S に関する限りでは」 □as a whole「全体として（の）」(主に直前の名詞を修飾する形容詞句となる)

指示語・代名詞

① they = computers ② it = a computer

演習問題 10 [2]

　Noh is the classical Japanese art form, developed in the 14th century, that combines drama, dance, music and poetry. Unusual in the world's other ritualized dramas, many of noh's principal characters are ghosts.

　In the classical repertory of some 250 plays performed today, ghosts take a central role in the standard plots. For example, the ghost of an old man (who departed this life), troubled and resentful, appears in a place (where events important to him had once occurred); he tells of his life and asks for help in achieving Nirvana. Or the ghost of a woman comes forth and volunteers a love story; longing intensely to be alive again, she dances a quiet dance. Or the ghost of a warrior (who died a violent death) tells the event, commits his resentment and sorrow to a dance, and asks for release (that will allow him to enter Nirvana).

　T. S. Eliot, the 20th-century English poet and dramatist, once said (that there is nothing more dramatic than a ghost). But don't expect the dramatic happenings (found in action-packed plays) to provide the pace (for) noh. In noh, / the appearance of a ghost is (in) itself dramatic. The ghost now inhabits the hereafter, and the incidents occurred during his or her life. Only memory remains < memory (that is relived) >. That is all.

重要語句・表現

第1段落 □Unusual 〜 分詞構文 Being の省略と考える　第2段落 □some ＋ 数詞「約〜」(＝ about) □troubled and resentful 分詞構文 being の省略、SV（the ghost—appears）の間に挿入されている □tell of 〜「〜について話す」(say of 〜, talk of 〜, speak of 〜についても、of は「〜について」の意) □ask for 〜「〜を求める」 □long to 原形「〜することを切望する」(long for 〜「〜を切望する」、全体としては分詞構文の構造) □commit A to B「AをBに託す、委ねる」 □allow O to 原形「Oが〜することを許す、Oに〜させる」　第3段落 □expect O to 原形「Oが〜するのを期待する、予想する」 □provide A for B「AをBに与える、供給する」 □in itself / in themselves「それ自体は」 □hereafter「あの世、死後の世界」

挑戦前の学習範囲　SECTION：19〜20

演習問題 11

解答 → P.276

[1]　次の英文を読み、下記の設問に答えなさい。

　　The good student has a great reverence for books. The better student is more critical of books. He or she asks for their credentials*. It is an important advance in studentship when the young scholar ceases to say, 'But sir, it says in the book …,' having realized not only that there are questions to which parents do not know the answers but also that answers in a book can be wrong. (a)As a vehicle of information no book can be the final court of appeal. Even an inspired book requires a source of inspiration. Mundane books are either records of fact or of reflection upon fact. The former draw our attention to the facts, the latter invite us to reflect upon the facts for ourselves.

　　Ideally it might be better if we went to the facts direct, but the book is a useful instrument for economizing labour — like a table of logarithms*. And, as the mathematician wishes to know how the table is compiled, so with any book on any subject it is good for us to know how the author came by his or her information, and on occasion to test for ourselves the conclusions he or she has drawn. (b)Absolute dependence upon books and other second-hand sources of information is a necessity in early education. The reference beyond authority marks a definite stage in the development of the mind. It is the beginning of study proper. These remarks do not, of course, apply to the study of books as literature. In this case the books are themselves the facts.（2007年　大阪外国語大・改）

　　（注）credential(s):（信用できるものだと示す）証明書　a table of logarithms: 対数表

問1) 下線部(a)を、the former、the latterが何を指すのかを明示して和訳せよ。
問2) 下線部(b)を和訳せよ。

[2] 次の英文を読み、下記の設問に答えなさい。

　The trouble with tea is that originally it was quite a good drink. So a group of the most eminent British scientists put their heads together, and made complicated (A)biological experiments to find a way of spoiling ⟨1⟩it.

　To (B)the eternal glory of British science their labor bore fruit. They suggested that if you do not drink it clear, or with lemon or rum and sugar, but pour a few drops of cold milk into ⟨2⟩it, and no sugar at all, the desired object is achieved. Once (C)this refreshing oriental beverage was successfully transformed into colorless and tasteless gargling-water*, ⟨3⟩it suddenly became (D)the national drink of Great Britain and Ireland — still retaining, indeed usurping*, the high-sounding title of tea.

　There are some occasions when you must not refuse a cup of tea, (1)otherwise you are judged exotic and barbarous without any hope of ever being able to take your place in civilized society.

　If you are invited to an English home, at five o'clock in the morning you get a cup of tea. It is either brought in by a heartily smiling hostess or an almost malevolently* silent maid. When you are disturbed in your sweetest morning sleep you must not say: "Madam, I think you are a cruel, spiteful* and malignant* person who deserves to be shot." On the contrary, you have to declare with your best five o'clock smile: "Thank you so much. I do adore a cup of early morning tea, especially early in the morning." If they leave you alone with (E)the liquid, you may pour ⟨4⟩it down (F)the wash-basin.

　Then you have tea for breakfast; then you have tea at eleven o'clock in the morning; then after lunch; then you have tea for ⟨2⟩tea; then after supper; and again at eleven o'clock at night.

50

演習問題 11

You must not refuse any additional cups of tea under the following circumstances: if it is hot; if it is cold; if you are tired; if anybody thinks that you might be tired; if you are nervous; if you are gay; before you go out; if you are out; if you have just returned home; if you feel like it; if you do not feel like it; if you have had no tea for some time; if you have just had (G)a cup.

You definitely must not follow my example. I sleep at five o'clock in the morning; I have coffee for breakfast; I drink innumerable cups of black coffee during the day; I have the most unorthodox and exotic teas even at tea-time.

The other day, for instance — I just mention this as (H)a terrifying example to show you how low some people can sink — I wanted a cup of coffee and a piece of cheese for tea. It was one of those exceptionally hot days and my wife (once a good Englishwoman, now completely and hopelessly led astray by my wicked foreign influence) made some cold coffee and put it in the refrigerator, where it froze and became one solid block. On the other hand, she left the cheese on the kitchen table, where it melted. So (3)I had a piece of coffee and a glass of cheese. （2008年神戸大・改）

（注） gargling-water: うがいをする水　usurp: 占有する　malevolently: いやみなくらい
　　　spiteful: 意地の悪い　malignant: 敵意のある

問1）　二重下線部(A)～(H)の表現のうちで、「お茶」を指していると考えられるものを、四つ選び記号で答えなさい。
問2）　太い下線部《1》～《4》が直接指しているものを、文中から書き抜きなさい。
問3）　下線部(1)を、otherwiseの内容が具体的にわかるようにして、日本語に訳しなさい。
問4）　下線部(2)と同じ内容を指す単語を文中より選んで答えなさい。
問5）　下線部(3)で表される状況がどのようにして起こったかを日本語で説明しなさい。

英文構造の理解

演習問題 11 ［1］

The good student has a great reverence for books. The better student is more critical of books. He or she asks for their credentials. It is an important advance in studentship when the young scholar ceases to say, 'But sir, it says in the book ...' having realized not only (that there are questions to (which parents do not know the answers)) (but) (also) (that answers in a book can be wrong). As a vehicle of information / no book can be the final court of appeal. Even an inspired book requires a source of inspiration. Mundane books are either records of fact or of reflection (upon) fact. The former draw our attention to the facts, the latter invite us to reflect (upon) the facts for ourselves.

Ideally / it might be better if we went to the facts direct, but the book is a useful instrument for economizing labour—like a table of logarithms. And, as the mathematician wishes to know (how the table is compiled), so with any book on any subject / it is good for us to know (how the author came (by) his or her information), and on occasion

演習問題 11

> to test < for ourselves > the conclusions (he or she has drawn).
Absolute dependence upon books and other second-hand sources of information is a necessity in early education. The reference beyond authority marks a definite stage in the development of the mind. It is the beginning of study proper. These remarks do not, < of course >, apply to the study of books as literature. In this case / the books are themselves the facts.

重要語句・表現

第1段落 □ ceases to ~ 「しなくなる」 □ not only A but (also) B 「A だけでなく B もまた」 □ either A or B 「A あるいは B」 □ draw attention to ~ 「~に注意を引く」 □ reflect upon [on] ~ 「~をじっくり考える、熟考する、検討する」 □ for oneself 「自分で、自力で、自分のために」（by oneself と似ているが、by oneself は「自分のために」の意味はなく、「独力で、自分だけで、1人で (= alone)」の意味が強調される） **第2段落** □ as S' V' ~ , so S V [V S] ... 「~するのと同じように、…する」 □ come by ~ 「~を手に入れる、獲得する」(= get, obtain) □ on occasion 「時々、たまに」 □ dependence upon [on] ~ 「~への依存」（形容詞 dependent や動詞 depend と前置詞の使い方は同じ、cf. independence of ~ 「~からの独立」） □ apply to ~ 「~に当てはまる、適応する」（他動詞の場合、apply A to B 「A を B に応用する、当てはめる」）

指示語・代名詞

① the latter = records of reflection upon fact ② These remarks = Absolute dependence upon books ~ It is the beginning of study proper. ③ this case = the study of books as literature

英文構造の理解

演習問題 11 [2]

The trouble with tea is (that < originally > it was quite a good drink). So a group of the most eminent British scientists put their heads together, and made complicated biological experiments to find a way of spoiling it.

To the eternal glory of British science / their labor bore fruit. They suggested (that [if you do not drink it clear, or with lemon or rum and sugar, but pour a few drops of cold milk into it, and no sugar at all,] the desired object is achieved). [Once this refreshing oriental beverage was successfully transformed (into) colorless and tasteless gargling-water], it suddenly became the national drink of Great Britain and Ireland—still retaining, < indeed usurping >, the high-sounding title of tea.

There are some occasions (when you must not refuse a cup of tea, otherwise you are judged exotic and barbarous without any hope of ever being able to take your place in civilized society).

[If you are invited to an English home,] at five o'clock in the

演習問題 11

morning / you get a cup of tea. It is either brought in by a heartily smiling hostess or an almost malevolently silent maid. [When you are disturbed in your sweetest morning sleep] you must not say: "Madam, I think you are a cruel, spiteful and malignant person (who deserves to be shot)." On the contrary, you have to declare with your best five o'clock smile: "Thank you so much. I do adore a cup of early morning tea, especially early in the morning." If they leave you alone with the liquid, you may pour it down the wash-basin.
= tea のこと

　Then you have tea for breakfast; then you have tea at eleven o'clock in the morning; then after lunch; then you have tea for tea; then after
= tea-time のこと
supper; and again at eleven o'clock at night.

　You must not refuse any additional cups of tea under the following circumstances: if it is hot; if it is cold; if you are tired; if anybody thinks (that you might be tired); if you are nervous; if you are gay; before you go out; if you are out; if you have just returned home; if you feel like it; if you do not feel like it; if you have had no tea for some time; if you have just had a cup.

You definitely must not follow my example. I sleep at five o'clock in the morning; I have coffee for breakfast; I drink innumerable cups of black coffee during the day; I have the most unorthodox and exotic teas even at tea-time.

The other day, / for instance—I just mention this as a terrifying example to show you (how low some people can sink)—I wanted a cup of coffee and a piece of cheese for tea. It was one of those exceptionally hot days and my wife (once a good Englishwoman, now completely and hopelessly led astray by my wicked foreign influence) made some cold coffee and put it in the refrigerator, (where it froze and became one solid block). On the other hand, / she left the cheese on the kitchen table, (where it melted). So I had a piece of coffee and a glass of cheese.

重要語句・表現

第1段落 □ put O together「Oを集める、組み立てる」（ここでは「頭を集める」なので「皆で知恵を出し合う」の意味） 第2段落 □ bear fruit「実を結ぶ、成果が出る」 □ not A but B「AでなくてB」 □ Once S' V' ～「いったん〜すると」（接続詞 once） □ transform A into B「AをBに変える、変形させる」 第4段落 □ either A or B「AあるいはB」 □ deserve (to be) ～「〜に値する」 □ on the contrary「逆に、それどころか」 第6段落 □ the following ～「次のような〜」 □ the other day「先日」 □ on the other hand「一方、他方では」

演習問題 11

指示語・代名詞

① the desired object ＝ お茶の味を損ねた飲み物 ② this refreshing oriental beverage ＝ the desired object ③ It ＝ a cup of tea ④ they ＝ a heartily smiling hostess and an almost malevolently silent maid ⑤ it ＝ the liquid ⑥ this ＝ I wanted a cup of coffee 〜 So I had a piece of coffee and a glass of cheese（このあとで述べられる筆者の例全体）

演習問題 12

挑戦前の学習範囲　SECTION : 21～23

解答 → P.278

[1] 次の英文を読み、下記の設問に答えなさい。

　When I was young I was a fairly good judge of age. (1)No longer. Everyone between twenty and forty looks more or less the same to me, and (2)so does everyone between forty and sixty. But for some reason I can tell the ages of children very accurately: I can see the difference between three and a half and four, or eight and nine.（2008年　京都府立大・改）

問1) main ideaを簡潔に日本語で書きなさい。
問2) 下線部(1)の文意を考え、省略されているものを補い、完全な文を作成しなさい。
問3) 下線部(2)soとdoesが指しているものが明らかになるよう置き換えて完全な文を作りなさい。

[2] 次の英文を読み、下記の設問に答えなさい。

　One serious question about faces is whether we can find attractive or even pleasant-looking someone of whom we cannot approve. We generally give more weight to moral judgments than to judgments about how people look, or at least most of us (1)do most of the time. So when confronted by a person one has a low moral opinion of, perhaps the bet that one can say is that he or she *looks* nice — and one is likely to add that (2)this is only a surface impression. What we in fact seem to be doing is (3)reading backward, from knowledge of a person's past behavior to evidence of that behavior in his or her face.

　We need to be cautious in assuming that outer appearance and inner self have any immediate relation to each other. It is in fact extremely difficult to draw any conclusions we can trust from our judgments of a person's appearance alone, and often, as we gain more knowledge of the person, we can discover how wrong our initial judgments were. During Hitler's rise and early years in power, hardly anyone detected the inhumanity that we now see so clearly in his face. There is nothing necessarily evil about the appearance of a small man with a mustache and exaggerated bodily movements. The description would apply equally well to the famous comedian Charlie Chaplin, whose gestures and mustache provoke laughter and sympathy. Indeed, in a well-known film Chaplin plays the roles of both ordinary man and wicked political leader in so similar a way that it is impossible to tell them apart.

(2008年　東京大・改)

問1）　各段落のmain ideaを簡潔に日本語で書きなさい。さらに、そのmain ideaを参考に文章全体を簡潔に日本語でまとめなさい。

問2）　下線部(1)do が指しているものを本文中から抜き出しなさい。

問3）　下線部(2)thisが指しているものを本文中から抜き出しなさい。

問4）　なぜ筆者は(3)reading backward と述べているのか。「標準的な読み方」について明らかにしながら、わかりやすく日本語で説明しなさい。

英文構造の理解

演習問題 12 [1]

[When I was young] I was a fairly good judge of age. No longer. Everyone between twenty and forty looks more or less the same to me, and so does everyone between forty and sixty. But for some reason I can tell the ages of children very accurately: I can see the difference between three and a half and four, or eight and nine.

重要語句・表現

☐ can tell 「わかる」

演習問題 12 [2]

One serious question about faces is (whether we can find attractive or even pleasant-looking someone (of) (whom we cannot approve)). We generally give more weight to moral judgments than to judgments about (how people look), or at least most of us do most of the time. So [when confronted by a person (one has a low moral opinion of),] (one is) perhaps the bet (that one can say) is (that he or she *looks* nice)—and one is likely to add (that this is only a surface impression). (What we < in fact > seem to be doing) is reading backward, from knowledge of

60

演習問題 12

a person's past behavior (to) evidence of that behavior in his or her face.

　We need to be cautious in assuming (that outer appearance and inner self have any immediate relation to each other). It is in fact extremely difficult to draw any conclusions (we can trust) (from) our judgments of a person's appearance alone, and often, [as we gain more knowledge of the person,] we can discover (how wrong our initial judgments were). During Hitler's rise and early years in power, / hardly anyone detected the inhumanity (that we now see so clearly in his face). There is nothing (necessarily evil) about the appearance of a small man with a mustache and exaggerated bodily movements. The description would apply < equally well > (to) the famous comedian Charlie Chaplin, (whose gestures and mustache provoke laughter and sympathy). Indeed, / in a well-known film / Chaplin plays the roles of both ordinary man and wicked political leader in so similar a way (that) it is impossible to tell them apart.

重要語句・表現

第1段落 □ approve of ~「~を認める、承認する」 □ from A to B「AからBへ」（from の後に to があることを予想して読む） **第2段落** □ in ~ ing「~する際に、~するときに」 □ draw A from B「AからBを引き出す」 □~ alone「~だけ」（= only ~）□ apply to ~「~に当てはまる、適応する」 □ both A and B「AもBも両方とも」 □ in so similar a way that ~ = in such a similar way that ~（語順に注意）□ so ~ that S V ...「とても~なので…、…するほど~」 □ tell O apart「Oを見分ける、区別する」

指示語・代名詞

① that behavior = a person's past behavior

挑戦前の学習範囲　SECTION：24

演習問題 13

解答 → P.280

[1]　次の英文を読み、下記の設問に答えなさい。

　　Latin, a classical language, had a bad reputation for generations. It was regarded as dull, difficult and dead. But things have changed in recent years: modern course material focusing on the rich variety of ancient Roman life, film and video, TV dramas, documentaries and the internet have brought the Romans and their language to life. So Latin is no longer dull and, far from being dead, is enjoying a revival. It cannot be made easy, but it is certainly more accessible. Sadly, though, in spite of the renewed interest of the subject, the number of children studying it has decreased, not least because Latin, once so widely required, is now no longer even offered in many schools. When it is available, it has to compete with other subjects, usually modern languages. In my school, that means German, Italian, Spanish, and even Chinese, choices that are inevitably seen as more practical.（2007年　九州大・改）

問1）　main ideaを本文から抜きだしなさい。
問2）　本文全体を50字程度で要約しなさい。

[2] 次の英文を読み、下記の設問に答えなさい。

The evolution of modern humans in Asia is a complex and not easily told story. Many questions remain to be answered, and not all the answers collected to date will stand the test of time. However, one thing is certain: that no one kind of explanation is adequate to solve the many issues involved in the history of human evolution. Scientific analyses must be combined with historical inquiry to arrive at the truth. It is possible that the complete truth may never be known but some facts appear to be acknowledged by all scientists and scholars working on this question. Modern humans arrived in Asia between 50,000 and 60,000 years ago. They quickly took the place of all earlier species of humans. (1)This story has been accepted as fact by an overwhelming majority of researchers. Between 40,000 and 30,000 years ago, Homo sapiens had arrived in Japan. (2)This process mirrors what happened elsewhere in the world, with our species establishing its rule over the Earth within a relatively short time in evolutionary terms. (2008年 東京工業大・改)

問1) main ideaを本文から抜きだしなさい。
問2) 本文全体を70字程度に要約しなさい。
問3) 下線部(1)this storyの内容を50字以内で簡潔に日本語で説明しなさい。
問4) 下線部(2)this processの内容を50字以内で簡潔に日本語で説明しなさい。

演習問題 13 [1]

Latin, < a classical language >, had a bad reputation for generations. It was regarded (as) dull, difficult and dead. But things have changed in recent years: modern course material (focusing (on) the rich variety of ancient Roman life), film and video, TV dramas, documentaries and the internet have brought the Romans and their language to life. So Latin is no longer dull and, < far from being dead >, is enjoying a revival. It cannot be made easy, but it is certainly more accessible. Sadly, < though >, (in) (spite) (of) the renewed interest of the subject, / the number of children studying it has decreased, not least [because Latin, < once so widely required >, is now no longer even offered in many schools]. [When it is available], it has to compete with other subjects, usually modern languages. In my school, that means German, Italian, Spanish, and even Chinese, choices (that are < inevitably > seen as more practical).

重要語句・表現

□ be regarded as ~「~とみなされている (regarded A as B = A を B とみなす)」 □ things「状況」（この意味のときは複数形で用いる） □ focus on ~ 「~に集中する」 □ bring O to life「O を生き返らせる、復活させる」 □ far from ~ 「決して~ない、~どころか、~からほど遠い」 □ in spite of ~

「～にもかかわらず」　□ the number of ~ 「～の数」　□ not least 「特に、決して軽んじられないことで、大事なこととして」　□ compete with ~ 「～と競う、張り合う、競争する」

指示語・代名詞
① it ＝ Latin　② that ＝ ラテン語が競わなければならない現代の言語

演習問題 13 [2]

The evolution of modern humans in Asia is a complex and not easily told story. Many questions remain to be answered, and not all the answers (collected to date) will stand the test of time. However, one thing is certain: that no one kind of explanation is adequate to solve the many issues (involved in the history of human evolution). Scientific analyses must be combined (with) historical inquiry / to arrive at the truth. It is possible (that the complete truth may never be known) but some facts appear to be acknowledged by all scientists and scholars (working on this question). Modern humans arrived in Asia between 50,000 and 60,000 years ago. They quickly took the place of all earlier species of humans. This story has been accepted as fact by an overwhelming majority of researchers. Between 40,000 and 30,000 years ago, / Homo sapiens had arrived in Japan. This process mirrors (what happened elsewhere in the world), with our species

演習問題 13

establishing its rule over the Earth within a relatively short time in
　　　　　　C
evolutionary terms.

重要語句・表現

□ remain to be p.p.「～されないままである、まだ～されていない」□ to date「今まで、これまで」(= so far) □ stand the test of time「時の試練に耐える、長く続く」□ no one ＋ 名詞「1種類の～はない、～は1つではない」（完全否定の no ＋ 名詞「～はない」とは異なることに注意）□ be combined with ～「～と結合される、合わされる（combine A with B）」□ It is possible that S V ～「～することはあり得る」(it is possible to do ～の possible が「可能」であるのに対し、it is possible that S V ～の possible は「可能性」を表す) □ take the place of ～「～に取って代わる、～の代わりをする」

指示語・代名詞

① this question = the evolution of modern humans in Asia ② They = who arrived in Asia between 50,000 and 60,000 years ago ③ This story = 5万年前から6万年前にアジアに住みついた人類が、その地域の先住人類に急速に取って代わったという節

演習問題 14

次の英文を読み、下記の設問に答えなさい。

　When I was six or seven years old, I used to take a small coin of my own, usually a penny, and hide it for someone else to find. For some reason I always "hid" the penny along the same stretch of sidewalk. I would place it at the roots of a huge tree, say, or in a hole in the sidewalk. Then I would take a piece of chalk, and, starting at either end of the block, draw huge arrows leading up to the penny from both directions. After I learned to write I labeled the arrows: SURPRISE AHEAD or MONEY THIS WAY. I was greatly excited, during all this arrow-drawing, at the thought of the first lucky passer-by who would receive in this way, regardless of merit, a free gift from the universe.

　Now, as an adult, I recall these memories because I've been thinking recently about seeing. There are lots of things to see, there are many free surprises: the world is full of pennies thrown here and there by a generous hand. But — and this is the point — what grown-up gets excited over a mere penny? If you follow one arrow, if you crouch motionless at a roadside to watch a moving branch and are rewarded by the sight of a deer shyly looking out, will you count that sight something cheap, and continue on your way? It is dreadful poverty indeed to be too tired or busy to stop and pick up a penny. But if you cultivate a healthy poverty and simplicity of mind, so that finding a penny will have real meaning for you, then, since the world is in fact planted with pennies, you have with your poverty bought a lifetime of discoveries.（2009年 東京大・改）

問1）　Paragraph structureを書きなさい。
問2）　main ideaを簡潔に日本語でまとめなさい。

演習問題 14

[When I was six or seven years old,] I used to take a small coin of my own, < usually a penny >, and hide it for someone else to find. For some reason / I always "hid" the penny along the same stretch of sidewalk. I would place it at the roots of a huge tree, < say >, or in a hole in the sidewalk. Then / I would take a piece of chalk, and, < starting at either end of the block >, draw huge arrows (leading up to the penny from both directions). [After I learned to write] I labeled the arrows: SURPRISE AHEAD or MONEY THIS WAY. I was greatly excited, < during all this arrow-drawing >, at the thought of the first lucky passer-by (who would receive in this way, < regardless of merit >, a free gift from the universe).

Now, < as an adult >, I recall these memories [because I've been thinking recently about seeing]. There are lots of things to see, there are many free surprises: the world is full of pennies (thrown here and there by a generous hand). But— < and this is the point > — what grown-up gets excited over a mere penny? [If you follow one arrow,]

[if you crouch motionless at a roadside / to watch a moving branch and are rewarded by the sight of a deer (shyly looking out),] will you count that sight something cheap, and continue on your way? It is dreadful poverty indeed to be too tired or busy to stop and pick up a penny. But [if you cultivate a healthy poverty and simplicity of mind, [so that finding a penny will have real meaning for you,]] then, [since the world is < in fact > planted with pennies,] you have < with your poverty > bought a lifetime of discoveries.

重要語句・表現

第1段落 □ used to 原形「〜したものだった」（過去の習慣） □ for some reason「何らかの理由で、どういうわけか」 □ would「〜したものだった」（過去の習慣） □ , say, 「たとえば」 □ either end of the block「そのブロック（道路から道路までの建物の一区画）の両端（= both ends of the block）」 □ lead (up) to 〜「〜につながる、通じる」 □ excited at 〜「〜に興奮する、ワクワクする」 □ at the thought of 〜「〜のことを考えて」 □ would 時制の一致 □ in this way「このようにして、この方法で」 □ regardless of 〜「〜に関係なく、〜に関わらず」(in spite of 〜や despite「〜にもかかわらず」とは意味が異なることに注意) 第2段落 □ be full of 〜「〜でいっぱいだ、〜に満ちている」(= be filled with) □ here and there「あちこちに、そこここに」 □ too 〜 to 原形 ...「あまりに〜なので…できない、…するには〜すぎる」 □ if 〜 , then ...「もし〜なら、…」(then は書かれないことも多い)

演習問題 15

挑戦前の学習範囲　SECTION：26

解答 → P.284

次の英文を読んで、以下の問いに答えなさい。

　Anxiety can affect the way we judge others. The precise way it affects such judgments, however, is quite surprising. Rather than making us view strangers in a negative way, being in an anxious mood can actually make us feel closer to them. This, at least, seems to be the conclusion of one famous experiment conducted in the 1970s. Men crossing a high, rather scary suspension bridge were stopped by a young woman, who asked them if they would take part in a survey. She then gave them a card with her phone number, saying that she would be happy to talk to them about the survey in greater detail if they wanted. Later the same day, she did the same thing on a much lower and safer bridge. During the following days, many more phone calls were received from the men who had met the woman on the scary bridge than from those who had met her on the safe (1)one. The anxiety seems to have made them more friendly, perhaps even flirtatious.

　(2)This bonding effect of anxiety may perhaps provide part of the explanation for the strange phenomenon of hostages coming to care deeply about their captors*. Some of (3)this may simply be due to the closeness in which hostages and those who hold them live during their brief relationships, but even (4)so it seems likely that such affection is intensified by the anxiety the hostages feel.（2008年　中央大・改）

（注）captor: 捕まえる人（本文では「誘拐犯」の意味）

問1) 各パラグラフのmain ideaを把握しParagraph structureを書きなさい。Paragraph structureの中では、「実験目的」「実験方法」「実験結果」「結論」の4項目(ルール50「実験のsupporting evidenceで確認すべき点」)を明確にしなさい。

問2) main ideaを日本語でまとめなさい。

問3) 下線部(1)oneが示すものを英語で書きなさい。

問4) 下線部(2)this bonding effect of anxietyの内容を日本語で説明しなさい。

問5) 下線部(3)thisが指しているものを本文中から英単語3語で書き抜きなさい。

問6) 下線部(4)soが指している内容を日本語で説明しなさい。

演習問題 15

Anxiety can affect the way (we judge others). The precise way (it affects such judgments), < however >, is quite surprising. Rather than making us view strangers in a negative way, / being in an anxious mood can actually make us feel closer to them. This, < at least >, seems to be the conclusion of one famous experiment (conducted in the 1970s). Men (crossing a high, rather scary suspension bridge) were stopped by a young woman, (who asked them (if they would take (part) (in) a survey)). She < then > gave them a card with her phone number, / saying (that she would be happy to talk to them about the survey (in) greater (detail) [if they wanted]). Later the same day, / she did the same thing on a much lower and safer bridge. During the following days, / many more phone calls were received from the men (who had met the woman on the scary bridge) than from those (who had met her on the safe one.) The anxiety seems to have made them more friendly, perhaps even flirtatious.

This bonding effect of anxiety may perhaps provide part of the

explanation for the strange phenomenon of hostages coming to care
deeply (about) their captors. Some of this may simply be (due) to the
closeness in (which) hostages (and) those (who hold them) live during
their brief relationships), (but) even so / it seems likely that such
affection is intensified by the anxiety (the hostages feel).

重要語句・表現

第1段落 □ take part in ~ 「~に参加する」（= participate in ~） □ in detail 「詳しく、詳細に」
第2段落 □ care about ~ 「~を心配する、気にかける、思いやる」 □ be due to ~ 「~による」（原因を述べる）

指示語・代名詞

① them = strangers ② This = 不安な状況におかれると、見知らぬ人に対して否定的な感情ではなく、むしろ親近感を感じてしまうということ ③ one = bridge ④ them = the men who had met the woman on the scary bridge ⑤ them = hostages ⑥ even so = 人質が拘束した犯人に愛情や気遣いを感じてしまう奇妙な現象が、単に短い期間生活を共にした関係の近さによるものだとしても

演習問題 16

次の英文を読み、下記の設問に答えなさい。

　The nature and function of medicine has gradually changed over the past century. What was once a largely communicative activity aimed at looking after the sick has become a technical enterprise able to treat them with increasing success. While few would want to give up these technical advances and go back to the past, medicine's traditional caring functions have been left behind as the practices of curing have become more established, and (1)it is criticized now for losing the human touch that made it so helpful to patients even before it knew how to cure them.

　The issue looks simple: human communication versus technique. (2)However, we all know that in medicine it is never easy to separate the two. Research on medical practice shows that a patient's physical condition is often affected by the quality of communication between the doctor and the patient. Even such an elementary form of consideration for the patient as explaining the likely effects of a treatment can have an impact on the outcome. We are also aware that in the cases where medicine still does not offer effective cures the need for old-style care is particularly strong. Hence it is important to remember the communicative dimension of modern medicine. (2007年　東京大・改)

問1) main idea を日本語でまとめなさい。
問2) 下線部（1）の it が指しているものを本文中から書き抜きなさい。
問3) なぜ、（2）のように言えるのか。筆者が提示している理由を2つ、日本語で書きなさい。

英文構造の理解

演習問題 16

The nature and function of medicine has gradually changed over the past century. What was once a largely communicative activity (aimed at looking (after) the sick) has become a technical enterprise (able to treat them with increasing success). [While few would want to give up these technical advances and go back to the past,] medicine's traditional caring functions have been left behind [as the practices of curing have become more established], and it is criticized now for losing the human touch (that made it so helpful to patients [even before it knew how to cure them]).

The issue looks simple: human communication versus technique. However, we all know (that in medicine / it is never easy to separate the two). Research on medical practice shows (that a patient's physical condition is often affected by the quality of communication between the doctor and the patient). Even such an elementary form of consideration for the patient as explaining the likely effects of a treatment can have an impact (on) the outcome. We are also aware

76

([that] in the cases ([where] medicine still does not offer effective cures) the need for old-style care is particularly strong). Hence it is important to remember the communicative dimension of modern medicine.

【重要語句・表現】

第1段落 □ aimed at ~ 「~に向けられた、~をねらいとした」 □ look after ~ 「~の世話をする」（= take care of ~）□ the sick 「病人、患者」（the ＋ 形容詞 ＝ 形容詞 ＋ people「~な人々」） □ leave O behind 「O を置いていく、忘れていく、置き去りにする」 第2段落 □ such ~ as ...「…のような~」（as の後ろで例を述べる）□ have an impact/influence/effect on ~「~に影響する、影響がある」

【指示語・代名詞】

① them = the sick ② it = medicine ③ it = medicine ④ it = medicine ⑤ them = patients ⑥ the two = human communication and technique

挑戦前の学習範囲 SECTION：28

演習問題 17

解答 → P.287

次の英文は、SECTION 28（「パラグラフ・パターン—原因と結果」）で読んだ英文「アメリカで女性解放運動起こった3つの原因」の続きです。英文を読み、下記の設問に答えなさい。

    These three events** planted the seeds of great change in society, and the effects of this change are being felt at all levels: in the family, in business, and in government.

    One of the biggest effects of the greater independence of women today is being felt in the home. The traditional husband-wife relationship is undergoing a radical change. Because so many women are working, men are learning to share the household tasks of cooking, cleaning, and caring for children. In most American families, the husband still earns most of the money, and the wife still does most of the housework. Nevertheless, the child-rearing system in the United States is changing as a result of women's increasing participation in the away-from-home work force. The number of mothers going out to jobs tripled from 1950 to 1987 to more than twelve million; as a result, millions of children are being reared by paid childcare workers in infant, preschool, and after-school daycare programs instead of by their mothers at home.

    The effects of women's liberation are being felt not only in the home but also at the job site. In 1986, almost 48 million women age 16 and over were employed. This number represents 44 percent of the total paid work force in the United States. Most women still work in low-paying, low-status occupations as secretaries, salesclerks, elementary school teachers, and healthcare workers. However, in the last two decades, more women have entered the new high-technology industries; by 1986, for example, 34 percent of all computer programmers were women. There has also been a slow but steady increase in the number of women who have risen to executive and managerial positions in business and who have entered the traditionally male professions of architecture, engineering, medicine, and law.

Politics and government are still other areas that are feeling the effects of the women's movement. Although the United States doesn't appear ready to accept a woman president as have some other nations around the world, American women are being elected and appointed to high public office in increasing numbers. The United States has women cabinet* members, women senators and congresswomen, women governors and women mayors. In 1984, Geraldine Ferraro was the Democratic party's nominee* for the office of vice president, the first woman so nominated*, but she was not elected.

In conclusion, women in the United States are acquiring greater independence, which is causing sweeping changes at home, at work, and in government. Although American women do not yet have the equality with men that women in some Western countries like Sweden enjoy, they are making steady gains. The full impact of this process on society remains to be seen.（2008年　香川大・改）

（注）cabinet: 閣僚、内閣　nominee: 指名［任命］された人　nominate: 指名する
** この "these three events" は、SECTION 28（「パラグラフ・パターン—原因と結果」）例題の英文内に出てきた「避妊法の発達」「家電製品の発明」「第二次世界大戦」の３つ。

問1）　main idea を日本語で書きなさい。
問2）　「３つの原因」から導かれる結果についてそれぞれ簡潔に述べよ。

英文構造の理解

演習問題 17

These three events planted the seeds of great change in society, and the effects of this change are being felt at all levels: in the family, in business, and in government.

One of the biggest effects of the greater independence of women today is being felt in the home. The traditional husband-wife relationship is undergoing a radical change. [Because so many women are working,] men are learning to share the household tasks of cooking, cleaning, and caring for children. In most American families, / the husband still (earns) most of the money, and the wife still does most of the housework. Nevertheless, the child-rearing system in the United States is changing (as) (a) (result) (of) women's increasing participation in the away-from-home work force. The number of mothers (going out to jobs) tripled from 1950 (to) 1987 to more than twelve million; (as) (a) (result), (millions) (of) children are being reared by paid childcare workers in infant, preschool, and after-school daycare programs instead of by their mothers at home.

演習問題 17

The effects of women's liberation are being felt not only in the home but also at the job site. In 1986, / almost 48 million women age 16 and over were employed. This number represents 44 percent of the total paid work force in the United States. Most women still work in low-paying, low-status occupations (as secretaries, salesclerks, elementary school teachers, and healthcare workers). However, / in the last two decades, / more women have entered the new high-technology industries; by 1986, < for example >, 34 percent of all computer programmers were women. There has also been a slow but steady increase in the number of women (who have risen to executive and managerial positions in business) and (who have entered the traditionally male professions of architecture, engineering, medicine, and law).

Politics and government are still other areas (that are feeling the effects of the women's movement.) [Although the United States doesn't appear ready to accept a woman president as have some other nations around the world,] American women are being elected

81

and appointed to high public office in increasing numbers. The United States has women cabinet members, women senators and congresswomen, women governors and women mayors. In 1984, / Geraldine Ferraro was the Democratic party's nominee for the office of vice president, the first woman (so nominated), but she was not elected.

(In) (conclusion), / women in the United States are acquiring greater independence, (which is causing sweeping changes at home, at work, and in government.) [Although American women do not yet have the equality with men (that women in some Western countries like Sweden enjoy),] they are making steady gains. The full impact (of) this process (on) society remains to be seen.

重要語句・表現

第2段落 □ earn money 「お金を稼ぐ (= make money)」 □ nevertheless 「それにもかかわらず」 □ as a result of ~ 「~の結果として」 □ triple to + 数詞 「3倍になり、数詞になる」 (to の後ろは増減の結果の数値、ちなみに by は差の値を表すのに用いる) □ as a result 「結果として」 □ millions of ~ 「何百万もの~」 (thousands of ~ 「何千もの~」 tens of thousands of ~ 「何万もの~」) 第3段落 □ not only A but also B 「A だけでなく B もまた」 □ 16 and over 「16以上」 (= 16 or more) □ the increase / decrease / change in ~ 「~の増加/減少/変化」 (前置詞が in であることに注意) 第4段落 □ ready to 原形 / ready for + 名詞 「~する/

82

演習問題 17

～の準備ができている、覚悟ができている、環境が整っている」 ☐ as have some other nations around the world 「世界中の他のいくつかの国のように」（as は「～するように」の意味の接続詞だが、前半の V 以下の部分を繰り返して用いるのを避けるため、助動詞だけを残し他は省略している。このように助動詞や代動詞 1 語で代用されるとき、SV は倒置され VS となる。本来は some other nations around the world have accepted a woman president であった。）☐ public office 「公職」（この office は「事務所」ではなく「公職、要職」の意味）☐ so nominated 「そのように指名され」（この so は文脈から「副大統領職に」の意味になるので、for the office of vice president を示す） 第5段落 ☐ in conclusion 「結論として」☐ , which 関係代名詞の非制限用法、先行詞は主節全て（women in the United States are acquiring greater independence）☐ the impact of ～ on ... 「～が…に与える影響、衝撃」☐ remain to be p.p. 「～されないままである、まだ～されていない」

指示語・代名詞

① This number ＝ almost 48 million women（age 16 and over）

83

挑戦前の学習範囲 SECTION：29

演習問題 18

解答 → P.289

次の英文を読んで、以下の問いに答えなさい。

　In order to make books more attractive than television, we have to do with books what we have already done with talking. As adults we have shown that talking is rewarding. We must do the same with books. We have to demonstrate that reading is as much fun as talking, and ⁽¹⁾<u>almost as necessary</u>. We have to create in children a deep-seated need for books, ⁽²⁾<u>otherwise</u> television will always win out. How might we do this?

　When we look at the sort of home which produces book-lovers, the first thing we notice — the most obvious, but strangely the most often forgotten factor — is that such a home has books in it. There exist highly privileged children in our society who cannot read, or will not read. It's not difficult to find out why: they have television; they have toys, computer games, personal DVD players, bikes and all the symbols of a well-off childhood; but they don't have books. How can books become attractive if there aren't any books around to glance through?

　The second essential factor in the making of eager, competent readers is that the children have books and bookshelves of their own so that favorite books can be owned and read over and over again. Ownership is important. I know of a child who read a particular favorite book until it was worn to pieces. His parents replaced it not once, but three times. Being able to own, and therefore able to re-read the book for years, made that child into a reader.

　The third necessity is a wide variety of reading material

throughout the house—thrillers, paperbacks, magazines, newspapers, encyclopedias, classics, kids' novels, non-fiction books and manuals, specialist journals, and picture books. Some short books. Some long. Some hard for little children to read. Some really easy. As adults we do not read serious novels all the time—our needs vary and we should remember that children's needs vary also.

The fourth essential factor is for parents to be seen to enjoy reading, which means reading in the daytime or early evening so that their children can watch the enjoyment of books by their patents. I believe it's a fine thing to be seen to cry over sad books in front of children, and a fine thing to delay washing the dog or getting to a ball game because a parent cannot put a particular book down.

The fifth thing to be found in a book-loving home is that the parents usually take parenting seriously. They role-play parenting like mad. They know they ought to read to their children, so they (3)do. The kids are caught up in a world of books. At night they are warm and safe with a big, loving, protective parent beside the bed reading them stories night after night. In the daytime they sit on a comforting lap and in the security of a parent's loving warmth listen to all manner of horrors and joys coming out of books. The relationship between parent and child while reading the stories is (4)one of warmth and love which makes the child associate books with warmth and love and pleasure and security. How attractive books become!

And, lastly, for children to be able to learn to love books they need time to read; a quiet place to read in; warmth in winter; a comfortable spot to sit in; and enough light to read by.

In the kinds of homes that produce enthusiastic readers, people still watch television, but (5)selectively. Children who love books will gain a lot from watching television—much of the unknown world will be revealed, giving them valuable information and insights to assist them later in their understanding of more demanding literature.（2008年 愛知教育大）

問1）　読書好きの子どもを育てる方法として筆者の挙げているものを、ア〜シの中から6つ選び、記号で答えよ。

ア．Parents need to set a time for children to read books at home every day.
イ．Parents should allow their children easy access to many kinds of books.
ウ．Parents must tell their children that reading books is fun.
エ．Parents should, sometimes deliberately, show their children how they enjoy reading books.
オ．In order to improve children's reading ability, parents should provide their children with books a little more difficult than those they can read with ease.
カ．Parents should not only give their children good books, but also leave them in a room alone with the books, so that they can concentrate on reading.
キ．Parents have to choose the books that they think are best for their children.
ク．Parents should forbid their children from watching TV until they are old enough.
ケ．Parents should prepare a nice, quiet place and time for their children so that they can read books in a comfortable atmosphere.
コ．Parents should provide their children only with beautiful and rewarding books.
サ．Parents should read stories to their children every day so that they will associate books with the loving warmth and pleasure that only a good parent-child relationship can offer.
シ．Parents should not let their children read a particular book for a long time. Parents have to replace it with a different one so that their children can read a variety of books.

ス．Parents should take their children to a local library as often as possible so that they do not have to buy many books.
セ．Parents should buy their children's favorite books so that they can read them repeatedly.
ソ．Parents must not buy their children computer games or toys.
タ．Parents should arrange some space for their children to keep books of their own.

問2）　文脈を考えて、下線部(1)の後ろに省略されているものを補いなさい。
問3）　下線部(2)otherwiseが指す内容を、ifで始めて、英語で書きなさい。
問4）　下線部(3)doが指すものを英語で書きなさい。
問5）　下線部(4)oneが指しているものを英語で書きなさい。
問6）　下線部(5)の文脈を考えて、省略されているものを補い、butに続ける完全な節を作りなさい。

演習問題 18

In order to make books more attractive than television, / we have to do < with books > (what we have already done with talking). As adults / we have shown (that talking is rewarding). We must do the same with books. We have to demonstrate (that reading is as much fun as talking, and almost as necessary). We have to create < in children > a deep-seated need for books, otherwise television will always win out. How might we do this?

[When we look at the sort of home (which produces book-lovers),] the first thing (we notice)—the most obvious, but strangely the most often forgotten factor—is (that such a home has books in it). There exist highly privileged children in our society (who cannot read, or will not read. It's not difficult to find out why: they have television; they have toys, computer games, personal DVD players, bikes and all the symbols of a well-off childhood; but they don't have books. How can books become attractive [if there aren't any books around to glance through] ?

演習問題 18

The second essential factor in the making of eager, competent readers is (that the children have books and bookshelves of their own [so that favorite books can be owned and read over and over again]). Ownership is important. I know of a child (who read a particular favorite book [until it was worn to pieces]. His parents replaced it not once, (but) three times. Being able to own, and < therefore > able to re-read the book for years, made that child into a reader.

The third necessity is a wide variety of reading material throughout the house—thrillers, paperbacks, magazines, newspapers, encyclopedias, classics, kids' novels, non-fiction books and manuals, specialist journals, and picture books. Some short books. Some long. Some hard for little children to read. Some really easy. As adults / we do not read serious novels all the time—our needs vary and we should remember (that children's needs vary also).

The fourth essential factor is for parents to be seen to enjoy reading, (which means reading in the daytime or early evening [so that their children can watch the enjoyment of books by their patents]).

I believe it's a fine thing to be seen to cry over sad books in front of children, and a fine thing to delay washing the dog or getting to a ball game [because a parent cannot put a particular book down].

The fifth thing to be found in a book-loving home is (that the parents usually take parenting seriously). They role-play parenting like mad. They know (they ought to read to their children), so they do. The kids are caught up in a world of books. At night / they are warm and safe with a big, loving, protective parent < beside the bed > reading them stories night after night. In the daytime / they sit on a comforting lap and < in the security of a parent's loving warmth > listen to all manner of horrors and joys coming out of books. The relationship between parent and child while reading the stories is one of warmth and love (which makes the child associate books (with) warmth and love and pleasure and security). How attractive books become!

And, lastly, for children to be able to learn to love books / they need time to read; a quiet place to read in; warmth in winter; a comfortable spot to sit in; and enough light to read by.

演習問題 18

In the kinds of homes (that produce enthusiastic readers), people still watch television, but selectively. Children (who love books) will gain a lot from watching television—much of the unknown world will be revealed / giving them valuable information and insights (to assist them later in their understanding of more demanding literature).

重要語句・表現

第3段落 □ know of ~ 「~について知っている」 □ worn to pieces 「すり切れてページがバラバラになる」(to pieces 「粉々に、バラバラに」) □ not A but B 「AでなくてB」 □ make A into B 「AをBにする」 第5段落 □ , which 関係代名詞の非制限用法、先行詞は直前の不定詞句 for parents to be seen to enjoy reading □ put O down 「Oを(下に)置く」 第6段落 □ like mad 「狂ったように、死にものぐるいで、必死になって」 □ so S V 「実際そうだ」(so V S 「Sもそうだ」とは異なるので注意) □ be caught up in ~ 「~に捕われている、~に夢中になっている」 □ make O 原形 「Oに~させる」(使役動詞) □ associate A with B 「AをBに関係づける、AをBで連想する」

指示語・代名詞

① the same =（本が）ためになるということを見せること ② this = to create in children a deep-seated need for books ③ they = highly privileged children in our society (who cannot read, or will not read) ④ it = a particular favorite book (worn to pieces) ⑤ therefore = 所有しているからこそ (being able to own)

挑戦前の学習範囲 SECTION：30

演習問題 19

解答 → P.292

[1] 英文の内容を、60 〜 80 字の日本語に要約せよ。句読点も字数に含める。

There are estimated to be about 5,000 languages currently spoken in the world today, depending on which you count as dialects and which as distinct languages. To these, you can perhaps add a handful of 'dead' languages that are still taught in schools (ancient Greek and Latin) or used in religious services (Sanskrit and Ge'ez). Linguists expect that well over half of all these languages will become extinct, in the sense of having no native speakers, within the next half-century. They are mostly languages which currently have fewer than a thousand native speakers, most of whom are already elderly. The time may come, it has even been suggested, when the world will be dominated by just two languages; on present performance, these will almost certainly be English and Chinese. The loss of all these languages will, of course, be a pity. As we lose them, we lose fragments of our past, for languages represent the history of peoples, the accumulation of their experiences, their migrations and the invasions they have suffered.

But this observation overlooks one curious feature of human behaviour: our tendency to generate new dialects as fast as we lose others. English has spread around the globe to become the common language for trade, government and science, as well as the national language of countries on every continent; yet, at the same time, many local dialects have developed whose speakers can hardly understand each other. Most linguists now recognize Pisin (the 'pidgin English' of New Guinea), Black English Vernacular (a form of English mainly spoken by blacks in the major cities of the US), Caribbean Creoles (the English of the various Caribbean islands) and Krio (the Creole of Sierra Leone in West Africa) and even Scots (the English spoken in the Scottish lowlands) as distinct languages. （2009年　東京大）

[2]　次の英文を読んで、以下の問いに答えなさい。

　Science fiction not only is good fun but also serves a serious purpose, (1)that of expanding the human imagination. We can explore how the human spirit might respond to future developments in science, and we can imagine what those developments might be.

　There is a two-way trade between science fiction and science. Science fiction suggests ideas that scientists include in their theories, but sometimes science turns up notions that are stranger than any science fiction. Black holes are an example, greatly assisted by (2)the inspired name that the physicist John Archibald Wheeler gave them. (3)Had they continued with their original names of "frozen stars" or "gravitationally completely collapsed objects," there wouldn't have been half so much written about them.

　One thing that science fiction has focused attention on is travel faster than light. If a spaceship were restricted to flying just under the speed of light, it might seem to the crew that the round trip to the center of the galaxy took only a few years, but 80,000 years would have passed on Earth before the spaceship's return. So much for going back to see your family!

　Fortunately, Einstein's general theory of relativity allows the possibility for a way around (4)this difficulty: one might be able to bend, or warp, space and time and create a shortcut between the places one wanted to visit. It seems that such warping might be within our capabilities in the future. There has not been much serious scientific research along (5)these lines, however, partly, I think, because it sounds

too much like science fiction. One of the consequences of rapid space travel would be that one could also travel back in time. Imagine the complaint about the waste of taxpayers' money if it were known that the government were supporting research on time travel. For this reason, scientists working in this field have to hide their real interest by using technical terms like "closed timelike curves" that really mean time travel. Nevertheless, today's science fiction is often tomorrow's science fact. The science behind science fiction is surely worth investigating.
（2010年　東京大）

問1）　英文の内容を、挙げられた例にも触れながら、90〜100字の日本語に要約せよ。ただし、句読点も字数に含め、"science fiction"は「SF」（2字）と表記せよ。
問2）　下線部(1)thatが示すものを英語で書きなさい。
問3）　下線部(2)the inspired nameとは何か。本文中から書き抜きなさい。
問4）　下線部(3)の分詞構文を省略されている接続詞を補って書き換えなさい。
問5）　下線部(4)this difficultyとは何か。日本語で説明しなさい。
問6）　下線部(5)these linesとは何か。日本語で説明しなさい。

演習問題 19 [1]

There are estimated to be about 5,000 languages (currently spoken in the world today), (depending) (on) (which you count as dialects) and (which as distinct languages). (To) these, / you can perhaps add a handful of 'dead' languages (that are still taught in schools (ancient Greek and Latin) or used in religious services (Sanskrit and Ge'ez)). Linguists expect (that well over half of all these languages will become extinct, < in the sense of having no native speakers, > within the next half-century). They are mostly languages (which currently have fewer than a thousand native speakers, most of (whom are already elderly)). The time may come, < it has even been suggested >, (when the world will be dominated by just two languages); on present performance, / these will almost certainly be English and Chinese. The loss of all these languages will, < of course >, be a pity. [As we lose them], / we lose fragments of our past, / for languages represent the history of peoples, the accumulation of their experiences, their migrations and the invasions (they have suffered).

But this observation overlooks one curious feature of human behaviour: our tendency to generate new dialects as fast as we lose others. English has spread around the globe / to become the common language for trade, government and science, as well as the national language of countries on every continent; yet, < at the same time >, many local dialects have developed (whose speakers can hardly understand each other). Most linguists now recognize Pisin (the 'pidgin English' of New Guinea), Black English Vernacular (a form of English mainly spoken by blacks in the major cities of the US), Caribbean Creoles (the English of the various Caribbean islands) and Krio (the Creole of Sierra Leone in West Africa) and even Scots (the English spoken in the Scottish lowlands) (as) distinct languages.

重要語句・表現

第1段落 □ depending on ～ 「～によって、～次第で」 □ add A to B 「AをBに加える、付け足す」 □ in the sense of ～ 「～という意味において」（in a sense 「ある意味では」） 第2段落 □ to become 「～になる」（to不定詞の完了用法） □ recognize A as B 「AをBと認める、認識する」

指示語・代名詞

① this observation = 世界が、英語と中国語というたった2つの言語に支配されてしまう日がいずれ来るかもしれないという観察

演習問題 19 [2]

Science fiction not only is good fun but also serves a serious purpose, that of expanding the human imagination. We can explore (how the human spirit might respond (to) future developments in science), and we can imagine (what those developments might be).

There is a two-way trade between science fiction and science. Science fiction suggests ideas (that scientists include in their theories), but sometimes / science turns up notions (that are stranger than any science fiction). Black holes are an example, / greatly assisted by the inspired name (that the physicist John Archibald Wheeler gave them). [Had they continued with their original names of "frozen stars" or "gravitationally completely collapsed objects,"] there wouldn't have been half so much written about them.

One thing (that science fiction has focused attention (on)) is travel faster than light. [If a spaceship were restricted (to) flying just under the speed of light,] it might seem to the crew that the round trip to the center of the galaxy took only a few years, but 80,000 years would have passed on Earth before the spaceship's return. So much for going back to see your family!

Fortunately, Einstein's general theory of relativity allows the possibility for a way around this difficulty: one might be able to bend, or warp, space and time and create a shortcut between the places (one wanted to visit). It seems that such warping might be within our capabilities in the future. There has not been much serious scientific research along these lines, however, partly, < I think >, because it sounds too much like science fiction. One of the consequences of rapid space travel would be (that one could also travel back in time). Imagine the complaint about the waste of taxpayers' money if it were known (that the government were supporting research on time travel). For this reason, / scientists (working in this field) have to hide their real interest by using technical terms like "closed timelike curves" (that really mean time travel). Nevertheless, today's science fiction is often tomorrow's science fact. The science behind science fiction is surely worth investigating.

演習問題 19

重要語句・表現

第1段落 ☐ serve a ~ purpose「~目的を果たす」 ☐ respond to ~「~に返答する、答える、反応する」 **第2段落** ☐ turn up ~「~を発見する、発掘する、探し出す」 **第3段落** ☐ focus A on B「A を B に集中させる、A を B に集める」 ☐ be restricted to ~「~に限られる、制限される」（= be limited to ~, be confined to ~） **第4段落** ☐ travel back in time「時間を過去にさかのぼる」 ☐ by ~ ing「~することによって」（手段） ☐ worth ~ ing「~する価値がある」

指示語・代名詞

① those developments ＝ future developments in science

トップ大合格への
英文精読
トレーニング

味岡 麻由美 著

もくじ

- 本書の着想ときっかけ 6
- 本書が目指すもの 9
- 本書の構成 11
- 本書の利用法 11

第1部　リーディング・グラマー

STEP 1　14
- **SECTION 1** チャンク・リーディング：前からチャンクごとに読んでいく 15

STEP 2　28
- **SECTION 2** S + V のマッチング 前編 29
- **SECTION 3** S + V のマッチング 後編 34
- 演習問題 1 .... 別冊

STEP 3　40
- **SECTION 4** 句と節（Phrases vs. Clauses）...................... 41
- **SECTION 5** 句と節 ── 節（Clause）の種類 50
- 演習問題 2 .... 別冊
- **SECTION 6** 句と節 ── 名詞節（Nominal Clauses）................. 54
- 演習問題 3 .... 別冊
- **SECTION 7** 句と節 ── 形容詞節（Adjectival Clauses）前編 61
- **SECTION 8** 句と節 ── 形容詞節（Adjectival Clauses）後編 70
- 演習問題 4 .... 別冊
- **SECTION 9** 句と節 ── 強調構文（Cleft Sentences）............... 80

| 演習問題 5 .... 別冊
| SECTION 10 | 句と節 —— 副詞節（Adverbial Clauses）前編 86
| SECTION 11 | 句と節 —— 副詞節（Adverbial Clauses）後編 91
| 演習問題 6 .... 別冊
| ● コラム 1　「読み」に飽きない工夫をしよう 98

STEP 4　　　　　　　　　　　　　　　　　　　　　　　　100

| SECTION 12 | 名詞の後に続くもの（Post-Modifiers）............. 101
| 演習問題 7 .... 別冊
| SECTION 13 | 動詞の後に続くもの（Verb Collocations）
　　　　　　　 —— V + O + to do 109
| SECTION 14 | 動詞の後に続くもの（Verb Collocations）
　　　　　　　 —— V と前置詞（Prepositions）................. 116
| 演習問題 8 .... 別冊
| ● コラム 2　速く読んだ方がいい?! 122

STEP 5　　　　　　　　　　　　　　　　　　　　　　　　124

| SECTION 15 | and が結ぶもの（Juxtapositions）前編 125
| SECTION 16 | and が結ぶもの（Juxtapositions）後編 136
| 演習問題 9 .... 別冊
| SECTION 17 | カンマが示すもの
　　　　　　　（Punctuations & Insertions）前編 139
| SECTION 18 | カンマが示すもの
　　　　　　　（Punctuations & Insertions）後編 148
| 演習問題 10 .... 別冊

STEP 6　　　　　　　　　　　　　　　　　　　158

SECTION 19 指示語が示すもの（Coherence）前編 ‥‥‥‥‥ 159
SECTION 20 指示語が示すもの（Coherence）後編 ‥‥‥‥‥ 163
　❋ 演習問題 11 ‥‥‥‥‥‥‥‥‥‥‥‥‥‥‥‥‥‥‥‥ 別冊
　● コラム 3　音読は大切か？ ‥‥‥‥‥‥‥‥‥‥‥‥‥‥ 172

第 2 部　　パラグラフ・リーディング

STEP 7　　　　　　　　　　　　　　　　　　　176

SECTION 21 Interactive Reading：著者との対話の大切さ ‥‥‥ 177

STEP 8　　　　　　　　　　　　　　　　　　　186

SECTION 22 Main idea：著者が最も言いたいこと　前編 ‥‥‥ 187
SECTION 23 Main idea：著者が最も言いたいこと　後編 ‥‥‥ 191
　❋ 演習問題 12 ‥‥‥‥‥‥‥‥‥‥‥‥‥‥‥‥‥‥‥‥ 別冊
SECTION 24 However の重要性：Main idea が最初にないとき I ‥ 198
　❋ 演習問題 13 ‥‥‥‥‥‥‥‥‥‥‥‥‥‥‥‥‥‥‥‥ 別冊
SECTION 25 例から始まるパラグラフ：Main idea が最初にないとき II ‥ 206
　❋ 演習問題 14 ‥‥‥‥‥‥‥‥‥‥‥‥‥‥‥‥‥‥‥‥ 別冊
　● コラム 4　たくさん読んだ方がいい?! ‥‥‥‥‥‥‥‥‥ 214

STEP 9　　　　　　　　　　　　　　　　　　　218

SECTION 26 パラグラフ・パターン：Paragraph structure の練習
　　　　　　　事実と例（Facts & Examples） ‥‥‥‥‥‥‥ 219
　❋ 演習問題 15 ‥‥‥‥‥‥‥‥‥‥‥‥‥‥‥‥‥‥‥‥ 別冊
SECTION 27 パラグラフ・パターン：Paragraph structure の練習
　　　　　　　比較・対照（Comparisons & Contrasts） ‥‥‥ 228

✖ 演習問題 16 ･･･ 別冊
　| SECTION 28 | パラグラフ・パターン：Paragraph structure の練習
　　　　　　　原因と結果（Causes & Effects）････････････････236
　　✖ 演習問題 17 ･･･ 別冊
　| SECTION 29 | パラグラフ・パターン：Paragraph structure の練習
　　　　　　　分類（Classifications）･････････････････････････244
　　✖ 演習問題 18 ･･･ 別冊
　● コラム 5　たくさん読むと単語を覚える?!･･････････････････････254

ＳＴＥＰ 10　　　　　　　　　　　　　　　　　　　　　256

　| SECTION 30 | サマリー（要約）の練習････････････････････････257
　　✖ 演習問題 19 ･･･ 別冊

別冊演習問題　解答解説　　　　　　　　　　　　　265

　　✖ 演習問題解答 ･･266

　おわりに ･･296

※演習問題 1 〜 19 は別冊に掲載されています。ページについては別冊にある目次をご確認ください。

本書の着想ときっかけ

ある日の授業後、講師室での私と生徒の会話。「その和訳、自分で書いていて意味わかる？」「なんか自分でもよくわからないんですけど、辞書引いて訳したらこうなっちゃったんです。」

英文を「読む」というより、既習の文法と辞書の訳語をもとに、並べられた言葉の列をまるで「暗号を解く」ように解読している。こんな時、生徒の頭の中ではどのようなことが起こっているのだろうか。いったい何が足りないのか。

こんな素朴な疑問から、母校津田塾大学の門を再びくぐり、大学院修士課程で学び始めたのが2003年4月。さらに専門的に学びたいと考え渡米したのが、2006年夏のこと。そこで目撃したリーディング教育は、日本で経験していたものとは全く違っていた。それもそのはずだ。環境も違えば、目的も違う。学習者が抱える問題だってもちろん異なる。彼らは日常的に英語が話されている環境で、リーディングを学ぶ。まず、文法はあまり問題ではない。文法的な問題がある人もいるにはいるが、誰も大して気にしていないし、毎日がサバイバルなので逆に文法に捕われてもいられない。コミュニケーションに差し支えなければそれでいいのだ。それに対し、一般的な日本人の学習者は、ごく普通の生活を送っている限り、まず日常的に英語に触れる機会はない。当然どこから手をつけたらよいかわからないので、文法と辞書に頼ることになる。リズムや慣用表現やニュアンスや社会・文化といった背景知識が足りない分だけ、文法書や辞書への依存度も高まる、というわけだ。この両者、それぞれに環境も問題も異なるのだから、アメリカの例をそのまま日本に持ち込んでも解決にはならない。そうして結局、日本の学習者の持つ問題を見つめ直すという原点回帰に至った。

日本の若い学習者がおかれている状況は複雑だ。日常的に英語を目にしたり耳にしたりする環境にはない。それゆえ、語彙も文法も自分で勉強しなければならないが、もちろんそんなに簡単に身に付くものではない。おまけにコミュニケーション重視で会話力も要求されたりする。話すのは楽しい。しかし、普段の会話は日本語

なのだから一朝一夕に英語が話せるようになどならない。結局、全てが未熟なのに、大学に入ろうと思ったら、これが結構かなりのレベルの英文読解が出題されるではないか。やっぱり、英語がもっと読めるようにならなければダメなんだ。では、どうすればいいのだろう。

読めない、または読めるつもりだが得点につながらない、自信が持てない。この3者の問題は、極端な2つのケースに分類可能なように思われる。
1つは、なんとなく読めてしまう人。このタイプは、比較的読書も好きな方で小さい頃から国語の成績も悪くない。想像力にもすぐれているので、自分の想像と読んでいる英文の内容がピッタリ一致したときには素晴らしい結果が得られる。しかし、一致しなかった場合は、そのたくましい想像力があだになる。著者の思惑から外れ、徐々に自分だけのストーリーができ上がっていく。このタイプの人が抱える問題は、ほんの少し手間をかけて、グラマーを一度基本からしっかり叩き込めば容易に解決される。グラマーと言っても、いわゆる「文法」ではない。もちろん「文法」が全く関係しないわけではないが、要するに**「読むために必要なルール」**と考えればよい。**著者の思惑を意識した、「読む」という活動に特化したグラマーの習得だ。**
一方、もう1つのタイプは冒頭の会話の例のような文法・辞書依存型だ。このように文法解読に終始する背景には、もちろん文法力語彙力不足もあるが、何より**著者がそこにいることが意識されていないこと**が考えられる。

結局、どちらのタイプも**著者の意図を読み取ろうという意志に欠けている。**必要なのは、**著者とのインタラクション(interaction)**だ。リーディングとは、文を読むのではない。文を手がかりに文脈を読み、著者の意図を読むのだ。ずいぶん前になるが、ある先生が、「君たちは英語1文なら訳せるでしょ。だったら英語長文も大丈夫。だって、1文がたくさん集まってできているんだから」と言ったのを覚えている。学生を励まそうとして言ったことだろうが、実際この見解は間違っている。英語長文、つまり**英語で書かれたパッセージ(passage)は、決して単なる1つ1つの英文の寄せ集めなどではない。その1つ1つの英文が全て著者の意図に基づいてそこに並べられているのだ。**だからこそ、文脈を読み取れなければ、あるいは読み間違えたら、

文章全体の印象も異なり、また理解も不十分になる。そしておもしろいことに、むしろ英文1文のみの場合の方が、どのような状況で書かれた文なのかがわからず理解するのが難しいことが多い。例えば、1文の中に「do this」というVOのコンビネーションがあったとき、それを無色透明に「これをする」と訳す場合と、情感たっぷりに「こんなことする」と訳す場合と、説明的に「このようなことをする」と訳す場合とではそれぞれに趣も雰囲気も違ってくるだろう。どのように訳しても状況によってはあり得るし、どのような文脈かがわからない以上、正解は決まらない。要するに、文法があるから、文があるのではない。文が読めるのでもない。人が書きたいという意志を持ち、伝えたいと思う情報や意見、主張があるから文が生まれ、読み手がその文脈を読み主張をつかむからこそ理解が生まれるのだ。

本書では、上記のような「書き手が何か書きたいメッセージをテキストにし、読み手はそのテキストを読み、書き手のメッセージを理解する」というコンセプトに基づいて解説している。これは極めて単純な、会話なら当たり前に行っているインタラクション（interaction）だが、この双方向の言葉と意図のやりとりを、話し言葉だけでなく書き言葉のコミュニケーションにも応用しようというのが、本書のねらいである。「読み」という活動はもっと生き生きとしたもの、伝達手段こそ違えど、そこには会話によるコミュニケーションに劣らないほどのダイナミズムがある。それくらいに著者とインタラクションしながら読んでほしい。この『著者とのインタラクション』が、一貫して本書の中心となるコンセプト『インタラクティブ・リーディング』である。

本書が目指すもの

それでは、本書の中身に移ろう。著者とのインタラクションに欠かせないものとして、まず挙げられるのが「著者の考え方、書き方を知る」ということだろう。これは何もリーディングに限ったことではない。「まず敵を知ること」はどのような戦略（strategy）にも必要なことだろう。本書では、特にこのストラテジーを2つのレベルに分けて扱うことにした。

1つ目は、**第1部の「リーディング・グラマー」**で、ここではミクロのレベルからリーディングを分析・解説し、「著者が書いたときと同じ順序で必ず前から読んでいく」ことを基本コンセプトとしている。そこで、あまり後ろから返り読みをせず前から読み進めていく際に必要となる文法的説明のみを与えている。通常の文法書で扱っている文法でも、特にこの「前から読み進めるリーディング法」で必要ではない項目については省き、逆に通常では扱わない「句読点の用法」や「並立関係」や「指示語」について、個別に章を設けて解説しているため、この第1部をリーディングのための文法「リーディング・グラマー」と名付けた。この前半部分では、前から読む習慣をしっかりと身につけてほしい。

2つ目は、**第2部の「パラグラフ・リーディング」**で、ここでは「段落（paragraph）」というマクロのレベルからリーディング・ストラテジーを解説している。英語のパラグラフは1つのまとまった概念、主張を表す単位であり、どのようにパラグラフを展開していくかに関しても、人それぞれ勝手な方法で行っているのではなく明快な共通のストラテジーが存在している。この第2部では、パラグラフの中心概念がどのようにして書かれるか、パラグラフの展開方法にはどのようなものがあるかについて例を挙げながら解説し、さらに進んで英文の要約練習も扱う。

また、本書では一貫して、**「書く」**という作業を重視している。主に和訳を書くという作業であり、一見すると「自然に読んで理解する」一連の活動の妨げとなるようにも見えるが、これには以下のようなねらいがある。

1つは総合的な言語能力の育成である。昨今のコミュニケーション重視にも関わらず、大学入試ではリスニング問題を採用しながらも、書くことを要求する問題は根強く残っている。いや、単なる英文和訳のような形式でなく、より「論じる」ことが求められるようになったことを考えると、むしろ難化したと言ってもいいかもしれない。これは、英語コミュニケーション能力は必要と認める一方で、日本語ができなくていいというわけではもちろんなく、むしろ**英語で理解したことを日本語で上手にまとめることができ、また逆に日本語で読んだり考えたりしたことを英語で表現することができる**、といった高度な双方向の言語能力を求めている表れだと言える。また、このような総合的言語能力は、思考力、論理力とも関係する。これが2つ目のねらいである。読んで理解した概念を、言葉を選びながら表現していく作業では、思考力と複雑で抽象的な概念を言語化する能力が養われ、同時に学問的な文章を書いたり発表したりするときに用いる言葉のストックも膨らんでいく。このような能力もやはり、大学側は求めているし、また大学在学中のみならずその後社会に出てからも度々必要とされる能力であることは疑いない。このような能力、スキルの育成をねらい、本書ではあえて「書く」という作業を重要視している。本書の各セクション内に記された指示に従い、読解力だけでなくさまざまな能力を鍛えてほしい。

著者　味岡麻由美

本書の構成

本書は「第1部リーディング・グラマー SECTION 1～20」と「第2部パラグラフ・リーディング SECTION 21～30」の2部構成で作成されています。

1. セクションでの学習
主に例題と解説で構成されています。学習テーマに沿って系統立てて説明されていますので、読み進めながら自然にリーディングの文法やパラグラフのパターンのルールを学ぶことができます。
↓
2. 別冊「演習問題集」での練習
セクションで学んだルールを踏まえ、実際の入試問題の英文を使って練習を行います。問題文の後に続く「英文構造の理解」のページで英文構造、イディオム、コロケーション、指示語などより詳しく確認することができます。
↓
3. 「解答解説」での復習
演習問題の解答や訳例とともに、演習問題12以降では文の理解に重要なPARAGRAPH STRUCTUREやmain ideaを載せています。本文の流れを理解するために活用してください。

本書の利用法

本書は、すでに文法については学校で習得済み（完璧でなくて構いません）で、**英文読解に関して、次のような悩みを抱えている方々**に向けて書かれています。

(1) 予習や自習で英文のテキストを読んで、ノートに和訳を書いているが、今ひとつ**読解力がついている気がしない**。または、**コツがつかめない**。
(2) 模擬試験などで、マークシート式の英文読解の問題では「なんとなく」正解が得られるが、和訳などの**記述式になると失点してしまう**。

（3） 文法だけでなく、英文読解に関しても**基本からしっかり勉強して、底力をつけたい**。
（4） 英語長文読解の問題で、一応読んで設問に解答するが、**内容が理解できている気がしない**。
（5） 要約問題が出題される大学を受験するのだが、**要約の対策はしたことがないので、基本から練習したい**。

このような方々の英文読解の礎となる力を築き、過去問や応用問題演習の前段階的役割を果たすことが、本書のねらいです。

<学習の流れ>
それぞれのセクションは、日本語による説明及び例題によって成り立っています。また、セクション間には演習問題（別冊を使用する）が組み込まれています。**1日1セクションぐらいのペースで進めるのが効果的**です。どのように問題を解くか、和訳をいつ書くかなど、細かい指示は全て日本語で記されているので、それに従ってください。基本的には、**辞書はすぐに引かず、ある程度の長さ（1パラグラフなど）を読み終えて、文脈から推測した上で、辞書でその「意味を確認する」か「よりよい訳語を探す」**のが理想的です。頭の中にアイディアがないまま辞書を引くのは、誤解誤読につながるため、あまりお勧めしません。ただし、まったく内容が理解できないため、語の意味の推測もできない場合にはその限りではありません。むしろ、その英文については解説や訳例を読んでから復習に重点をおいた方がいいかもしれません。あまり負担をかけず、かといってあまり楽をしない程度に、自分のペースを知って進みましょう。

<復習>
各セクションの**説明や解説をよく理解**してください。例文や演習問題に**未知の語や表現があれば、覚えて**ください。
本書付属の**別冊**「演習問題集」では、演習問題の英文を赤色で**構造分析**してあります。添付の赤色チェックシートを英文に当てれば、解説の書き込まれていない英文を読むこともできますし、シートを外して構造理解を簡単にチェックすることもできます。また、**慣用表現やイディオムの意味、指示語が何を指しているか**についてもリストに赤色で記してありますので、理解の確認に役立ててください。

第1部
リーディング・グラマー

STEP 1

SECTION 1　　チャンク・リーディング
　　　　　　　前からチャンクごとに読んでいく

チャンク・リーディングとは

チャンク（chunk）とは、「カタマリ」のこと。つまり、チャンク・リーディングとは、英文を、ある程度まとまった意味のカタマリで区切って読み進めていくことです。本書を学習するにあたって、この「チャンク」は大切なキーワードです。なぜチャンクで読む必要があるのか？SECTION 1で学んでいきましょう。

SECTION 1

チャンク・リーディング：前からチャンクごとに読んでいく

まず初めに守って欲しいことがあります。

- 決して英文を後ろから読まないこと
- 目にとまった単語を適当につなげて訳さないこと

皆さんは、「そんなことはしていない」と思うかもしれません。では、とりあえず次の英文を和訳してみてください。辞書を引いても構いません。ただし、完成した和訳は必ず書き留めましょう。

例題

次の英文の和訳を書いて下さい。

① The situation was quite different when I heard his words from a friend of mine from when he said them.

（解答 → p.22）

きちんと訳を書き留めたでしょうか。この**「書く」**という作業は極めて重要なものです。もちろん皆さんの中には、単語を必ず書いて覚えるという方もたくさんいらっしゃるでしょう。ただ単語を「見て」つまり「目を使って」覚えようとするだけでなく、「書いて」すなわち「手を使って」覚えようとした方が、より効率がいいからです。その他にも、耳や口などさまざまな身体の部分をできる限り多く用いることによって、未知の語も習得しやすくなるということは確かに言えることです。

しかし、それだけではありません。ここでより強調したいのは**「頭の中で考えることは流動的で実体がなく、時に都合よく変わりうることもあり、当てにならない場合がある」**ということなのです。

たとえば、ある選択問題で4つの選択肢の中のaとcで迷ったとしましょう。

迷いながら判断がつかずに解答を見てみます。答えはcとある。そのときにきっと「間違った」という感覚は持たないでしょう。**なぜなら、そこにはcを選んだあなたがいるからです**。人間の感覚とは、とかく自分に甘くできています。しかし、実際aを選んだあなた自身もそこにいることを忘れないでください。つまり、決して正解したわけではないのです。

さて、実際の試験において、皆さんは必ずどちらか1つを選ばなければなりません。迷った解答の両方をマークすることはできません。そんなことをしたら、たとえどちらかが正解だったとしても、解答として無効になります。また、和訳の記述の場合も同じことです。ある語の訳し方で迷ったとしても、必ず自分の解答として1つの訳を完成させなくてはなりません。

つまり、この最後の選択が重要なのです。最後の選択には、それ相応の**妥当な選択理由**が必要となります。決して何となく解答しないこと。その最後の選択でミスしてしまったら、その**ミスの理由を追究すること**。そのためには、**間違った解答をした自分を見つめ、受けとめること**。この前提となるのが、解答を1つに絞り込むために、さらに自分が頭の中で構築した考えを実体化させるために「書く」という行為なのです。

・・・・・

少々前置きが長くなりましたが、もう少し続けさせてください。皆さんが先ほど書き留めた英文の和訳はそのまま脇に置いて、その解説をする前に、「**なぜ、前から読まなければならないのか**」という問題について、説明を加えたいと思います。

2つの大きな理由に沿って説明していきます。

~英文を前から読まなければならない理由~
【1】 書き手と同じ順序で読んでいく
書き手は当然、前から文を書いています。そして、その思考の流れの中で、自分がたった今記述した抽象的で難解な表現を、読み手にわかりやすく伝えるために換言（paraphrase）して説明したり、また書き忘れたことを補足するためにカンマを用いて表現を挿入したり（「カンマが示すもの」のセクションで詳

しく説明します）、あるいはただ単に表現が長すぎて冗長になることを避け、日本語の読点のように息継ぎの意味でカンマを用いたりすることもあるわけです。書き手がどのような気持ちで言葉を紡いでいるか、あるいはある句読点を用いているかを知るためには、書き手と同じように前から読んでいくしかありません。

こうして、書き手の息遣いをも読んでいくのです。これは、皆さんが母語である日本語の文章を読むときなら、無意識に行っている読み方です。それを外国語である英語にも応用する訓練をしてほしいのです。

【2】文構造を予測しながら読んでいく

たとえば私が、「昨日、行ってきたよ」と言ったら、次に何が知りたくなりますか。やはり、「どこに？」と聞きたくなるでしょう。実際、相手と直接対面して、もしくは電話などで会話をしていたら、皆さんはそのように相手に尋ねているはずです。

では、なぜ「読む」ときにそれをしないのでしょう。「だって、相手が目の前にいないのだから、尋ねても答えが返ってこないじゃないか」と反論の声が聞こえてきそうですが、そんなことはありません。むしろ、この**書き手に対する問いかけを行わない限り、正しい文構造は見えてこない**のです。

その理由は3つ。

書き手との対話が必要な理由
1. 英語の構造
2. 書き手の責任
3. インタラクション

■ 1. 英語の構造
英語は、最も重要な要素から並べられていきます。イエスなのかノーなのか、また文であれば主語 + 動詞（S + V）、つまり日本語で言うなら「誰（何）が何する」の部分です。そのあとは必要な情報が順に提示されます。たとえば、「私は食べた」と言われたら、何が知りたくなりますか。「何を」食べたのか聞きたくなりますね。また、「いつ」「どこで」「誰と」食べたのかも尋ねたくなる

かもしれません。

では、「私はあげた」の場合はどうでしょうか。今度は「誰に」「何を」あげたのか、2つのポイントについて尋ねなければ状況が明らかにならないでしょう。また、先ほどの例と同じように「いつ」あげたのかも知りたくなるかもしれません。

さて、ここでも重要なことが3つあります。

1つ目の重要なポイントは、皆さんが疑問に感じるべき**必要不可欠な要素の数はそれぞれの動詞によって異なる**ということです。

たとえば、前者の例である「私は食べた」の場合には、必要不可欠な要素は「何を」の1つのみですが、「私はあげた」の場合には「誰に」と「何を」の2つの要素が不可欠になってきます。そして、情報としてどのような要素が与えられなければならないかという問題は、言語によって異なる性質のものではありませんから、どの動詞にいくつの要素が必要かについては、英語の場合にも上記のように日本語で考えることで推測ができます。あれ？「いつ」や「どこで」はその中に入れなくていいのだろうか。このように考えた人もいるかもしれません。それについては2つ目のポイントを読んでください。

2つ目の重要なポイントは、たとえば「私は食べた」の例で挙げた「何を」の要素と、「いつ」「どこで」や「誰と」の要素では質が異なるということです。

「私はカレーを食べた」という文は、とりあえず不足はないように聞こえます。しかし、「私は昨夜食べた」と言っても、まだ「何を」が不足していると感じますね。つまり、「私は食べた」の場合の「何を」は絶対に欠けてはならない**必要情報**であり、それ以外の「いつ」などは文をより豊かにするための**補足情報**というわけです。これら2つの情報を性質的に区別しておくことは非常に重要です。

英文の構造によれば、最も重要な要素から並べられるわけですから、**基本的には必要情報が補足情報より先に置かれる**ということになります。しかし、あくまで「基本的には」と断っておきます。なぜなら、必要情報の前に補足情報が挿入として入れられるケースは多数見られるからです。

では、どのようにして必要情報と補足情報を見分ければいいのでしょうか。この点については、次の3つ目のポイントで触れていきましょう。

3つ目の重要なポイントは、これら2種類の情報（必要情報と補足情報）の分別は、**英文法における文型や文法要素とは異なる**ということです。もちろん目的語はその動詞にとっての必要情報ではありますが、必ずしも全ての場合において「必要情報＝目的語」になるとは限らないということです。

確かに、上で挙げた2つの例「私は食べた（I ate）」の「何を」と、「私はあげた（I gave）」の「誰に」「何を」は、文法的にも目的語と一致しています。しかし、たとえば「それは関係がある」と言われたらどうでしょうか。また、「比べてみてください」と言われたらどうでしょう。それぞれに「何と」関係しているのか、「何と」「何を」比べればよいのか、疑問に思うことでしょう。そして、これらの要素は必ずしも目的語に相当するわけではありません。前者の場合には、それは関係がある・That is associated with, related to / with, connected to / with となりますから、with や to といった前置詞が必要とされます。後者の場合にも、compare A with B の形になりますから、「何を」にあたる A は目的語ですが、「何と」にあたる B は前置詞 with があるため動詞の目的語とは言えません（目的語は前置詞が付いていない単独の名詞またはそれに準ずるものでなければなりません）。

ここで重要なのは、**どの動詞がどのような前置詞を伴うかは決まっている**ということです。その前置詞を伴っている部分も必要情報です。この「動詞＋前置詞」のコロケーション（collocation）は辞書にも単語集にも載せられている基本項目です（本書では「動詞の後に続くもの」のセクションで扱います）。

そして、前から読んで動詞を見極め、どの前置詞を必要情報として探さなければならないか念頭に置き、さらに前から読み進めます。これにより、時に、動詞とそのペアとなる前置詞が、挿入された補足情報により、遠く離れて置かれている場合でも、正確に必要情報を読み取り、文意を取ることができるようになります。**文の構造は、動詞によって決まる**のです。

このように、英語の場合には重要な情報が先に述べられてしまうため、会話の中では相手の話を最後まで聞かずに途中で発言を返したりすることも見られます。これは、必要情報さえ得てしまえばあとは補足情報なので、いつでも文を

終えることができるという性質を反映しています。最後まで話を聞かなければ、肯定か否定かもわからない日本語とは、その部分が大きく異なっています。

■ 2. 書き手の責任（Writer's Responsibility）

英文というミクロレベルにおいて、前から読まなければその構造は明確にならないということは「1. 英語の構造」で述べましたが、個々の英文が複数集まってできている段落（paragraph）や文章（passage）のようなマクロレベルでも同じことが言えます。パラグラフ内の構成については第2部で詳細に扱いますので、ここでは軽くその前提部分に触れるにとどまりたいと思います。基本的に、英文内の構造と同じように、まとまったパラグラフ内でも重要な部分から先に書かれます。すなわち、書き手が最も読み手に伝えたい部分です。これを一般的に**メイン・アイディア（main idea）**と呼んでいます。

たとえば、書き手が「今の日本の教育は間違っている」と述べたとしたら、当然「何で？」「何を根拠に？」「どこが間違ってるの？」と皆さんは問いただしていることでしょう（この3つの疑問は表現こそ異なれ、全て現在の日本の教育の問題点を問うているという点で共通しています）。書き手にはその疑問に答える義務があります。もし、その考えの根拠を述べていなければ、それは書き手の「書き逃げ」行為です。

ただし、その根拠を提示する方法はさまざまでしょう。根拠を3つほど順に提示する方法もあれば、1つの大きな根拠として、たとえば「現行の教育は画一的すぎる」のような問題点を提示する方法もあるでしょう。また、後者のような場合には、まだ具体的に理解できるとは言えませんから、「どこがどんな風に画一的なの？」とさらに読み手側から問いかける必要があります。このあとで書き手はわかりやすい例を挙げてくれることでしょう。

重要なことは、書き手は自分の考えを述べるだけでなく、なぜそう考えるのか、具体的にどのようなことなのかなど、その考えをサポートしわかりやすくするためにあらゆる手段を講じなければならず、また実際にそうしている、ということなのです。英語の文章は、ただ書き手が思いのままに綴ったものではありません。**読み手を如何に納得させるかについて念入りに練られた「説得の場」**なのです。書き手は、読み手が次に何を思うか予想しながら、個々の情報や例や根拠などを最も効率よいと思われる順序で提示していきます。**書き手の予想通りに推論や疑問を持つことが、正しく読んでいくためには必要になってきます。**

さて、話は少し変わりますが、それぞれの文化によって、書き手の姿勢やライティングにまつわる習慣はもちろん異なります。たとえば上記のような「読み手にわかりやすく説明をしながら納得させる」といった書き手の姿勢は、英語のライティングにおいて特徴的なものです。英語においては、難解で理解が困難な文章は、書き手の説明不足が原因とされます。つまり、**理解は書き手の責任（writer's responsibility）**とされる言語です。したがって、専門用語や理解しにくいと思われる表現には、必ずと言っていいほど直後に説明や換言が施されます。

一方、日本語は、**理解は読み手の責任（reader's responsibility）**とされる言語と言われています。読み手にとって理解しにくいと思われる語句や表現を用いても、それを説明することが書き手の世界や文のリズムを壊すことにつながると思われれば、説明されない場合もあります。

このように、英語と日本語とでは根本的に書き手の姿勢が異なっています。英語の場合には、ただアルファベットを目で追っているだけではなく、**書き手が全てを説明するのは当然だという構えを持ち、書き手に対して幾分攻撃的に疑問を持ちながら読み進めていくことが、読み手側にも要求されている**といえます。

■ **3. インタラクション（Reading & Writing as Interaction）**

さて、このように見ていくと、リーディングすなわち英語を読むという行為は、書き手と読み手の間で交わされる一種の対話行為であると考えられるでしょう。英語学習における4技能というと、リスニング・スピーキング・リーディング・ライティングですが、その中でもリスニングとリーディングは受動的な（passive）活動であり、一方スピーキングとライティングは能動的な（active）活動であるというように分類されることが多いようです。特に、リーディングは、実際に対話の中で行われうるリスニングとも異なり、目の前に相手がおらず、語りかけても声を発しない文字を対象にしていることから、パッシブ（passive）な活動と思われがちです。

しかし、このようにリーディングという活動をより深く観察してみると、決して「書き手→読み手」という構図でメッセージが与えられ、読み手はただ書かれたその文字の配列を文法的に解読するといった受動的な行為ではないことがわかります。

また、単なる能動的な（active）行為とも言えません。なぜなら、「1. 英語の構造」

でも述べたように、書き手は活発に読み手の反応を予想し、念入りに最も効果的な段落構成を計画し、それに基づいて自分の主張を展開しているからです。書き手は必ず読み手・オーディエンス（audience）を想定して書いています。

これには異論もあるかもしれませんが、単なる殴り書きのメモでも後で自分自身がそれを読み、何かを思い出すことを想定しています。もちろんこの場合のオーディエンスは未来の自分自身です。自身をも含めることを前提とすれば、書き手は必ずその書かれたものが後々誰かに読まれ、何かを伝えることになることを想定していると言えるわけです。もし誰にも読まれる必要がなければ、あるいは読まれたくなければ、そもそも初めから書いて残すことはしないでしょうし、また後で気が変わったのなら、その時点で何らかの方法で処分することでしょう。したがって、主張性の強い英語の論説文などは、最もオーディエンスを想定している文章のカテゴリーに入れることができるわけです。このように、リーディングすなわち「読み」という行為は、決して**「読み手→書き手」という構図の、ただ読み手が物言わぬ文章を相手に一方的に働きかける行為でもない**のです。

・・・・・

リーディングという活動は、決して単なる一方通行的な活動ではありません。むしろ、**書き手と読み手との対話（dialogue）ややりとり（interaction）が文章上で繰り広げられる、「書き手⇔読み手」という構図の、極めてダイナミックな双方向的（interactive）活動**なのです。これが本書のコンセプトである「インタラクティブ・リーディング」の所以です。読み手である皆さんに、テキスト上で存分に書き手と対話する練習をし、そのスキルを本書で身につけていただきたいのです。それでは、先ほど皆さんが書き留めた例文①の和訳を見てみましょう。

| 解答 | 解説 |

訳例

① 私が彼の言葉を友人から聞いたときは、彼がその言葉を言ったときとは状況が極めて異なっていた。

解説

訳する際、そのまま文全体を見るのではなく、前から以下のように切って訳し

てみましょう。

①- a
The situation was quite different / when I heard / his words / from a friend of mine / from when he said them.

まず、第1のカタマリ（一息に読むことができる意味のまとまりのこと。この『カタマリ』を英語で chunk と言うので、このような読み方を『チャンク・リーディング』と呼んでいます）は「状況は極めて異なっていた」となります。

さあ、そのように言われたら次に何が知りたくなりますか。やはり「何と異なっているのか」でしょう。それを知るためには、皆さんは different from ～の前置詞 from を探しながら読んでいかなければなりません。しかし、ここには2つの from が存在します。

1つ目の from は when 節内の動詞 hear と関係し「友人から聞いた」となります。皆さんは最後の最後まで different from ～の from を探しながら読んでいかなければなりません。すると2つ目の from が different と関係する前置詞であることがわかります。では、前から順に訳していきましょう。以下、「 」内はその部分の和訳、（ ）内は皆さんに意識して欲しい心の中の疑問です。

The situation was quite different
「状況は極めて異なっている」（何と何の状況?）
when I heard
「私が聞いたとき」（何を?）
his words
「彼の言葉を」
from a friend of mine
「友人から」
（私が彼の言葉を友人から聞いたときの状況が何の状況と異なっているのか?）
<u>from</u> when he said them.
「彼がその言葉を言ったときの状況と」

では、練習として実際に入試問題の英文を読んでみましょう。チャンク（まと

まった意味のカタマリ）を意識し、**必要に応じて疑問を投げかけながら読んでみてください**。練習ですから速く読もうとする必要はありません。また、和訳もまだ書かなくて構いません。全体の流れを切らないよう、最後まで読み進めてください。

例題

スラッシュごとに意味を区切りながら読みなさい。その後、全文を和訳しなさい。

② Westerners have been taught / to view life / as consisting of / a precise number of years, months, days, and hours / for each individual ― / a limited amount of time / that is not going to be repeated / and should therefore not be wasted. / In recent times, / especially after the Industrial Revolution, / Westerners came to believe that / not using time / in some profitable or productive enterprise / was sinful. / We eventually became / so time-conscious / that / we began / measuring time and our activities / in minutes and seconds.

（2007年　津田塾大学入試問題本文）

適切に疑問を投げかけながら、最後まで読むことができましたか。和訳は日本語の語順に直し、不自然な表現は文意を変えないよう、適切に書き直す必要があります。ただし、特に和訳が必要とされない長文読解なら、敢えて日本語の語順に並べ直す必要はありませんから、初めに読んだときのようにどんどん前からチャンクごとに読み進め、全体の内容をつかみ取るよう心がけてください。慣れてくるにつれ、チャンクが大きくなるはずです。つまり、一回に読んで内容を把握できる長さが長くなるということです。これが理想的です。上記の英文ではやや細かくチャンクを区切りましたが、練習を重ねていくうちによく用いられる表現にも慣れ、チャンクが大きくなり、それによって読む速さが徐々に速くなっていくことでしょう。これは一朝一夕に身につくものではありません。「焦らず怠らず」が大事です。

重要語句と表現

◆ consist of ～「～から成る、～から構成されている」 ◆ a number of ～「たくさんの～」 ◆ come to + 原形「～するようになる」 ◆ view A as B「AをBとみなす」 ◆ so ～ that S' + V'「とても～なのでS' V'」(so を見たら後ろに as や that を予想する)

ところで、**「読んでいくうちに、最初に書かれていた内容を忘れてしまっている」**という経験はありませんか。複数のパラグラフから成り立っている長めの英文の場合、そのような声が頻繁に聞かれます。

原因は2つ考えられます(どちらかというのではなく、多かれ少なかれこの両方が要因となっている場合が多いようです)。

1つ目は**スピードが足りない**ということです。もちろん速読のように、スキャニングやスキミング(コラム2を参照)をしながら、飛ばし読みをする必要は全くありません。しかしながら、ある一語でじっと止まってしまったり、チャンクではなく一語一語を目で追いながら読んだりしているようでは、最初の方で書かれていた内容は確かに忘れてしまうでしょう。これは人間の記憶に関係しています。

人間がある情報を処理する際に用いる記憶は作動記憶(working memory)と言いますが、ここで扱われる記憶のアイテムは、長期記憶内で貯蔵されているアイテムとは異なり、長時間は持続できません。長くても数分程度です。したがって、作動記憶内での記憶の持続可能時間内に、ある程度内容理解に目途をつけないといけないわけです。(コラム1を参照)

2つ目はパラグラフごとに内容を理解し、頭の中にとどめておく訓練がまだできていないということでしょう。これについては、第2部で段階的に練習するので、説明はそのときにすることにしましょう。

解答 / 解説

訳例

② 西洋人は、人生を、それぞれの個人にとって正確に刻まれた数の年、月、日、時間、すなわち繰り返

されることがなく、それゆえに無駄にすべきではない限られた量の時間から成るものとみなすよう教えられてきた。最近、特に産業革命以後では、西洋人は、時間を何らかの有益あるいは生産的な事業に使わないのは罪深いことだと信じるようになった。私たちは、ついには、非常に時間を意識するようになり、時間や私たちの活動を、分や秒刻みで測ることを始めたのだ。

> 解説

では、先ほどの英文の解説に入りましょう。まず、皆さんの頭の中でどのような問いかけが行われ、どのようにチャンクで読んでいけばよいのかを記述します。

Westerners have been taught / to view life /
西洋人は教えられてきた（何を？）/ 人生を見ることを（どのように？）/
as consisting of / a precise number of years, months, days, and hours /
～から構成されるものとして（何から？）/ 正確な数の年、月、日及び時間から /
for each individual — /
それぞれの人にとって /
a limited amount of time / that is not going to be repeated /
限られた量の時間（どんな時間？）/ 繰り返されることのない /
and should therefore not be wasted. /
そして、それゆえに無駄にされるべきではない。/
In recent times, / especially after the Industrial Revolution, /
最近 / 特に、産業革命後に /
Westerners came to believe that /
西洋人は（that 以下のように）信じるようになった（どのように？）/
not using time / in some profitable or productive enterprise / was sinful. /
時間を用いないことは / 何らかの有益あるいは生産的な事業に / 罪深いことだ /
We eventually became / so time-conscious /
私たちはついに（次のように）なった（どのように？）/ 時間を意識するように /
that / we began /
ので / 私たちは始めた（何を？）/
measuring time and our activities / in minutes and seconds.
時間や私たちの活動を測ることを（どのように？）/ 分や秒刻みで

基本的には、このような問いかけを行いながらチャンクごとに読んでいくわけですが、これでは少々解説としては読みにくいですね。ですから、今後は上記のようなチャンクごとの認知的インタラクションについての解説はあえて書きません。これには、皆さんに自由な大きさでのチャンクで読んで欲しいという理由もあります。

・・・・・・・・・・・・・・・・・・・・・・・・・・・・・・

このあと、第1部では、前から読んでいく上で重要となる**「読むために必要な文法（Reading Grammar）」**を順に扱っていきます。これは一般的に文法書や文法の授業などで学習する英文法とは異なります。

ただし、当然のことながら、全く無関係なことを述べるのでも、相反することを述べるのでもありません。もちろん一般的な英文法はこのリーディング・グラマーでも基礎となります。しかし、英文法を知っているだけでは、リーディングには足りないのです。

つまり、リーディング・グラマーとは、
英文法に基づいて、英文を前から正しく読むためのルール
であると言えるでしょう。

STEP 2

SECTION 2　S + V のマッチング　前編

SECTION 3　S + V のマッチング　後編

◆演習問題 1

主語と動詞

文の根幹をなすものは「主語」と「動詞」である、といって間違いないでしょう。リーディング・グラマーの最初の練習は、S（主語）とV（動詞）のマッチング（照合）です。

SECTION 2

S＋Vのマッチング　前編

それではこのセクションから、実際にリーディング・グラマーを１つずつ練習する段階に入りましょう。ここで扱うのは、文の要となる**S＋V（主語と動詞）のマッチング**です。前のセクションでも記述しましたが、文の構造はVによって決まります。そして、**そのVがどのような意味で解釈されるべきかを決めるのは、SとVとの関係**です。

たとえば、sell という動詞で、どのような意味を思い出しますか。おそらく皆さんのほとんどが「売る」という意味を思い浮かべたことでしょう。確かに、

　They sell lots of fresh fruits at that supermarket.

という文なら、「あのスーパーマーケットではたくさんの新鮮な果物を売っている」という訳になりますから、「売る」の現在形の意味になっていることがわかります。では、

　This book sells well.

ならどうでしょうか。「この本が売っている」という SV 関係は明らかにおかしいですから、「この本はよく売れ（てい）る」のような SV 関係にならなくてはならず、この場合の動詞 sell は自動詞ということになります。

このように、その動詞が自動詞として解釈されるべきか他動詞として解釈されるべきかを決定づけるのも、SV 関係と言えるわけです。

それでは、ここで SV を探す軽い練習をしてみましょう。

> **例題**
>
> 次の文の主語と動詞をそれぞれ書き抜いてください。
>
> ③ Among the people in the protest activities were a number of students from the local schools of the city.

書けましたか。それでは、次に上記の英文の和訳を書いてください。前セクションでも述べたとおり、和訳は必ず書き留めてください。それでは、以下の解説を続けて読んでください。

解答 / 解説

解答

主語（S）= a number of students　動詞（V）= were

訳例

③ 抗議活動に参加した人々の中にいたのは、その市の地元の学校に通うたくさんの学生たちだった。

解説

SV を探すときにも、前からチャンクで区切っていきましょう。すると、以下のようになります。

> Among the people / in the protest activities / were / a number of students / from the local schools / of the city.

ところで、ここで1つ気づくことは、**チャンクには「前置詞 + 名詞」の形が多い**ということです（もし、「前置詞 + 名詞」の区切りがきちんとできていなければ、チャンクの切り方に問題があります。「前置詞 + 名詞」で1つのチャンクを作るようにしましょう）。

名詞は、主語（S）・目的語（O）・補語（C）になっていない場合には、必ず前置詞を必要とします。したがって、文を豊かにする修飾語（M）として、「前置詞＋名詞」が多く用いられることは当然のことなのです。そうすると、「前置詞＋名詞」の形になっているものは修飾語（M）であるため、主語を探す際には、前置詞を伴っていない単独の名詞を探さなければならないということになります。

先ほどの英文を前から見ていきましょう。まず、among the people には前置詞 among がついており、次の in the protest activities にも前置詞 in が付いているため、Sとしては失格です。次に動詞 were が出てきました。つまり、動詞の前に主語はなかったということです。動詞 were の後ろのチャンクで、**初めて前置詞を伴わない単独の名詞のカタマリ a number of students（たくさんの学生たち）が出てきます**。これがSということになります。この後の2つのチャンクも、全て前置詞を伴っています。したがって、解答は、Sが a number of students で、Vが were となります。この文は were をはさんで、左右両側が入れ替わった形の倒置文ということです。

では、**和訳するときにはどうすればいいのでしょう**。

もちろん倒置されない元の文と同じように、Sから訳しても文の意味は変わりません。しかし、「チャンク・リーディング」のセクションで、**書き手と同じ順序で読んでいく必要性**について述べたのを覚えているでしょうか。書き手が倒置文を用いたのには、それ相応の理由があったはずなのです。先頭に置いた部分を強調したかったから、Sに修飾や具体例などが付いて、Sが長く重たくなってしまうため後ろに置いたからか、倒置した方が文脈上流れもいいなどのような理由が考えられます。そうすると、やはり書き手の意を汲んで、和訳も前から順にした方がより本文の文脈には近くなるということです。

<u>Among the people</u> / <u>in the protest activities</u> /
　　M（were を修飾）　　　M（the people を修飾）
<u>were</u> / <u>a number of students</u> /
　V　　　　　S
<u>from the local schools</u> / <u>of the city.</u>
　　M（students を修飾）　　　M（the local schools を修飾）

主語に関して、**基本的に**以下のルールが成り立つといえるでしょう。

> ## ルール 1
>
> （主節の）主語とは文を前から読み進め、最初に出てきた前置詞なしの単独の名詞、または名詞句・節のこと。

言い換えれば、主語・目的語・補語以外で用いられる名詞は、全て前置詞が必要となります。 ここでもまた、「基本的に」という言葉を添えておきたいと思います。なぜなら、ここにもいくつかの例外が存在するからです。その例外を説明するためには、S＋Vのマッチングパターンを簡単に4つに分類する必要があります。その前に、もう1つ練習をしてみましょう。

例題

次の英文の主語（S）と動詞（V）を書き抜き、和訳を書いてください。

④ Out of the barn he pointed at came two of his children, a tall nine-year-old boy, Tommy, and a six-year-old girl with curly hair, Jenny.

解答　解説

解答

主語（S）＝ two of his children　　動詞（V）＝ came

訳例

④ 彼が指さした納屋から出てきたのは、彼の2人の子供たち、背の高い9歳の少年トミーと巻き毛の6歳の少女ジェニーだった。

> **解説**

ルール1に従って主語を探そうとすると、S は he になってしまいます。V は pointed ということになるでしょう。しかし、それでは came 以下が余ってしまいます。ここには別のルールが働いているということです。

ルール 2

関係詞節、接続詞節内の SV は、主節の SV ではない。

先ほどの英文をもう一度見てみましょう。最初のチャンクは out of the barn でこれは「前置詞 + 名詞」の修飾句（M）ですからカウントしません。次を見ると代名詞 he が続いているので S と思いがちですが、**名詞の後に出てきた S + V は前の名詞を修飾**する可能性があるので注意しなければなりません。つまり、関係代名詞目的格が省略された関係詞節というわけです（「句と節―形容詞節」のセクションを参照）。その証拠にこのチャンクは he pointed at で不完全に切れ、過去形動詞 came が後に続いています。この came がこの文全体の V です。その後ろに前置詞なしの名詞が続いているので、これが S です。したがって、この文も先ほどと同じような倒置文ということになります。

Out of the barn / he pointed at /
M（came を修飾）　関係詞節（the barn を修飾）
came / two of his children, /
　V　　　　S
a tall nine-year-old boy, Tommy, and a six-year-old girl with
以下、two of his children と同格（イコール関係）
curly hair, Jenny.

SECTION 3

S＋V のマッチング　後編

さて、先ほど少しだけ紹介した S＋V のマッチングパターンの分類をここで提示しておきましょう。

S＋V のマッチングパターン

1. 主語 ＋ 動詞　　　　　　　　　　　S＋V
2. 主語 ＋ [修飾句・節…] ＋ 動詞　　　S＋[M]＋V
3. 修飾語句 ＋ 動詞 ＋ 主語　　　　　 M＋V＋S
4. 目的語 ＋ 主語 ＋ 動詞　　　　　　 O＋S＋V

パターン 1（S＋V） のようなスタンダードな形が最も SV を見分けやすいものですが、たとえば以下のような文の場合は、what 節（what ... the flower）全体が S となることに注意しなければいけません。

> What fascinated me about the flower was its sweet scent like a perfume.
> 私がその花について魅了されたのは、香水のようなその甘い香りだった

つまり、S とは、名詞の働きをする全てのものなので、不定詞や動名詞などの名詞句や、名詞節も含まれるわけです。

また、あえて例文は挙げませんでしたが、S が that 節や不定詞でかなり長くなってしまう場合には、形式主語 it を先頭の主語位置に置き、主要な要素を全て書き終えてから真主語である that 節や不定詞部分を置くことが一般的です。

一方、**パターン 2（S＋[M]＋V）** のように、S である単独の名詞の後ろにその名詞を修飾する語句や関係詞節などが置かれて、S と V の距離が離れてしまい、SV が見つけにくくなるパターンもあります。たとえば、パターン 1 に属する

The pretty girl gave a gift to Tom.
そのかわいい女の子はトムに贈り物をあげた。

という文なら、S は the pretty girl で動詞は gave だとすぐにわかりますが、パターン 2 に属する

The pretty girl who was shopping in the mall when we got together there the other day gave a gift to Tom.
私たちが先日ショッピングモールで会ったときにそこで買い物をしていたかわいい女の子が、トムに贈り物をあげた。

のように、主語と動詞の間が離れると、難度は多少上がります。しかし、そのような場合でも、**しっかりと主語を覚えておくこと、関係詞節が始まったらそれがどこまで続くのかきちんと見極めること**（「句と節」のセクション参照）、そして**動詞を見つけたときにＳ＋Ｖの関係を確かめること**、これらをこなしていけば正しく読むことができます。そして、このパターン１と２のいずれにもルール１は適用されます。

・・・・・

少々ややこしくなるのは、**パターン３ (M + V + S)** でしょう。動詞（V）が自動詞（すなわち、目的語を伴わない）でＳ＋Ｖ＋Ｃ（C＝形容詞）またはＳ＋Ｖ＋Ｍの形を取るとき、動詞（V）を挟んで左右両側を置き換える形での倒置文を作ることができます。なぜ倒置するのかについては、前のセクションで述べたとおりです。

Ｓ＋Ｖ＋Ｃの例

⑤ The reaction he made was interesting.　　彼がした反応が面白かった。
　　　　　　S　　　　　　V　　C

→ Interesting was the reaction he made.　　面白かったのは彼がした反応だ。
　　C　　　　V　　　　S

S + V + M の例

⑥ <u>Her mother</u> <u>was</u> <u>in the kitchen</u>.　彼女の母親はキッチンにいた。
　　　　S　　　　 V　　　　M

→ <u>In the kitchen</u> <u>was</u> <u>her mother</u>.　キッチンにいたのは彼女の母親だった。
　　　　M　　　　　 V　　　　S

しかし、**この場合でもルール1は適用できます**。前セクションで皆さんが訳した2つの例文③と④は両方ともこのパターン3に属します。例文④が例文③よりも幾分難しく感じられたのは、修飾語句であるMに関係詞節が続いていたからです。そのような場合にも節の範囲を明確にすることで正しく読むことができます。

ただし、このパターン3の倒置形は、**Sが代名詞以外の場合のみ**です。Sがheやsheなどの代名詞のときには、C＋S＋VやM＋S＋Vの語順となり、VSの順序にはなりません。

ルール1が適用できないのが、パターン4（O＋S＋V）の目的語の倒置です。S＋V＋Oの文の目的語（O）を強調するために倒置するとき、O＋S＋Vの順になります。この場合、OもSも前置詞を伴わない単独の名詞であるため、ルール1に反してしまいます。しかし、これは頻繁に見かけるパターンではありませんので、通常ルール1を用いることで、S＋Vを見分けることができます。ただし、例外としてこの目的語の倒置パターンの存在は覚えておいてください。

例題

次の英文の主語（S）と動詞（V）を書き抜き、和訳を書いてください。

⑦ Some of the students asked to participate in the interview about the school administration declined the request after all.

SECTION 3.

> 解答 **解説**

> 解答

主語（S）= Some of the students　動詞（V）= declined

> 訳例

⑦ 学校の運営についてのインタビューに参加するよう求められた学生のうち何人かは、結局その要求を断った。

> 解説

ここで気をつけなければならないのは、S ではなく V です。S は即座に some of the students だとわかるはずです。うっかりすると、次の asked を V だと勘違いしてしまいがちです。

ルール3

- ◆ 動詞（V）は、過去や現在などの時制を持っている。
- ◆ 準動詞（不定詞・動名詞・分詞）は述語動詞（V）にはなれない。
- ◆ 過去形と過去分詞形で形が同じものには特に注意する。
- ◆ 並立関係を作る接続詞（and など）がないかぎり、1 つの文・節に S + V は 1 ペアのみ。

このルールを適用すると、asked は過去形と過去分詞形の両方の可能性があるため注意が必要です。試しに、まず asked を過去形つまりこの文の述語動詞（V）であると想定して、文を分析してみましょう。

⑦-a
Some of the students / asked / to participate / in the interview /
      S   V   C   M

participate in 〜「〜に参加する」

about the school administration / declined the request after all.
    M（the interview を修飾） →以下、分析不能

ここで、asked を V と考えると、その後で出てくるもう 1 つの -ed 形である declined を過去分詞形と考えざるを得なくなります（もちろんそれは不可能です）。上記のルール 3 にもある通り、1 つの文あるいは 1 つの節に、S + V のペアは基本的に 1 つしか成り立ちません。つまり、一方が過去形（すなわち動詞）なら、もう一方は過去分詞形ということになるわけです。

しかし、ここで問題が生じます。もちろん文意的にも問題が出てくるのですが、文法的な形の上でも、**過去分詞形は目的語を持たない**（S + V + O + O のような目的語を 2 つ持つことができる動詞以外）という大原則に反してしまいます。なぜそのように言えるのかを考えるには、受動態の文を思い出すのがいいでしょう。過去分詞形は受動態の文「〜される」でも用いられます。受動態の文は、能動態の文の目的語が主語になって作られるものですから、それ自身の文で目的語は持ちません（下の文を参照）。したがって、**過去形か過去分詞形か**を判断する際に、**O があるかどうか**は大きなヒントになるわけです。

能動態　The teacher / asked / some of the students / to participate /
             S   V   O   C

in the interview.
     M
その先生は何名かの学生にインタビューに参加するように求めた。

受動態　Some of the students / were asked / O なし / to participate /
              S   V   C

in the interview.
     M
何名かの学生はインタビューに参加するように求められた。

先ほどの問題の英文にもどると、asked には O はありませんが、declined には the request（O）がありますから、例文⑦-b のように初めから asked を過去分詞形と想定して文を読み進めた方が早いと言えるでしょう。

⑦-b
<u>Some of the students</u> / <u>asked</u> / <u>to participate</u> / <u>in the interview</u> /
　　　　S　　　　　　　p.p.　　　asked の C　　　　　　M
<u>about the school administration</u> / <u>declined</u> / <u>the request</u> / <u>after all</u>.
　　　M（the interview を修飾）　　　　　　V　　　　　O　　　　　M

実際このように、途中まで読んで読み違いに気づき、読み違えた箇所から読み直して再分析することを余儀なくされるような文（上記の文では asked を動詞だと思ったが、declined を見て間違いに気づき asked を過去分詞として分析し直した）は、「袋小路文（garden path sentence）」と呼ばれ、特に英語のネイティブスピーカーでも読みにくい文として分類されています。ただ、難しいからといって読めなくてもいいわけではありませんから、正しく読むためのルールを覚えておいてほしいと思います。あわてて読む必要はありませんから、落ち着いて正しく読めるように習慣づけましょう。

別冊の演習問題 1 に挑戦してみよう！

STEP 3

SECTION 4	句と節（Phrases vs. Clauses）
SECTION 5	句と節——節（Clause）の種類
◆演習問題 2	
SECTION 6	句と節——名詞節（Nominal Clauses）
◆演習問題 3	
SECTION 7	句と節——形容詞節（Adjectival Clauses）前編
SECTION 8	句と節——形容詞節（Adjectival Clauses）後編
◆演習問題 4	
SECTION 9	句と節——強調構文（Cleft Sentences）
◆演習問題 5	
SECTION 10	句と節——副詞節（Adverbial Clauses）前編
SECTION 11	句と節——副詞節（Adverbial Clauses）後編
◆演習問題 6	
コラム 1	「読み」に飽きない工夫をしよう

句とは？節とは？

文を理解するうえで大切な要素は、主語と動詞のほかにもあります。ここからは「句（Phrases）」や「節（Clauses）」といった文の要素を中心に学習していきます。この「句」や「節」のまとまりをきちんと把握することができなければ、チャンクで正しく英文を読み進めることはできません。

SECTION 4

句と節 (Phrases vs. Clauses)

「S＋Vのマッチング」のセクションでは、文の構造を決める上で最も重要な部分である主語（S）と動詞（V）を探す練習をしました。このセクションでは、文の構造を把握するためのもう1つの要となる、句と節について扱っていきます。

それではまず、文の構成要素を分類する上で基礎となる語（word）、句（phrase）、節（clause）について、例文を用いて概念的に説明をしていきましょう。

⑧ I was studying math in the library when I got his phone call yesterday evening.

文の構成要素

語（word）　：一つ一つの単語。上の文は15語から成り立っています。
句（phrase）：複数の語から成る意味のあるまとまり。
節（clause）：S＋Vの構造を内部に持った、文中に埋め込まれたもう1つの文。接続詞や関係詞によって導かれます。

上記の文では、"in the library"が代表的な句と言えるでしょう。その他にも、"was studying"（動詞句）、"his phone call"（名詞句）、"yesterday evening"（副詞句）などが、語とは言えないため、句に分類されますが、あまり用いられません。また、句はそれだけで意味を持つカタマリでなければならないため、複数の語から成っていても"phone call yesterday"や"math in the"のような句は成立しません。

上記の文では、接続詞 when に導かれている"when I got his phone call yesterday evening"の部分が節です。

この句や節という概念は、英文を前からチャンクごとに正しく読んでいく上でもちろん重要なものですが、句を導く前置詞、節を導く接続詞、修飾語となる副詞

といった品詞の概念とともに、空所補充の問題でも極めて重要になってきます。文の構造そのものに関わるこれらの品詞について問うことは、その文自体を正確に理解しているかを問うことに通ずるので、このような品詞を文法的にまた文脈的に尋ねる問題はたびたび見られます。

それでは、まず力試しに、次の問題に挑戦してみてください。もちろん英文はチャンク・リーディングしてください。さらに、選択肢を見る前に、まず（　）内にどの品詞が入るべきか予想し、それから適切なものを選んでください。また、練習のため、ここでは選択肢の品詞も全て書いてみてください。これらの作業をすることで、どの部分が弱点かを知ることができます。では、始めましょう。

--- 例題 ---

次の（1）～（5）の空所を補うのに最も適切な語を（イ）～（ニ）の中からそれぞれ1つ選びなさい。

⑨ The first people to use Mediterranean trade on a large scale were the Phoenicians*. They established trading stations (1) the region from Spain to the Red Sea. Most Greek states were more or less self-sufficient until the period (2) they became unable to sustain a growing population. At the same time local industry began to develop and also a need to exchange its products with goods from overseas. The desire for trade and hunger for land were the two principal motives for the first waves of colonization by the Greeks from the 8th to the 6th century BC. Many colonies were (3) for the quality of their harbours and their access to marketable items such as corn, timber, and minerals.

　The growth of trade coincided with the invention of coins around the end of the 7th century BC. (4) problems caused by different weight standards between cities, using coins facilitated small-scale commercial dealing, and the distribution of coins provides valuable evidence of trading patterns. Transportation was (5) by sea. It was therefore slow and

42

seasonal. Cargo ships, built to carry maximum loads with minimum crew, were dependent on sail and wind.

(注) the Phoenicians　フェニキア人

(1) (イ) all　　　　　　　(ロ) behind
　　(ハ) thoroughly　　　(ニ) throughout
(2) (イ) how　　(ロ) when　　(ハ) where　　(ニ) which
(3) (イ) choose　(ロ) choosing　(ハ) chose　(ニ) chosen
(4) (イ) Despite　(ロ) In fact　(ハ) In spite　(ニ) Though
(5) (イ) almost　(ロ) hardly　(ハ) mostly　(ニ) never

（2006年　学習院大・改）

重要語句・表現

◆ on a large scale「大規模に」◆ more or less「多かれ少なかれ」◆ a motive for ~「~の動機」◆ access to ~「~へのアクセス、~に入れること、近づけること、~が手に入ること」◆ such as ~「たとえば~のような」◆ be dependent on [upon] ~「~に依存する」◆ from A to B「AからBまで」◆ exchange A with B「AをBと交換する」◆ coincide with ~「~と同時に起こる」

指示語・代名詞

◆ they (4行目) = most Greek states ◆ their (10行目) = many colonies ◆ It (18行目) = transportation

解答　解説

解答

(1) ニ
S = they, V = established, O = trading stations なので、the region を句にするためには前置詞が必要。（イ）の all と（ハ）の thoroughly は副詞、（ロ）の behind は前置詞だが、意味が「〜の後ろに」になるため不適当。文脈から「スペインから紅海までの地域のいたるところに」の意味にならなければいけないので、（ニ）の throughout「〜中に、〜を通して」がよい。

---

(2) ロ
S = most Greek states, V = were, C = more or less self-sufficient, M = until the period。空所の後ろには節（S + V）があるので、節を導くものが入る。選択肢はいずれも節を導くことができるが、ここでは文意から、その節が直前の the period「期間」を修飾するはず。節内は何も不足していない完全節なので、関係代名詞ではなく関係副詞が入る。時に関係する語が先行詞のとき、関係副詞は when。

---

(3) ニ
S = many colonies。動詞 choose の変化形を入れなければならないが、目的語がないことに注目すれば、受動態の形で過去分詞の chosen が入る。

---

(4) イ
空所は文頭にある。S = using coins, V = facilitated であることに気づけば、(4) 〜 between cities が副詞句になるとわかる（SV 構造がないため節ではない）。副詞句を成立させるためには、名詞 problems の前に前置詞が必要。（ニ）の though「〜だけれども」は接続詞なので不可。（ロ）の in fact「実際」は副詞なので不可。（ハ）の in spite は、in spite of 〜の形なら「〜にもかかわらず」で前置詞になる。（イ）の despite「〜にもかかわらず」は前置詞なので正解。

---

(5) ハ
S = transportation, V = was。空所 (5) がなくても文構造的には問題ないので、副詞が入るとわかる。選択肢は全て副詞だが、（ロ）の hardly「ほとんど〜ない」や（ニ）の never「決して〜ない」では否定の意味になってしまう。（イ）

のalmost「ほとんど」なら入れられそうだが、この意味でalmostを用いる時には、almost allやalmost everyのように形容詞を修飾する形を取る。一方、almostが動詞などその他の要素を修飾するときには、「ほとんど／あやうく～するところだった」のようにnearlyと同様の意味となるため、ここでは用いられない。動詞や句を修飾する、程度を表す「ほとんど」は（ハ）のmostly。

訳例

⑨ 最初に地中海貿易を大規模に行った民族はフェニキア人だった。彼らはスペインから紅海までの地域のいたるところに貿易用停泊地を作った。ほとんどのギリシャの州は、増加し続ける人口を支えきれなくなるまで多かれ少なかれ自給自足をしていた。同時に地元産業が発達し始め、またその地元産業の製品を海外の商品と交換する必要も出てきた。貿易に対する欲求と領土の渇望が、紀元前8世紀から6世紀までのギリシャ人による植民地化の最初の波を引き起こす2つの主要な動機であった。多くの植民地は、港の質とトウモロコシや材木や鉱物のような貿易可能な商品が手に入るかどうかで選ばれた。

　貿易の発展は紀元前7世紀の終わり頃の貨幣の発明と同時に起こった。都市により異なる度量衡が用いられていることにより問題が生じていたが、貨幣を使用することで小規模の商取引が容易くなり、さらに貨幣の分布が当時の貿易のパターンを表す貴重な証拠となった。貿易はほとんど海上経由で行なわれていた。それゆえ速度は遅かったし、季節的であった。貨物船は最大限の積み荷を最小限の乗組員で運べるよう造られていたが、帆と風に左右されるものだった。

いかがでしたか。空所（2）のように、空所の後ろに節（S＋V）があるため、その節内の構造を確認して関係代名詞と関係副詞のどちらが入るべきか判断しなければならないことや、空所（4）のように、文全体のS＋Vを把握し、さらに空所の後ろのカタマリがどこまで続くのか、そしてそのカタマリは節を構成しているかそれとも名詞のカタマリを確認した上で前置詞が入るのか接続詞が入るのかを決定しなければならないことなどが実感できればいいと思います。

それでは、上記のポイントをルール化しておきましょう。

ルール 4

◆ 接続詞または関係詞があったら、S＋Vとそれに伴う修飾部分を含んだ節を確認すること。

ルール 5

◆ 空所補充は、まず構造から考えてどの品詞が入るかを判断すること。
◆ 接続詞、前置詞、副詞には、特に注意すること。

それでは、次に、接続詞・前置詞・副詞について、例文を用いながら簡単に説明しましょう。

例題

それぞれの空所にどの品詞が入りうるか考えてみてください。その根拠も答えられるようにしましょう。

⑩ I like her very much, (　　) she is always so kind to everyone.
　 S V　　　　　　　　　　　　　 S' V'

⑪ (　　) her innate goodness, she is respected by everybody in
　　　　　　　　　　　　　　　　 S　V
　 this community.

⑫ Every word she utters, (　　), shows how deeply she loves
　　　　　　　　　S　　　　　　　　　 V
　 humans.

> 解答 解説

> 解答

⑩ 接続詞（because など）
⑪ 前置詞（Because of / For など）
⑫ 副詞（however / therefore など）

> 解説

<⑩>
⑩は、空所の両側に節（S + V のペア）が確認できますね。したがって、接続詞を入れなければなりません。接続詞が先頭に来る後半の she is ... の節を**従属節**（接続詞の支配を帯びている）、接続詞から独立している前半の節を**主節**といいます。文脈的には、後半の従属節（彼女はいつもみんなにとても親切だ）が、前半の主節（私は彼女がとても好きだ）の理由になっているため、because のような理由を表す接続詞を入れるのがいいでしょう。

> ⑩ - a
> ・I like her very much. 主節（SV のペア）
> ・(　) she is always so kind to everyone. 従属節（S' V' のペア）

<⑪>
⑪は、全体として S + V のペアが 1 つ（S = she; V = is respected）しかありません。したがって、接続詞を入れる必要はありません（入れてはいけません）。この空所は名詞のカタマリである her innate goodness とともにチャンクを作るので、前置詞を入れなければならないことになります（ルール 1 で述べたように、S, O, C 以外の全ての名詞は、前置詞を必要とします）。

このチャンクと、主節（she is …）の意味的関係を考えると、her innate goodness（彼女の生まれながらの素晴らしさ）は、主節（彼女はこの町／社会／共同体の誰からも尊敬されている）の理由と考えられますから、because of や for などの理由を表す前置詞を入れるのがいいでしょう。

⑪ - a
・(　) her innate goodness, 前置詞 ＋ 名詞 ＝ 副詞句：従属節
・she is respected by everybody in this community. 主節（SVのペア）

<⑫>
最後に⑫は、⑩や⑪と異なり、空所を取り除いたとしても、文全体が何の不足もなく成立することがわかります。Every word she utters shows how deeply she loves humans.「彼女が発するあらゆる言葉が、彼女が人間というものを如何に深く愛しているかを表している」という文は、SVOともに必要情報は全て存在しています。これが副詞の特徴です。

⑫ - a
・<u>Every word she utters</u> <u>shows</u> <u>how deeply she loves humans</u>.
　　　　S　　　　　　　　V　　　　　　　O
・,(　　), 副詞 ＝ 省略可

副詞は修飾語なので（「句と節—節の種類」のセクションを参照）、絶対になくてはならない必要情報ではなく、文または文脈を豊かにするための補足情報にすぎません（「チャンク・リーディング」のセクションを参照）。したがって、それがなくとも、文構造上は問題ないのです。特に、このように両側をカンマでくくられている場合には、一般的にシグナルワード（signal word / transitional word）と呼ばれる、前後の文脈関係を示すのに用いられるキーワードとなる接続的な副詞（however、therefore など）が入ります。つまり、どのような副詞が入りうるかは、前文との関係によるわけです。この⑫には前文はありませんから、ここではどの語を入れるべきか特定できないということになります。

ルール6

〈空所補充の際の文法的ルール〉
- ◆ 接続詞：その空所を除くと、文中に2つの節（S + V）が独立して存在してしまう。
- ◆ 前置詞：その空所の後ろに、S, O, C のいずれでもない名詞（句）があり、その名詞とともにチャンクを作ることができる。
- ◆ 副詞：その空所を取り除いても、文構造上問題なく、完全な文が成立する。

ルール7

- ◆ カンマだけで、2つの節（S + V）と節（S + V）をつなぐことはできない。つまり、必ず接続の役割を果たす接続詞または関係詞を置く必要がある。
- ◆ 紛らわしいものもあるので、特に接続的意味を持つ語に関しては個々の意味に注意する（however や therefore などは副詞なので節と節を接続することはできない）。

さて、先ほど、この句と節という概念は英文を前から正しく読んでいく上で重要だと述べましたが、この句（phrase）を確認して読んでいく方法は、まさに最初のセクションで練習したチャンク・リーディングそのものです。したがって、皆さんはこれについては既に全て習得しているはずですから、これからは主に節（clause）に焦点を当てて進めていき、句（phrase）及び前置詞（名詞を伴い、句を作る）は、節（clause）と接続詞（節を作る）や副詞との関係で扱うにとどめようと思います。

次のセクションで、節の種類を分類・解説していきます。

SECTION 5

句と節──節（Clause）の種類

節(clause)には、その節が果たす役割によって3つの種類があります。これらは、特に難解な分類というわけではありません。皆さんが聞きなれた、なじみのある言葉を用いて分類されています。名詞節、形容詞節、副詞節です。

しかし、これらを理解するためには、まず名詞・形容詞・副詞がそれぞれどのようなものなのかを、リーディング・グラマーに即して知っておく必要があります。

〈名詞・形容詞・副詞〉

◆名詞（Noun） ：単独で主語（S）、目的語（O）、補語（C）になれるまた、前置詞＋名詞の形で修飾表現になる

◆形容詞（Adjective） ：名詞を修飾する（形容詞の限定用法）また、単独で補語（C）になる（形容詞の叙述用法）

◆副詞（Adverb） ：名詞以外のもの（動詞、形容詞、副詞、文全体）を修飾する

名詞は、「S＋Vのマッチング」のセクションでも述べたとおり、**前置詞を伴わずに主語（S）、目的語（O）、補語（C）になったり、「前置詞＋名詞」の形で修飾句（M）を作ったりします**。あとの2つ（形容詞・副詞）はいずれも修飾語の役割を持っています。簡単に、**名詞を修飾するのは形容詞、名詞以外を修飾するのは副詞**と覚えておくといいでしょう。

さて、これらはこの3品詞の最も基本的な役割なのですが、これらとほぼ同じ役割が句と節にもあり、その場合、特に「名詞句」「形容詞節」のように分類されるということなのです。では、句と節それぞれにどのような場合がありうるか見てみましょう。

SECTION 5.

STEP 3 句とは？節とは？

〈句の3つの役割〉

- ◆名詞句　：主語（S）、目的語（O）、補語（C）になる句
  不定詞、動名詞の句が含まれる
- ◆形容詞句：名詞を修飾する句
  前置詞＋名詞や分詞の句が含まれる
- ◆副詞句　：名詞以外を修飾する句
  主に前置詞＋名詞の句が含まれる

〈節の3つの役割〉

- ◆名詞節　：主語（S）、目的語（O）、補語（C）になる節
  接続詞 that、関係代名詞 what、複合関係詞 -ever、疑問詞の節などが含まれる
- ◆形容詞節：名詞を修飾する節
  ほとんどの主要な関係詞がここに含まれる
- ◆副詞節　：名詞以外を修飾する節（主に主節を修飾する）
  ほとんどの主要な接続詞がここに含まれる

いくつかのことに気づいたでしょうか。

1つは、句と節ともに、3つの役割は共通しているということです。**名詞はいずれも、主語（S）、目的語（O）、補語（C）になるものであり、形容詞と副詞は、前者が名詞を修飾し、後者がそれ以外を修飾する**という点で共通しています。

もう1つは、あらゆる表現があらゆる役割を持つ可能性があるわけではなく、**それぞれの役割を果たすことができる句や節を導くもの（関係詞や接続詞の種類など）も決まっている**ということです。

したがって、皆さんはそれぞれの役割にどのような句あるいは節が含まれるのかをしっかりと覚えておけば、それを確固たる基礎知識とすることができます。
では、全体像を確認してみましょう。

〈名詞節・形容詞節・副詞節〉

名詞節 S, O, C になる節	・接続詞 that が率いる節 ・疑問詞（what, who など）が率いる節（間接疑問文） ・接続詞 if, whether が率いる節（間接疑問文） ・関係代名詞 what が率いる節 ・複合関係詞（whatever, whoever など）が率いる節 ・同格の接続詞 that が率いる節（「形容詞節」の項で解説）
形容詞節 名詞を修飾する節	・関係代名詞（which, that など）が率いる節 ・関係副詞（when, where など）が率いる節
副詞節 名詞以外を修飾する節	・接続詞（when, if, because, whether など）が率いる節 ・複合関係詞（whoever, whatever など）が率いる節 ・相関接続詞（so ~ that など）の that が率いる節

別冊の演習問題 2 に挑戦してみよう！

・・・・メモ・・・・

SECTION 6

句と節――名詞節（Nominal Clauses）

では、まず、名詞節から見ていきましょう。先ほども述べたとおり、名詞節とは「主語（S）、目的語（O）、補語（C）になれる節」のことです。ここでは、前から読むというチャンク・リーディングに焦点を当てながら、それぞれの節を見ていきましょう。

「S＋Vのマッチング」のルール1でも述べましたが、**文を前から読み進め、「最初に出てきた単独の名詞、名詞句・節」＝「主語」**ということになりますね。ですから、主語になっている名詞節を考える場合、

文を前から読み進め、「最初に出てきた that 節や what 節、及び疑問詞や複合関係詞などが率いる名詞節」＝「主語」

ということになります（「演習問題2」の英文、別冊参照）。しかし、中には名詞節と副詞節の両方ありうるものもあるので、注意が必要です（このような節についてはこのセクションの後半で触れていきます）。

また、「S＋Vのマッチング」のルール4でも触れたとおり、節を導くことができるこのようなものに出会ったら、**その節がどこまで続くのかを確認する必要があるのは変わりません。**

では、次の例文を見ながら、名詞節をもう一度振り返ってみましょう。

⑬ What he needs most is good advice of a skillful person.

⑭ I didn't know whether James would take that course this semester.

⑮ The problem is that there is nobody who is available on the meeting day.

⑯ That Marissa won the award is amazing.

⑰ I won't take that course this semester whether James will take it or not.

<⑬・⑯>
⑬では、文の初めに what がありますから、まず what 節がどこまで続くのかを確認します。**節は必ず1ペアの S + V を持ち、特に and/or/but などの接続詞がない限り2つ目の動詞を入れるわけにはいきません**。したがって、what he needs most までが what 節であり主語、is が動詞で、「彼が最も必要としているものは、熟練した人のよいアドバイスである」の意味になります。これは、that 節の場合にも同じことです。

では、⑭に進む前に、⑯を簡単に見てみましょう。先ほどの⑬と同じように、that 節がどこまで続くかを確認します。この場合、that Marissa を「あのマリッサ」のように考えた人がいるかもしれませんが、動詞が2つありますからそれはあり得ません。**動詞が2つある**ということは、つまり **S + V のペアが2つ存在し、文中文である「節」がそこに埋め込まれている**ということです。したがって、そこに節を作るため、that は that 節を作るための接続詞でなければならないのです。

ここで、that 節内の S + V を確認し、それが率いる意味のつながりが切れるところまで読んでいくと、that Marissa won the award までが節となります。次の is はこの文全体の動詞で、全体の訳は「マリッサがその賞を獲得したのは驚くべきことだ」となります。

ただし、ここで確認しなければならないことが2つあります。

<u>1つ目</u>は、⑯のような接続詞 that の節が主語になる場合には、下記の⑯-a のように、形式主語 it を主語位置に置き、本当の主語（真主語）である that 節は後ろに置かれることが多いということです。

⑯-a
It is amazing **that Marissa won the award**.
形式主語　　　　　　　　真主語

　皆さんはこの例文の方がおそらく見慣れていることでしょう。このような構文を **it-that 構文**と呼びます。この it-that 構文といわゆる強調構文は非常に似た形をしており、皆さんの中には区別を難しいと感じている人もいるかもしれません。この違いについては、後の「句と節—強調構文」のセクションにおいて解説していますので、そちらを参照してください。

　<u>２つ目</u>は、what 節内と that 節内の構造の相違です。⑬の what 節は what he needs most で、what 節内の he needs most の部分だけに着目すると、「彼が最も必要としている」という目的語が欠けた**不完全な節**であることがわかります（most が目的語ではありません。それが加えられようと加えられまいと、「何を必要としているの？」と問いかけたくなる欠落感は変わりません）。

　一方、⑯の that 節はどうでしょうか。この文の that 節内のみに着目すると、Marissa won the award という主語（Marissa）、動詞（won）、目的語（the award）といった**必要情報が全て揃った完全な節**となっています。

　そしてこの２つの相違が、節を考える上で非常に重要なポイントとなります。なぜなら、これが**関係代名詞節と接続詞節の相違点**だからです。

　関係代名詞とは、**接続詞と代名詞の両方の役割を果たす**ものです。ですから、関係代名詞それ自身が、その節における主語や目的語になります。それゆえに、主格の関係代名詞節ではそれ以上に主語が存在するはずはないので、**主語が欠けた不完全な節**が続き、⑬のような目的格の関係代名詞節では、**目的語が欠けた不完全節**が続くということになります（関係代名詞については「句と節—形容詞節」のセクションでもう一度扱います）。

　一方、**接続詞は、節と節とを結ぶ働きをするもの**であり、**それぞれの節は必要情報がきちんと揃っていなければなりません**。関係代名詞とは異なり、接続詞はそれ自身が主語や目的語など代名詞の働きをするものではないので、接続詞節内は**完全な節**となります。

<⑭・⑰>
では次に、⑭について解説していきましょう。ここで述べておくべきことは2つです。

- 前からチャンク・リーディングすることで必要情報がわかり、それにより節の働きも正しく知ることができる
- 接続詞など節を作る役割を果たすものの中には、名詞節と副詞節の両方を作ることができるものもある

1つ目のポイント

それでは、まず1つ目のポイントであるチャンク・リーディングをしてみましょう。文頭の I didn't know から読んでいくと、もちろん「私は知らなかった」となり、ここで当然「何を知らなかったの？」と問いたくなりますね。つまり、「何を」に当たる必要情報（この場合 know の目的語）がまだ欠けており、その必要情報が whether 節「ジェイムスが今学期そのコースを取るのかどうか」となります。**必要情報はOやCになったり前置詞を伴ったりして出てきますから全て名詞であり、形容詞や副詞は修飾の役割を果たしますから補足情報**です。したがって、前から読み進めて必要情報が節になっていたら、その節は名詞節であるといえます。

ルール8

◆必要情報になる節 ＝ 名詞節
◆補足情報になる節 ＝ 副詞節

2つ目のポイント

これに関連して、2つ目のポイントに触れていきましょう。1つ目のポイントでは、**その節が必要情報を担っているなら名詞節、補足情報を担っているなら副詞節**とありました。では、⑭と次の⑰を比べてみましょう。

> ⑭ I didn't know whether James would take that course this semester.

> ⑰ I won't take that course this semester whether James will take it or not.

この⑰も、前から読み進めてみましょう。まず、I won't take「私は取らない（だろう）」で始まりますから、「何を？」と問いたくなります。その答えは that course「そのコース（授業）を」ですね。ここまでの「私はそのコースを取らない（だろう）」だけで、必要情報は全て揃っており何も欠落感はありませんから、これ以降は this semester も whether 節も全て補足情報となります。

したがって、ここでの whether 節は副詞節であり、訳し方も「ジェイムスがそれを**取ろうと取るまいと**」のように譲歩の意味になります。このセクションの冒頭で少し触れましたが、**このような副詞節は文頭にも置かれることがあるので注意が必要です**。ただし、そのような場合には通常カンマで区切られています。

> ⑰-a
> Whether James will take it or not, I won't take that course this semester.

それでは、名詞節にも副詞節にもなりうるこのような接続詞または接続の働きをするものについて、ここでまとめておきましょう。

〈名詞節と副詞節の両方を作ることができるもの〉

◆ when S + V
　名詞節（疑問詞）「いつ〜するか」
　副詞節（接続詞）「〜するとき」

◆ if S + V
　名詞節（接続詞）「〜かどうか」
　副詞節（接続詞）「もし〜なら」

◆ whether S + V (or not / or 〜)
　名詞節（接続詞）「〜かどうか、〜するかしないか」
　副詞節（接続詞）「〜しようとしまいと」
　　　　　　　　　「〜であろうと…であろうと」

◆ whoever + V、whatever (S) + V など複合関係詞
　名詞節（whoever）「〜する人は誰でも」= anyone who + V
　　　　（whatever）「(Sが) 〜するものは何でも」
　　　　　　　　　　= anything that (S) + V
　副詞節（whoever）「誰が〜しようとも」= no matter who + V
　　　　（whatever）「何が／を〜しようとも」= no matter what + V

<⑮>
補語となる名詞節についても少し解説しましょう。⑮をもう一度ここに載せておきます。

⑮ The problem is **that** there is nobody who is available on the meeting day.

リーディングする上では、「これはOだ」「これはCだ」と読みながら目的語（O）と補語（C）をあえて区別する必要もないのですが、もしここで軽く触れておくべき点があるとすればそのOとCの違いだけでしょう。これは、通常皆さんが英文法で学習するのと同様に、S + Vの後ろの節がSとイコール関係になれば

補語（C）、ならなければ目的語（O）です。すなわち、補語の場合にはS＝Cの関係が成り立つということです。

上記の例文⑮では、前から読み進めると、the problem is「問題は〜だ」で始まり、必要情報である「問題の中身」には全く触れられていませんから、この後ろのthat節は当然その「問題の中身」であり、名詞節となります。また、動詞はbe動詞ですから、S＝Cの関係を作るため、これは補語となる名詞節のthat節ということになります。訳すと、「問題は、その会議の日に予定が空いている人は誰もいないということだ」となります。また、Chances are that S＋V〜「たぶん〜だろう」やThe fact is that S＋V〜「実際は〜だ」のような慣用表現もあるので、覚えておきましょう。

別冊の演習問題3に挑戦してみよう！

SECTION 7

句と節——形容詞節（Adjectival Clauses）前編

ここでまず述べなければならない重要なことは、「句と節—節」のセクションの表にも示した通り、**形容詞節 = 関係詞節**であるということです。名詞を修飾する接続詞節というものは存在しないので、形容詞節は比較的わかりやすいと思います。つまり、**名詞の後ろに関係詞（関係代名詞または関係副詞）があるときには、前の名詞を修飾している**と考えればよいわけです。

また、関係代名詞と関係副詞も重複することはないので（that は時に両方で用いられますが、関係副詞として用いられる場合はそれほど多くありません）、それぞれ関係代名詞にはどのようなものがあるか、関係副詞にはどのようなものがあるかを知ってしまえば何も難しいことはありません。

さらに、「読む」という目的だけを考えるのであれば、関係代名詞か関係副詞かの分類も特に重要ではないといえます。「読む」という究極の目的だけを考えるのであれば、**名詞の後に関係詞が来たら前の名詞を修飾する**とだけ覚えておけばいいのです。

ルール 9

◆形容詞節 = 関係詞節
◆名詞の後に関係詞が来たら、その節は前の名詞を修飾

もう少し踏み込んで、以下の３点を解説しておきましょう。

> 1. 関係詞節の種類（制限用法と非制限用法）
> 2. 関係代名詞と関係副詞
> 3. 関係代名詞 that（形容詞節）と同格の接続詞 that（名詞節）

【1】関係詞の種類（制限用法と非制限用法）

例題

次の文を和訳してください。

⑱ I have a friend who has just got married to an American girl.

解答／解説

訳例

⑱ つい最近アメリカ人の女の子と結婚したばかりの友人がいる。

解説

いつものように前から読み進めましょう。すると、I have a friend ですから「私は友達がいる」となりますが、誰でも友達はいるものですから、必要情報としては全て揃っていて文は成立するものの、文脈的にはいささか中途半端な印象を受けます。やはり「どんな友達？」と尋ねたくなります。書き手もそれを承知していますから、その後ろに a friend を修飾するため、who has just got married to an American girl「（その人は）アメリカ人の女の子と結婚したばかりだ」という関係代名詞節を置いています。このように、前から読み、意味を理解していく上では（和訳する必要がなければ）、関係代名詞は「それは（を）」または「その人は（を）」のように代名詞として読んでいけばいいでしょう。したがって、この文の場合には、「私には友達がいてね、（どんな友達かというと）その人はつい最近アメリカ人の女の子と結婚したばかりなんだ〜」という意味が取れればいいわけです。

しかし、これを「和訳しなさい」と言われた場合には、このままの語順で解答を書くわけにはいきません。なぜなら、関係詞節には2種類あり、一般的に1つは後ろから訳すのがよいとされ、もう1つは前から訳すのがよいとされているからです。先ほどの⑱と以下の⑲を比べてみてください。

⑱ I have a friend who has just got married to an American girl.

⑲ I have a friend, who has just got married to an American girl.

⑱のように、**関係詞の前にカンマがなく、先行詞に続けて関係詞節が置かれているもの**を「**制限用法**」、⑲のように、**先行詞と関係詞節がカンマで区切られているもの**を「**非制限用法**」または「**継続用法**」といいます。

ここでこの2つの用法の意味的な違いをしっかりと理解しておきましょう。

制限用法
まず、**制限用法（カンマなし）では、関係詞節が直前の名詞を修飾しながら、その名詞を限定する働きをします。**つまり、例文⑱では、「私にはたくさん友達がいるけれども、その中で『つい最近アメリカ人の女の子と結婚したばかりの友達がいる』」のように、その特定の友人を限定しているのです。ですから、この制限用法では、「**関係詞節→先行詞**」のように後ろから訳す方がその文意に合っているということになります。

非制限用法
一方、**非制限用法**はその名前の通り、先行詞である直前の名詞を制限する働きは持ちません。その代わりに、**先行詞に補足説明を加える働きをします。**⑲では、「私には友達が1人いて、その人はつい最近アメリカ人の女の子と結婚したばかりだ」のように、前半の主節は1つの節として独立し、その中の a friend に補足説明を加えるために関係詞節を付け加えていることになります。ですから、非制限用法では、「**主節→関係詞節**」のように前から順に訳す方が文意に合っていることになるわけです。

⑱ -a
I have a friend [who has just got married to an American girl].
つい最近アメリカ人の女の子と結婚したばかりの友人（友人はたくさんいるが、その中の1人）がいる。

⑲ -a
I have a friend, [who has just got married to an American girl].
友人が1人いて、その人はつい最近アメリカ人の女の子と結婚した（友人は1人しかいない）。

ところで、この⑲は文法的には間違いではないのですが、状況的に考えると少し不自然な印象を受けます。「私には友達が1人いて（1人しかいない）」という状況は、あまり一般的とは考えられないでしょう（もちろんそういう人もいるでしょうが）。ですから、状況的には、次のような例文の方が自然と言えます。

⑲ -b
I have a friend named Kenji, who has just got married to an American girl.
私にはケンジという名の友人がいて、彼はつい最近アメリカ人女性と結婚した。

このように、⑲-aのI have a friendのような、限定せざるを得ない先行詞の場合、カンマを打って非制限用法にすると状況的に不自然な文ができあがります。

一方、特に限定する必要のない名詞やそれ以上に限定できないような名詞（固有名詞など）は、関係詞節を用いる際に非制限用法でしか用いることができません。

⑳ I stayed at a hotel on Laguna Beach, which is referred to as one of the most beautiful beaches in California.
私はラグナ・ビーチのホテルに泊まったのだが、そこはカリフォルニアの中でも最も美しいビーチの1つと言われているところだ。

この⑳のように、**固有名詞（Laguna Beach）が先行詞になっている場合には、関係詞節は固有名詞の補足説明として非制限用法の働きをする**しかありません。固有名詞は、それだけでもうすでに限定されたある特定のもの・人・場所などを指すため、それ以上に限定のしようがないからです。

固有名詞が先行詞となっている文を和訳する際には、⑳の訳のように、定石通り前から訳してもいいですし、「カリフォルニアの中でも最も美しいビーチと言われているラグナ・ビーチ」のように後ろから訳しても構いません。

日本語の場合、固有名詞を修飾する表現は自動的に補足説明と解釈されるため、このように後ろから訳しても英語の制限用法のようには感じられません。

ルール10

◆制限用法（カンマなし）：名詞を限定し、後ろから訳す。
◆非制限用法（カンマあり）：名詞に補足説明を加え、前から訳す。

ルール11

◆固有名詞が先行詞の場合、関係詞節は非制限用法のみ。

【2】関係代名詞と関係副詞

ここでは、「関係代名詞と関係副詞にはどのようなものが含まれるか」、また「関係代名詞と関係副詞の基本的な違い」の2点について説明をしていきます。

しかし、本書はあくまでリーディング・グラマー、すなわち英語を読むために必要な文法を扱うものなので、ここで関係代名詞及び関係副詞について詳しく説明するつもりはありません。

1. 関係代名詞と関係副詞にはどのようなものが含まれるか

では次の表を見てください。前述したように、基本的に関係代名詞は**接続詞と代名詞の二役を果たすもの**（前後の節を**関係**づけて、**代名詞**の働きもする）なので、一般の代名詞と同様に主格・所有格・目的格といった格を持ち、その格によって

分類されます。また、先行詞の種類によっても用いる関係代名詞は異なります。

〈関係代名詞〉
※形容詞節（先行詞を修飾）

	主格	所有格	目的格
先行詞が人	who	whose	whom
先行詞が人以外	which	whose	which
どちらも可	that	―	that

※名詞節（先行詞を持たない）

先行詞なし	what	―	what

先行詞が人なら who, whose, whom のどれか、先行詞が人以外なら which を用い、いずれにせよ所有格は whose しか存在しません。また、that は便利にいずれにも用いられ、また時には関係副詞の代わりとしても用いられることがあります。しかし、便利な関係詞ではありますが、**前置詞＋that** の形で用いることはできず、また**非制限用法**（「【1】関係詞の種類」参照）もありません。

ここでもう1つ注意しておきたいのは、**関係代名詞 what** です。同じ関係代名詞ではありますが、**what は修飾する先行詞を持たず、それゆえに形容詞節ではありません**。「名詞節」のセクションでも扱ったとおり、名詞節として主語（S）、目的語（O）、補語（C）になるものです。

では、関係副詞はどうでしょうか。

関係副詞には、when, where, why, how の4種類しかありません。いずれも疑問詞でお馴染みの顔触れです。これらも先行詞によって使い分けられますが、why と how には注意が必要です。以下を参照してください。

〈関係副詞〉

when	「時」に関するものが先行詞	
where	「場所」に関するものが先行詞	
why	「理由（reason）」が先行詞	reason か why のどちらかを省略するのが普通

| how | 「方法・手段（way）」が先行詞 | way と how の両方を並べることはない |

> **ルール 12**
>
> ◆関係代名詞は who, whose, whom, which, that。
> ◆関係副詞は when, where, why, how。
> ◆関係代名詞 what は先行詞を持たないため、名詞節を作る。

2. 関係代名詞と関係副詞の基本的な違い

関係代名詞と関係副詞はどのように違うのでしょうか。

これはその名の通りで、**関係代名詞は前後の節を関係づけ接続する働きをする代名詞**で、一方**関係副詞は前後の節を関係づけ接続する働きをする副詞**です。

名詞、形容詞、副詞の違いは、「句と節」の最初のセクションで学びましたね。名詞は、単独で主語（S）、目的語（O）、補語（C）になれるもので、副詞は、名詞以外のものを修飾し、それがなくても文構造上は問題がないものでした。それでは、以上を踏まえて、次の例文を見てください。

㉑ London is the city **which** I'd love to visit some day in the near future.
　ロンドンは、私が近い将来いつか訪れたいと思っている街だ。

㉒ London is the city **where** Yuko and her family live now.
　ロンドンは、ユウコと彼女の家族が今住んでいる街だ。

㉑は関係代名詞 which の文、㉒は関係副詞 where を用いた例文です。

まず、㉑を見てみましょう。関係代名詞節のみに着目すると、I'd love to visit some day in the near future「私は近い将来いつか訪れたい」となり、「どこ

を」という必要情報が欠けています。しかし、**必要情報と補足情報という概念だけでは関係代名詞と関係副詞を区別することはできません。**なぜなら、関係副詞を用いた㉒でも、関係副詞節 Yuko and her family live now「ユウコと彼女の家族が今住んでいる」には「どこに」という必要情報が欠けているからです。

そのため、関係代名詞と関係副詞を区別するには、「その動詞の後に何が続くはずなのか」というもう1つ別の概念がカギとなってきます。2つの例文の関係詞節を、先行詞を補って元の文にもどしてみましょう。

> ㉑ -a
> I'd love to visit **the city** some day in the near future.
> 私は、近い将来いつかその街を訪れたいと思っている。

> ㉒ -a
> Yuko and her family live **in the city** now.
> ユウコと彼女の家族は、今その街に住んでいる。

㉑ -a では、動詞 visit は他動詞なので、その目的語である the city が先行詞となって関係詞節を作る場合には関係代名詞を用います。

一方、㉒ -a では、動詞 live は自動詞で前置詞 in を伴って live in ～「～に住んでいる」の意味になりますから、例文ではその前置詞も併せて in the city の形で補わなければなりません。

もし、関係詞節内に in が残されていたら、用いるのは関係副詞ではなく、関係代名詞になります。また、その前置詞 in は、live の後ろにそのまま残してもいいですし（㉒ -b）、in the city を in which として、関係代名詞とともに移動しても構いません（㉒ -c）。

> ㉒ -b
> London is the city **which** Yuko and her family live **in** now.

> ㉒ -c
> London is the city **in which** Yuko and her family live now.

このように、関係代名詞と関係副詞を区別するには、関係詞節内の動詞の後にどのようなものが続くのか（目的語かそれとも前置詞を必要とするのか）をきちんと知っておく必要があります。

これについては「チャンク・リーディング」のセクションでも述べましたし、この後の「動詞の後に続くもの」のセクションでも扱います。とりあえず、ここでは以下のルールを覚えておいてください。

ルール 13

- ◆ 関係代名詞：接続詞 ＋ 代名詞の働き
  - ＝ 関係詞節内の名詞が欠けている
  - ＝ 関係詞節は文構造上、不完全な節である
- ◆ 関係副詞：接続詞 ＋ 副詞の働き
  - ＝ 関係詞節内の前置詞 ＋ 名詞または副詞（つまり修飾語）が関係副詞となって前に移動した
  - ＝ 関係詞節は文構造上、特に不足のない完全な節である
- ◆ ただし、関係詞節全体では、いずれも先行詞（名詞）を修飾する形容詞節となる

SECTION 8

句と節──形容詞節（Adjectival Clauses）後編

【3】関係代名詞 that と同格の接続詞 that

さて、ここでは便利に用いることができる関係代名詞 that と、「名詞節」のセクションで１つだけ触れなかった接続詞、同格の that について解説しようと思います。というのも、この２つは外見上非常に似ているからです。

例題

次の２つの例文を読み、どちらが「関係代名詞 that」でどちらが「同格の接続詞 that」か答えなさい。なぜそう言えるのかという理由も答えてください。

㉓ We were all surprised at the news **that** she had had an accident on that morning.

㉔ She seemed to have another story **that** she hadn't told us yet.

できましたか。ポイントは**接続詞と関係代名詞の違い**にあります。これについては、「句と節─名詞節」のセクションで that 節と what 節の違いに触れたときに説明しました。この場合も同じことが言えます。

「先行詞がある方が関係代名詞」という考え方はこの場合にはあまり役に立ちません。なぜなら、同格の接続詞の節もその前に名詞があり、**名詞＋ that 節**という一見非常によく似た構造を持っているからです。

しかし、もちろん前の名詞との関係は異なります。**関係代名詞の節は前の名詞（先行詞）を修飾**する働きをするのでしたね。一方、**同格の接続詞 that の節は前の名詞とイコールの関係**になります（同格とはイコールという意味です）。

■ 関係代名詞節は名詞を修飾するので、形容詞節と分類され、
■ 同格の接続詞は名詞とイコールなので、名詞節と分類されます。

これで、関係詞 that は全て形容詞節、接続詞 that は基本的に全て（例外は「句と節—副詞節」のセクション参照）名詞節に分類されました。わかりやすいですね。さて、それではそれぞれの例文を見てみましょう。

解答 解説

解答
㉓ 同格の接続詞 that
㉔ 関係代名詞 that

訳例
㉓ 私たちは皆、彼女がその朝事故にあったという知らせに驚いた。
㉔ 彼女は、まだ私たちに話していない話が他にあるように見えた。

解説

<㉓>
いつものように前から読み進めましょう。㉓の前半は we were all surprised at the news「私たちは皆その知らせに驚いた」となります。このように言われたら、皆さんは「それがどのような知らせなのか」を知りたくなるでしょう。それが that 節の中身です。この段階で、まだ関係代名詞節と同格の接続詞とでなんら違いはありません。つまり、英文を読んでいく上では、同格の接続詞だの関係代名詞だのと特に区別をしなくとも、**名詞の後の that 節は前の名詞を修飾か説明する**というルールだけで十分に読んでいけるのです。

ただし、英文読解の問題はただ読めれば点をもらえるというものではありませんから（that の用法を分別する問題もあります）、きちんと文法を知っておく必要があります。また、基本的な英文の構造の違いは、これからアカデミックな英文を次々と読んでいかなければならない皆さんにとっては、実に知っておく必要のあるものです。

それでは、㉓にもどりましょう。名詞 the news の説明（どのような知らせか）となる後半の that 節内をよく見てください。

> ... the news that <u>she had had an accident on that morning</u>.

完全節ですか。それとも**不完全節**ですか。後半 that 節内の主語（S'）は she、動詞（V'）は had had、目的語（O'）は an accident で、that 節全体を訳しても「その朝、彼女は事故にあった」となり、特に不足な情報はありません。すなわち、完全節ということになります。

㉓-a
We were all surprised at <u>the news</u> = [that she had had an accident on that morning]. （that 節は前の名詞とイコールの関係）
私たちは皆、彼女がその朝事故にあったという知らせに驚いた。

<㉔>
一方、㉔は、まず前半が she seemed to have another story「彼女は他に話があるように見えた」となり、やはり問いかけたくなるとすれば another story についてでしょう。「どのような話か」の説明にあたる後半の that 節内を先ほどのように見てみましょう。

> ... another story that <u>she hadn't told us yet</u>.

まず、主語（S'）は she、動詞（V'）は hadn't told、目的語（O'）は us で、一見すると全て揃っている完全節のように見えます。しかし、that 節内を訳してみると、「彼女はまだ私たちに話していない」となり、当然「何を？」と問いかけたくなる、必要情報が不足した不完全な節であることがわかります。動詞 tell は「誰に（間接目的語：Indirect Object / IO）」と「何を（直接目的語：Direct Object / DO）」の 2 つを取りうる動詞なのです。

㉔ -a
She seemed to have <u>another story</u> ← [that she hadn't told us yet].
（that 節は前の名詞を修飾）
彼女は、まだ私たちに話していない話が他にあるように見えた。

㉓-a の訳にもある通り、同格の接続詞の節は前の名詞とイコール関係にありますから、「〜という」の訳が可能であり適切であるということも、ある程度ヒントにはなります。

ただ、あくまでも最も重要な違いは、that 節内の構造にあることを忘れないでください。

ルール 14

◆ 関係代名詞 that 節：that 節内の主語（S'）または目的語（O'）が欠けた不完全節
◆ 同格の接続詞 that 節：that 節内は完全節、「〜という」の訳が適切

【4】注意すべき which と as

最後に、ちょっと注意を要する関係代名詞について触れておきましょう。それは語ではなく、もっと長めの句や節を先行詞として用いられる which と as です。

どちらも非制限用法（カンマあり）で用いられますが、特に as の方は入試の英文でもよく見かけるものですし、使い方にも注意が必要です。また、一見すると不完全節に見えてしまうので関係代名詞のようにも思える、紛らわしい接続詞の as についても同時に触れていきます。このように言うと難しそうに聞こえますが、用法さえ知ってしまえばそんなことはありません。

では、早速例文を見てみましょう。

> **例題**
>
> 以下の例文の和訳を書きとめ、それぞれの関係代名詞の先行詞を答えなさい。
>
> ㉕ Charles visited Aunt Alice's house two hours earlier than usual, which accidentally saved her life.
>
> ㉖ As is often the case with him, my brother left behind his empty lunchbox at school.
>
> ㉗ An increasing number of young Japanese husbands are now willing to share housework such as cooking and cleaning with their wives, as are most men in the U.S.

解答 解説

解答

㉕ 先行詞：Charles visited Aunt Alice's house two hours earlier than usual
㉖ 先行詞：my brother left behind his empty lunchbox at school
㉗ 複する部分：willing to share housework such as cooking and cleaning with their wives

訳例

㉕ チャールズはアリスおばさんの家をいつもより2時間早く訪れたのだが、それが偶然にもおばさんの命を救うことになった。
㉖ 私の弟にはよくあることなのだが、学校に空の弁当箱を置いてきてしまった。
㉗ アメリカのほとんどの男性と同じように、ますます多くの若い日本人の夫が今、妻と料理や掃除のような家事を進んで協力して行っている。

> 解説

<㉕>

which の非制限用法

まず、例文㉕から考えてみましょう。前から順に訳していくと、「チャールズはアリスおばさんの家をいつもより 2 時間早く訪れた」となり、そのあと関係代名詞 which の非制限用法の節が続きます。今度は後半の関係代名詞節を訳してみましょう。カンマ + 関係代名詞 which は、and it と同じように前から訳していけばよいので「そして、それが偶然にも彼女の命を救うこととなった」となります。この和訳から、関係代名詞 which が何を指しているのか考えてみましょう。

「偶然彼女の命を救った」のは、「チャールズがその日たまたまいつもより 2 時間早くおばさんの家を訪れた」ことなので、関係代名詞 which が指す先行詞は前半の節全体ということになります。全体の訳は「チャールズはアリスおばさんの家をいつもより 2 時間早く訪れたのだが、それが偶然にもおばさんの命を救うことになった」ですね。

<㉖>

as の非制限用法

では、次に㉖を見てみましょう。見たことのある構文だと気づいた方も多いのではないでしょうか。前半部分の as is often the case with ～は「～にはよくあることだが」の意味で、慣用表現の 1 つとしてよく取り上げられている構文ですね。もちろん、覚えて使えるようにするのが一番よいことなのですが、ここではその構造を少し分析してみましょう。

> As <u>is</u> often <u>the case</u> with him, ...
>   V   C

まず、最初の語 as のすぐ後ろに be 動詞 is がありますね。つまり、be 動詞 is の主語にあたる部分が欠落しているようです。ですから、この as 節は主語が欠けている不完全節です。となると、as はここでは関係代名詞主格として用いられているということになります。

では、先行詞は何でしょうか。補語（C）である the case は「事実」という意味ですから、「彼によくある事実とは何か？」と考えればよいですね。彼（この文では「私の弟」）によくある事実とは、文脈から考えると、「空の弁当箱を学校に置いてきてしまう」ことでしょう。

> As is often the case with him, <u>my brother left behind his empty lunchbox at school</u>.

おや？それは as 節の後ろに書かれている部分ですね。つまり、先行詞が、関係代名詞よりも後ろにあるということです。本当は、前にあるから「先行詞」と言うのですから、厳密には「先行詞」ではなく「後行詞」と言わなければいけないのかもしれませんが、そんなことはまあいいでしょう。一般に、関係代名詞が指すものを「先行詞」というので、気にせず進みましょう。大事なことは、関係代名詞 as の非制限用法には、このように**それが指し示す先行詞である節よりも関係代名詞 as の方を先に置くことができる**という性質があります。同じように句や節を先行詞とすることができるもう１つの関係代名詞 which には、このような先行詞より先行できるという性質はありません。関係代名詞 as に独特のものです。

「先行詞より先行できる」ということは、必ずそうしなければならないというわけではありません。通常の法則通り、関係代名詞を後ろに置くこともできます。例えば、より口語的に「うちの弟はまたお弁当箱を学校に置いてきてしまった。まあ、いつものことだけど」のように言いたいときには、

> ㉕-a
> My brother left behind his empty lunchbox at school, as is often the case with him.

のように言ってもいいわけです。

ただし、やはり慣用表現として扱われていることからもわかる通り、これから話そうとすることの前置きとなる表現として、先行詞より前に置かれることの方がはるかに多いです。全体の訳は、「私の弟にはよくあることなのだが、学校に空の弁当箱を置いてきてしまった」となります。

ルール 15

◆ , which は、前節の全部または一部を先行詞とすることができる。

◆ 関係代名詞 as も節を先行詞として受けることができるが、which とは異なり、その位置は先行詞の節より前にも自由に置くことができる。

◆ as is often the case with ～「～にはよくあることだが」や as I mentioned above「上記のように」は関係代名詞 as の慣用表現。

<㉗>

接続詞 as

では、最後の㉗に移りましょう。本来、この例文は接続詞の方に入れた方がいいのかもしれませんが、外見的に as の後ろに不完全節が続いているように見えることから、注意すべき as の仲間として、関係代名詞 as のあとで解説を加えることにしました。この接続詞 as は「～するように」の意味で、この意味上仕方のないことですが主節と従属節の一部（通常、V 以下）が重複してしまいます。㉗を見てみましょう。

㉗ An increasing number of young Japanese husbands are now willing to share housework such as cooking and cleaning with their wives, ...

前から読んでいくと、「ますます多くの若い日本人の夫が、今自らすすんで料理や掃除のような家事を妻と協力して行っている」となります。続いてカンマの後ろに、補足説明のように as 節がありますが、今度は as 節を見てみましょう。

..., as are most men in the U.S.

動詞 are の後ろにある most men in the U.S.「アメリカ合衆国のほとんどの男性たち」が、be 動詞の補語だと考えると、もうそこで行き詰まってしまいます。主語に当たるもの（つまり S are most men の関係を作ることができる S）

77

がどう探しても見当たりません。この most men は、実は are の主語であり、前節と V 以下が重複してしまうため、V のみを残し SV を倒置しているのです。これが、この接続詞 as の特徴です。

では、ここでルールにまとめておきましょう。

> ## ルール16
>
> 「〜するように」の接続詞 as について、V 以下が主節と重複するため as ＋ V ＋ S の語順に倒置される。その際
> ◆ V が be 動詞のとき、as be 動詞 ＋ S(as is S, as are S など)。
> ◆ V が一般動詞のとき、V を do/does/did のいずれかで代用 (as does S など)。
> ◆ V に助動詞が含まれるとき、as ＋ 助動詞 ＋ S (as will S, as can S など)。

したがって、㉗の as 節は、省略されている部分を補い元の節にもどすと、

as most men in the U.S. are willing to share housework such as cooking and cleaning with their wives

となり、主節と全く同じ部分が繰り返しになるため省かれたわけです。

全体の訳は「アメリカのほとんどの男性と同じように、ますます多くの若い日本人の夫が今、妻と料理や掃除のような家事を進んで協力して行っている」とするか、前から訳すと「ますます多くの若い日本人男性が今、料理や掃除のような家事を妻と協力しており、これはアメリカのほとんどの男性と同じである」とすればよいでしょう。

実は、このような構造は、皆さんがおそらくよくご存知の、他の構造にも見られます。So V S「S もそうだ」です。省略のしかた、倒置のしかたはまさにそっくりですね。さらに他の例文を見てみましょう。

㉘ "I will be on campus until 3:00 tomorrow." "Oh, really? So will I."
「明日は3時まで大学にいるよ」「あら、本当?私もよ」

また、この So V S「S もそうだ」の構造は、もともと As S' V' 〜 , so S V [V S] …「〜するのと同じように、…する」に由来すると考えられます。この as も「〜するように」の意味の接続詞ですね。

㉙ Mr. & Mrs. Gordon go to the 11:00 church service on Sundays, as do the majority of young people living in the town.
ゴードン夫妻は、その町の若者の大多数がしているように、日曜11時の礼拝に出席する。

前から読み進めていくときに、**as** を見つけ、その後ろの動詞が **be** 動詞、**do/does/did**、助動詞のいずれか1語だけでおかれていたら、**as V S** の語順で倒置になっていると疑ってください。内容は前半の主節の繰り返しになると覚えておけばいいですし、和訳が必要なときにはそれを念頭において「〜する（のと同じ）ように」とすればいいでしょう。

別冊の演習問題 4 に挑戦してみよう！

SECTION 9

句と節──強調構文（Cleft Sentences）

前セクションに続けて、ここではもう1つの紛らわしいthat節について触れておきましょう。強調構文とit-that構文です。

例題

次の2つの例文のどちらが強調構文でどちらがit-that構文か答えなさい。どこが異なるか考えながら、また理由も併せて答えなさい。

㉚ It is incredible that James has such a lot of money as to get that big condominium.

㉛ It is that big condominium that James is planning on buying this weekend.

さて、it-that構文の方は、すでに「句と節—名詞節」のセクションで説明しました。主語がthat節のとき長くなってしまうため、主語位置には形式主語のitを置き、真主語であるthat節は後ろに置くというものです。

⑯ -a
It is amazing that Marissa won the award.

ということは、it-that構文を作るthatの品詞は何でしょうか。その場合のthat節は主語（S）になります。主語（S）になるということは名詞です。すなわちit-that構文のthat節は名詞節です。名詞節を作るthatは、接続詞でしたね。関係代名詞と比較して、接続詞の特徴は何でしたか。次の文を読む前に思い出してください。

接続詞のthat節内は何も不足感のない完全な節になる

という特徴でした。では、2つの例文のうち、that 節内が特に何も欠けていない完全な節になるのはどちらでしょうか。答えは、次の通りです。

解答　解説

解答

㉚ it-that 構文　㉛ 強調構文

解説

それでは、例文の成り立ちを考えてみましょう。
<㉚>

㉚-a [That James has such a lot of money as to get that big
　　　　　　　　　　　　　　　S
condominium] is incredible.
　　　　　　　　V　　C

㉚ It is incredible [that James has such a lot of money as to get
　　S V　　C　　　　　　　　　　　　　　　真主語（S）
that big condominium].

このように、it-that 構文は主語である名詞節の that 節を後ろに移行させたものなので、元の文にもどした場合には㉚-a の文ができ上がります。形の上で主語が長いため後ろに移動させただけなので、㉚と㉚-a の例文では和訳も同じで、「ジェイムスがあの大きなコンドミニアム（分譲マンション）を買えるほどの大金を持っているとは信じられない」となります。

<㉛>
一方、強調構文は、強調したい部分を丸ごと前に持っていき、それを it is と that の間に挟んだものです。したがって、it-that 構文とは異なり、強調されない元の文にもどすときには、it is と that の3語を消去することになります（it-that 構文の場合は、is と that を消去するわけにはいきません）。また、it is 〜 that を用いることで、動詞以外のさまざまな部分が強調できます。

では、㉛を用いて考えてみましょう。

that big condominium を強調した文
㉛ It is <u>that big condominium</u> that James is planning on buying this weekend.
ジェイムズが今週末に買おうと計画しているのは<u>あの大きなマンション</u>だ。

この文の it is と that を消去すると、次のような文になります。

[ ] <u>that big condominium</u> [ ] James is planning on buying this weekend.

　　　　元の語順にもどす
　　　　　　↓

元の文
James is planning on buying **that big condominium** this weekend.
ジェイムズは、今週末にあの大きなマンションを買おうと計画している。

その他の部分を強調した文
<u>James を強調した文</u>
It is <u>James</u> that is planning on buying that big condominium this weekend.
今週末にあの大きなマンションを買おうと計画しているのは<u>ジェイムズ</u>だ。

<u>this weekend を強調した文</u>
It is <u>this weekend</u> that James is planning on buying that big condominium.
ジェイムズがあの大きなマンションを買おうと計画しているのは<u>今週末</u>だ。

例文㉛は、that big condominium を強調するために前に持っていき、it is と that の間に挟み込みました。ですから、その it is と that を消去し、強調されていた that big condominium を元の位置である buying の後ろにもどせば、元の文ができ上がります。

また、その元の文から James を強調したければ、同じように James を前に持っていき it is と that の間に挟みこめばいいわけです（James を強調した文）。

他のどの語も変えてはいけません。

さて、ここでthat節内に注目してみましょう。何か気づいたことはありませんか。このthatを分析すると、品詞は何と分類すればいいでしょうか。

㉛では、buyingの目的語が欠けています（強調の位置に移動したため）。また、Jamesを強調した文のJamesを強調した文では、that節内の主語が欠けています。つまり、あえてthatの品詞を分類しようとするならば、㉛のthatは関係代名詞目的格となり、Jamesを強調した文のthatは関係代名詞主格ということになります。また、Jamesを強調した文のように、人が強調されている場合には、thatではなく関係代名詞whoが用いられることも多いです。

> It is James who is planning on buying that big condominium this weekend.

では、例文this weekendを強調した文のthatはどうでしょうか。他の強調構文で用いられているthatを考えると、これも関係詞ということになるでしょう。しかし、この文では、主語も目的語もきちんと揃っていますから関係代名詞ではありません。強調され、前に置かれているthis weekendとの関係を考えると、あえて分類するとすれば関係副詞ということになります。この例文this weekendを強調した文のような、副詞（句）を強調する強調構文のthatを接続詞、that節を副詞節と分類する人もいます。ここでは、わかりやすく一貫性を持たせるために関係詞に分類しました。文法は先にありきものではなく、普段用いられている言語を分類するために後付けされたものなので、その分類における考え方には何通りか存在する場合もあります。

しかし、実際に英文を読んで意味を取るだけであれば、ここまでの分類は必要ありません。もちろん、知っておくことは重要です。しかし、なるべく早く英文を読み取ろうとするときには、**最初のitが、その前の何かを指し示しているかいないか、つまり「それ」と訳さなければならない指示代名詞か、訳す必要のない形式的な主語かのみが重要**になってきます。

もし何も指していなければ、it-that構文か強調構文ということになりますが、そのいずれにせよ、答案に和訳を書く場合には後半のthat節が先になります。

特に和訳を書くのでなければ、元の文のような強調されない訳で理解しても構いません。しかし、和訳を要求されている場合には、「〜なのは、…だ」のように、強調構文をアピールしながら訳した方がいいでしょう。

ルール17

◆ it-that 構文：It is 〜 that S' + V' ... → That S' + V' ... is 〜 .（it のみが落とされる）

◆ 強調構文　　：It is 〜 that (S') + V' ... → S' + V' 〜（it is と that を落とせば元の文）

■ 別冊の演習問題 5 に挑戦してみよう！

・・・・メモ・・・・

SECTION 10

句と節——副詞節（Adverbial Clauses）前編

それでは「句と節」の学習の最後に、副詞節について説明しておきましょう。これはおそらく皆さんにとっては最も見慣れた節であり、その意味ではここで副詞節そのものについて特筆すべきことはあまりないでしょう。しかし、接続詞の種類についてはたくさん知っておいて損はありません。ここでは、接続詞の種類を意味により分類し、さらに句表現に書き換えられる場合にはその表現も紹介します。その後で副詞節としか分類できない接続詞 that について少しお話することにしましょう。

【1】主な接続詞と句への変換

主要な接続詞は、おおよそ「時」「条件」「原因・理由」「譲歩」「対照」「目的」の 5 つの意味に分類できます。それでは、以下それぞれの接続詞の種類と同様の意味を持つ前置詞（句）を紹介しましょう。

〈「時」に関係する接続詞 vs. 前置詞（句）＋ 名詞〉

when S + V 〜 as S + V 〜	「〜する時」	in 〜 ing	「〜する際に」
while S + V 〜	「〜する／している間に」	during 〜	「〜の間に」「〜中に」
as soon as S + V 〜 / the moment S + V 〜 / the instant that S + V 〜 / immediately S + V 〜	「〜するとすぐに」	on 〜 ing	「〜するとすぐに」
before S + V 〜	「〜する前（に）」	before 〜	「〜の前（に）」
after S + V 〜	「〜した後（で）」	after 〜	「〜の後（で）」
till / until S + V 〜	「〜するまで」（継続）	till / until 〜	「〜まで」
by the time S + V 〜	「〜するまでに」（期限）	by 〜	「〜までに」

〈「条件」に関係する接続詞 vs. 前置詞句 ＋ 名詞〉

if S + V 〜	「もし〜なら」		

as long as S + V ~	「もし~なら」 「~するかぎり（期間・長さ）」		
as far as S + V ~	「~するかぎり（程度・範囲）」		
in case S + V ~	「~した場合に（は）」 （「~するといけないから」）	in case of ~	「~の場合に（は）」 「~の場合に備えて」

〈「原因・理由」に関係する接続詞 vs. 前置詞句 + 名詞〉

because S + V ~ since S + V ~ as S + V ~	「~なので」	because of ~ on account of ~ due to ~ owing to ~	「~のために」

注意）接続詞 because を用いるときは because 節内の情報が新情報のときで（したがってその情報に聞き手の意識が集中します）、since / as を用いるときは since / as 節内の情報が旧情報のときです（したがってその情報自体は聞き手が既に知っていることなので、聞き手の意識はそれにより引き起こされた結果の方に集中します）。接続詞 since と as を比較すると、since の方がより formal であり、一方 as の方がやや casual といえるかもしれません。接続詞 as はたくさんの意味を持つので、誤解を避けるためにも、フォーマルな場面や英文を書く際には since を用いる方が好まれるようです。

〈「譲歩」に関係する接続詞 vs. 前置詞句 + 名詞〉

although S + V ~ though S + V ~ while S + V ~	「~だけれども」 「~だが」	in spite of ~ despite ~ for all ~ with all ~	「~にもかかわらず」
whether S + V ~ (or …)	「~であろうと（…であろうと）」		

注意）接続詞 although と though の意味的な違いはほとんどありません。ただ、though は副詞として単独でも用いられ、その場合、文語では同じく副詞の however「しかしながら」と同じ意味・用法になります。接続詞 although には、このような副詞の用法はありません。

〈「対照」に関係する接続詞〉

| while S + V ~
whereas S + V ~
where S + V ~
as S + V ~ | 「~だが一方」 |

注意）この用法の場合、主節と従属節は明らかに対照的な内容になります。
（例）Boys are said to do well in mathematics and physics **while** girls seem to be good at learning foreign languages.「男子は数学や物理がよくできると言われるが、一方女子は外国語習得が得意なようである」

〈「目的」に関係する接続詞 vs. 句表現〉

in order that S + V ~ so that S + V ~	「~するために」 「~するように」	in order to ~ / in order not to ~ so as to ~ / so as not to ~	「~するために／~しないために」 「~するように／~しないように」
in case S (should) V ~ for fear (that) S (should) V ~ lest S should V ~	「~するといけないから」	in case of ~ for fear of ~	「~の用心に／~に備えて」 「~を恐れて／~のないように」

注意）これらの接続詞はこれまで挙げてきた他の接続詞とは異なり、従属節が自由に移動し文頭に置かれるようなことはなく、常に主節の後ろに置かれます。ここでは、書き換え可能な句表現を持っているため、ここでリストに加えました。

【2】相関接続詞の中の that

次に、特に用法の多い接続詞 that のもう 1 つの用法について説明しましょう。ここまでですでに、名詞節をつくり、主語（S）や目的語（O）や補語（O）を導く接続詞の that や、直前の名詞とイコール関係にある名詞節を導く同格の接続詞 that は扱いました。そして、名詞節を導く that は全て接続詞であり、形容詞節を導く that は関係詞であることにも触れました。

しかし、それだけでは分類しきれない that があります。それは、so-that 構文や such-that 構文などの接続詞 that です。このように、他の語とともに用いられる接続詞を**相関接続詞**と呼びます。この so-that 構文や such-that 構文は、so や such が that とともに用いられて成り立つ構文です。

では、以下の例文を見てください。

例題

次の文を和訳してください。

㉜ Tommy is **so** nice **that** he is liked by everybody.

㉝ Tommy is **such** a nice boy **that** he is liked by everybody.

いつものように前から読んでみましょう。㉜はまずTommy is so niceですから、「トミーはとても優しい」となり、必要情報は全て揃っていますから、これ以降は修飾表現となります。したがって、このthat節は副詞節と分類するしかありません。それぞれの和訳は以下のようになります。

解答　解説

訳例

㉜ トミーはとても優しいのでみんなに好かれている。
㉝ トミーはとても優しい少年なのでみんなに好かれている。

解説

このso-that構文とsuch-that構文の違いは、soとsuchの後ろに何が来るかということのみです。㉜の場合、soは副詞ですから名詞のカタマリが来ることはできません。形容詞または副詞が、常にsoの後ろに置かれます。

一方、㉝のsuchの場合は名詞のカタマリしか来ることができません。したがって、もし㉝を、soを用いて表したければ、次のようにするしかありません。

㉝ -a
Tommy is **so** <u>nice a boy</u> **that** he is liked by everybody.

このように、so の直後に形容詞が来るように語順を入れ替えるわけです。それでは、以下に副詞節を作る相関接続詞 that を挙げていきましょう。

〈副詞節を作る相関接続詞 that〉

so/such ~ that S + V ...	1)「とても~なので…」(結果) 　(that が省略されることもある。so は省略不可) 2)「…するほど~」(程度) 　= so/such ~ as to + 原形 3)「…するような~」(様態) 　= so/such ~ as to + 原形
so that S (may) V ~	「~するために／~するように」(目的) = so as to + 原形
~ (,) so that S + V ...	「~、(その結果) …」(結果) (that が省略されることもある。so は省略不可)
now that S + V ~	「今はもう~なので」

ここで、いくつか気づくべきことがあります。

1つは、so ~ that の相関接続詞は so ~ as to を用いることで句表現に書き換えられる場合が多いということです。

もう1つは、that を省略できる場合がある一方、so や such や now は決して省略できないということです。that が省略されている場合には、それに気づくことができるよう慣れておきましょう。次の例文では so-that 構文の that が省略されています。

㉞ Janet looked like her sister Jennifer so much I almost mistook one for the other.
　ジャネットは姉のジェニファーとあまりにもよく似ていたので、危うく間違えそうになった。

SECTION 11

句と節——副詞節（Adverbial Clauses）後編

【3】接続詞がない場合

さて、いよいよ「句と節」の最後の学習です。皆さんはもう**「接続詞がなければ、カンマだけで2つの節をつなぐことはできない」**という節に関する根本的なルールは覚えられたでしょうか（ルール7参照）。これは英語ライティングにおいて正しい構造の英文を書くために基礎となるルールです。

では2つの節をつなぐために接続詞をあえて使わないで英文を完成させるにはどうすれば良いでしょうか。以下の2つのルールをおさえておきましょう。

ルール18

接続詞を用いないで2つの節をつなぐには、
◆ 1. 分詞構文を用いる。
◆ 2. 節内の SV を倒置する。

1.の分詞構文については「カンマが示すもの」のセクションで扱いますので、ここでは2.の倒置のみ説明することにします。

2.の「接続詞省略の際の倒置」に関して、よく用いられ、問題にも取り上げられるのは、仮定法の文における if の省略でしょう。少し練習してみましょう。

---例題---

次の倒置文を和訳し、さらに接続詞 if を補って元の完全文を作りなさい。

㉟ Should he come here during my absence, please give this envelop to him.

㊱ Were it not for any classes today, I would pick you up at the airport.

㊲ Had it not been for Professor Chen's support and advice, the experiment would not have been a big success like this.

書けましたか。いずれもパターンは同じですね。接続詞 if を省略したため、接続の役割を果たすものがなくなってしまうので、㉟では he と should を、㊱では it と were を、㊲では it と had をそれぞれ倒置することにより、そこに接続詞が存在していた痕跡を残しています。気をつけなければいけないのは、この仮定法の倒置の場合、どんな主語でも、またどんな動詞でも倒置ができるというわけではないということです。倒置がなされるのは主に以下のような場合です。

ルール 19

仮定法未来：起こりにくい未来の仮定
◆ If S should V ～　　→ Should S V ～「万一～したら」
仮定法未来：さらに起こりにくい未来
◆ If S were to V ～　　→ Were S to V ～「仮に～だとしたら」
仮定法過去：現在の事実に反する仮定
◆ If S were ～　　→ Were S ～
仮定法過去完了：過去の事実に反する仮定
◆ If S had p.p. ～　　→ Had S p.p. ～

ほとんどの仮定法がこの中に当てはまってしまいそうですが、仮定法過去で倒置ができるのは、be動詞の過去形 were を用いているときのみで、**一般動詞の過去形の場合には倒置されません**。したがって、倒置のパターンは、Should S ~、Were S ~、Had S ~の3通りに集約されると言えそうです。

また、主語についても、あまり長い主語のときには倒置が好まれません。ですので、これという基準や明文化されたルールがあるわけではありませんが、**倒置されるのは主語が代名詞の場合**です。

それでは、先ほどの例文にもどりましょう。㉟はルール19を元に訳してみると「私の留守中に万一彼がここに来たら、この封筒を渡してください」となります。㊱と㊲には、仮定法を用いた以下の構文が含まれています。

◆ **If it were not for ~ = Were it not for ~**
  「~がなかったら（現在のこと）」
◆ **If it had not been for ~ = Had it not been for ~**
  「~がなかったら（過去のこと）」

この構文をそのまま和訳に用いましょう。

解答 解説

解答

㉟ If he should come here during my absence, please give this envelop to him.
㊱ If it were not for any classes today, I would pick you up at the airport.
㊲ If it had not been for Professor Chen's support and advice, the experiment would not have been a big success like this.

訳例

㉟ 私の留守中に万一彼がここに来たら、この封筒を渡してください。

㊱ 今日授業がなかったら、空港まで迎えに行ってあげるんだけど。
㊲ チェン教授の支援とアドバイスがなかったら、その実験はこんなに大成功を収めていなかっただろう。

ここまでは一般的によく見られる例文ばかりです。では、次の例文を見てみましょう。

> **例題**
>
> それぞれ和訳を書きなさい。
>
> ㊳ A good couple helps each other out when in trouble, be they at odds at other times.
>
> ㊴ All the participants in this party, be they male or female, are supposed to pay the membership fee.

いかがでしたか。先ほどの仮定法の例文とは様子が違いますね。

解答 解説

訳例

㊳ よい夫婦とは、普段は仲が悪くても困ったときには互いに助け合うものである。
㊴ このパーティーに参加している人は全員、男性であろうと女性であろうと、会費を支払わなければならない。

解説

<㊳>
では、㊳から見ていきましょう。いつものように前から訳していくと、「よい夫婦は困ったときに互いに助け合うものだ」となります。続いて、カンマの後ろに倒置の節があります。しかし、構造的にも文脈的にも、㉟～㊲のように接続詞 if が省略されているわけではなさそうです。

▌ …, be they at odds at other times.

前半の節の意味から考えると、この節は「普段は不仲だとしても」や「その他のときには仲が悪いけれど」のように、譲歩の意味を持つことがわかります。したがって、再び接続詞を用いて元の文にもどすと、

▌ even though / though they be at odds at other times

となるでしょう。倒置節内の be at odds は「不仲である、仲が悪い」の意味で、at other times は「普段は、他のときには」の意味なので、全体の訳は「よい夫婦とは、普段は仲が悪くても困ったときには互いに助け合うものである」となります。

<㊴>
では、次の㊴はどうでしょうか。また、前から訳してみましょう。最初のカンマまでの all the participants in this party は「このパーティーの出席者全員」となり、この文の主語になります。その次の部分は

▌ be they male or female

で倒置の節なので、この例文の倒置節は主語（S）と動詞（V）の間に挿入されていることがわかります。それでは、挿入部分はあとで訳すことにして、先に主節を見てしまいましょう。動詞部分の be supposed to do ~は「~することになっている、~しなければいけない」の意味ですから、「このパーティーに参加している人は全員、会費を支払わなければいけない」という訳になるでしょう。

そうすると倒置の節は、文脈から「男性であろうと、女性であろうと」の意味になりますね。ここで用いられている**等位接続詞 or もヒント**になりますが、この節は接続詞 whether が省略されていることがわかります。

▌ whether they be male or female

全体の訳は「このパーティーに参加している人は全員、男性であろうと女性であろうと、会費を支払わなければならない」となります。

さて、これら2つの例文では、いずれの接続詞も if ではありませんでしたが、共通点を持つ接続詞が用いられていました。㊳の though「～だが、だけれども」や even though「～だとしても、～だけれども」も、㊴の whether「～であろうと」も、**譲歩を表す接続詞**だという点です。共通点はこれだけではありません。いずれも**動詞は原形**の be を用いていました。つまり、**仮定法現在**です。したがって、接続詞省略のルールとしては、以下のようにまとめることができます。

ルール20

◆譲歩の接続詞（though, whether など）を用い
◆動詞は原形（仮定法現在）が用いられているとき
　→ SV を倒置することで、接続詞を省略することができる。

読解の英文中に、このような倒置の節を見つけたら、though や whether などの譲歩の接続詞を当てはめてみるといいですね。

別冊の演習問題6に挑戦してみよう！

・・・・メモ・・・・

Column 1

「読み」に飽きない工夫をしよう

皆さんは一つの英文の予習をするのにどのくらい時間がかかりますか。例えば、学校の予習や塾や予備校の予習はどうですか。と言うのも、時々、学生さんからこんな相談を受けるのです。

「予習に時間がかかりすぎるんですけど、どうしたらいいでしょうか。他の勉強に手が回らない…」

いったいどのくらい時間がかかっているのだろうと尋ねると、「**4時間ぐらい**」という返事。他の学生さんにも質問してみると、2時間以上という答えが軒並み聞かれました。ノートに全訳を書くから時間がかかっちゃうんですね。全訳を書くのはいい練習です。でも、ちょっと時間がかかり過ぎ。本当にその数時間、集中して効率よく勉強できているのでしょうか。**人間の集中力**は、そんなに長くは続きません。もちろん場面にもよりますが、例えば国際会議の同時通訳のような極限まで集中力を要する場合は10〜15分が限界ですし、そうでなくても最長2時間が限度でしょう。それ以上になると、それまでの効率は保てなくなります（車を運転する時にも2時間くらいで休憩をとるように勧められていますね）。ですから、4時間同じ集中力では勉強できません。

どうやら、一つ一つの問題や文章ごとにある程度自分の集中力に合わせて制限時間を設けた方がよさそうですね。しかもせいぜい長くて30〜40分以内。「今日はこの教科書の50〜51ページを40分でやろう！それが終わったらティータイム」というふうに。あ、でも、**ティータイムに1時間かけたらダメですよ**。

次の疑問は、「4時間かかってしまうのは、やり方に問題があるのではないだろうか」というものです。皆さんは「**ワーキングメモリ（working memory）**」って聞いたことがありますか。日本語では「作動記憶」や「作業記憶」と訳されているようですが、一般的には短期記憶と同一と見なすか、短期記憶をワーキングメモリの一つと見なしています。短期記憶と言えば、有名なのは「**マジカルナンバー（magical number）**」です。1956年、アメリカの心理学者Millerという人が、人が一時的に記憶できる数字の限界は7桁±2だと提案した、その7±

2がマジカルナンバーと言われています。

このような長期記憶と短期記憶という分類では、まるで記憶が静的な貯蔵庫のように感じられますが、記憶って本当は、人間が何らかのタスクをするために一時的に情報を保持し、その情報の重要性を吟味したり他の情報との関連性を調べたりしながら、もし長期的に必要な情報であれば長期記憶にその情報を貯蔵する、という一連の情報保持と仕分けの作業を行っているのです。ですから、単なる「短期記憶」なんて言葉では表現しきれず、ワーキングメモリというもっと動的なイメージの方がよりピッタリというわけです。

さて、このワーキングメモリ、残念ながらそんなに長い間情報を一時保持しておくことはできません。もちろん個人差はありますが、せいぜい数分です。だって、初めてかける電話番号でしかも今後かけそうもない相手だったら、番号をプッシュして電話が通じたら、その番号、忘れちゃうでしょ。それ以上に長い間記憶しておこうと思ったら、長期記憶に入れることになります。

では、このワーキングメモリ、読解でどのような働きをするのでしょうか。Grabe & Stoller という人たちの著書によると、ワーキングメモリは文字から得られる情報を一時的に保持し、頭の中の辞書や文法知識と照合して意味を理解し、さらにそうして得られた文の意味を一時的に保持し、周囲の文の内容と照合して文章全体を理解するといった文脈理解全体のプロセスに関わっています。ですから、文章全体を理解するためには、まだワーキングメモリが最初の文の意味を保持している間にその段落を読み終え、次の段落まで進まないといけないわけです。そうしないと、**前に読んだ文をどんどん忘れてしまいます。**忘れてしまうと、また読み返さなければならないので時間がかかり、頭の中で内容がつながらないので飽きてしまう。ため息ついて、時々今日学校で起こったことなんか考えてみたり…。悪循環ですね。

学校の英語の予習などで英文の全訳をノートに書いている皆さん。一文読んで訳を考えて、わかったらノートに書いて…、というふうに、一文ずつノートに訳を書いていませんか。きっとあなたのワーキングメモリは、その訳を書き終えるまで、前の文、そのまた前の文の内容を保持してはいませんよ。どうでしょう。あなたのワーキングメモリがまだ活発に活動しているうちに、**せめて一段落読み終えてしまいませんか。**上手にワーキングメモリを働かせて、段落の内容を把握してからノートに全訳を書く、という方法はいかがでしょうか。

STEP 4

SECTION 12 　名詞の後に続くもの（Post-Modifiers）

◆演習問題 7

SECTION 13 　動詞の後に続くもの（Verb Collocations）──V + O + to do

SECTION 14 　動詞の後に続くもの（Verb Collocations）
　　　　　　──Vと前置詞（Prepositions）

◆演習問題 8

コラム 2 　　　速く読んだ方がいい？！

名詞・動詞の後に続くもの

ここでは、これまでに学んだ重要基本事項を念頭に、さらに補足的な事項を見ていきましょう。これまでのSTEPが英文の「骨組み」だとすれば、ここのSTEPはその「肉づけ」にあたります。しかし、両方が揃わなければヒトの身体は成り立ちませんから、「補足」とはいっても必要不可欠な重要事項であることに変わりはありません。これまでの基本事項を有効に活用するための補足的なルールや知識を紹介していきます。

SECTION 12

名詞の後に続くもの（Post-Modifiers）

これまでのセクションで皆さんが学習してきたことは、英文を読む上で非常に重要な cornerstone（要）となる事柄ばかりです。これらがしっかり身につけられていなければ、英文を読んだときに間違った理解をしてしまうこともありますし、さらに英文を書く段階で、文法的に正しい文を書くことは困難になりますので注意してください。

それでは、さらに英文の細部に学習を進め、文をより豊かにするための補足情報について見ていきましょう。

例題

次の英文を下線部の役割に注意しながら和訳しなさい。

㊵ Stephanie has a lot of quarters*<u>in her wallet</u>.

㊶ Kelly gave her boy a quarter <u>in her wallet</u>.

＊米国の硬貨は4種類あり、それぞれに呼び名がついている。1 cent = penny（ペニー）、5 cent = nickel（ニッケル）、10 cent = dime（ダイム）、25 cent = quarter（クオーター）。

解答　解説

訳例

㊵ ステファニーは、財布の中に25セント硬貨をたくさん持っている。
㊶ ケリーは財布の中に入っている25セント硬貨を自分の息子に一枚あげた。

解説

<⑩>

⑩も㊶も、下線部は補足情報です。⑩を前から読んでみると、Stephanie has a lot of quarters「ステファニーは 25 セント硬貨（クオーター）をたくさん持っている」となり、これだけで十分に意味の通る英文となります。したがって、名詞 quarters の後ろにある下線部の in her wallet は、必要情報が全て揃っているので、文をより豊かにするための補足的情報を与えているだけだとわかります。文全体では、「ステファニーは、<u>財布の中に</u> 25 セント硬貨をたくさん持っている」となり、下線部 in her wallet のみに着目すると「<u>財布の中に持っている</u>」のように動詞 has を修飾する副詞句であることがわかります。

<㊶>

では、もう一方の㊶を前から読んでみましょう。下線部以外の部分は Kelly gave her boy a quarter「ケリーは自分の息子に 25 セント硬貨を一枚あげた」となり、⑩と同様に必要情報が全て揃っていますから、やはり下線部は補足情報であることがわかります。⑩と同じ in her wallet という句ではありますが、この部分を加えて和訳すると、「ケリーは<u>財布の中に入っている</u> 25 セント硬貨を自分の息子に一枚あげた」となり、この場合の in her wallet は直前の名詞 a quarter を修飾する形容詞句となっています。

このように、必要情報が揃った後に、文をより豊かにするために加えられる補足情報は、必ずしも全て副詞句・節とは限らず、直前の名詞を修飾する形容詞句・節の可能性も十分にあります。ここでは、このような**名詞を後ろから修飾する**パターンに注目していきます。では、ここでもう一度だけ「チャンク・リーディング」のセクションで扱った英語のチャンクについておさらいしておきましょう。

㊷ <u>Mathew</u> <u>talked</u> <u>with his professor</u> /
   S   V   前置詞＋名詞（M）
<u>for two hours</u> / (<u>to discuss his idea</u> / <u>in detail</u>).
前置詞＋名詞（M）   不定詞＋目的語   前置詞＋名詞（M）

ここでの必要情報は、Mathew talked with his professor「マシューは教授と話をした」で、それ以降は全て補足情報になります。補足情報は、スラッシュ（斜線）でチャンクに区切られています。この文は大きく分けると 2 つの補足情

報部分（for two hours と不定詞部分 to discuss 〜 detail）を持ち、またさらに不定詞部分を分解すると2つの補足情報チャンクから成り立っており、訳は「マシューは自分の考えを詳細に議論するため、2時間教授と話をした」となります。ここで思い出してください。

最初のセクションでも述べましたが、チャンクが**名詞で終わることは**、（全てではありませんが）**非常に多くあります**。ですから、**補足情報が名詞の後ろに続くことは非常に多くあるのです**。ただし、補足情報には形容詞的に名詞を修飾するものもあれば、副詞的に動詞や形容詞や文全体を修飾するものもありますから、その都度文脈によって確認していく必要がありますが、**明らかに名詞に何らかの説明が必要**と感じられる場合もあります。

ルール 21

◆チャンクは名詞で終わることが多い。
◆名詞の後ろに来る修飾情報は、明らかに前の名詞を修飾するとわかるものと、文脈による判断が必要なものがある。

例題

次の例文を下線部に注意しながら、前から読んで和訳してみましょう。

㊸ I have something <u>nice to give you at the party tonight</u>.

㊹ I saw a girl on my way to school <u>who had talked to us the other day</u>.

㊺ We wanted to hire two people <u>familiar with computer programming</u>.

㊻ I happened to see a boy <u>you had introduced to me before</u>.

ここに挙げた４つの例文ではみな、名詞が何らかの補足説明を必要としています。この４つの例文と先ほどの㊷との違いは何でしょうか。その違いは**名詞の性質**にあります。㊷では、必要情報のチャンクの最後に置かれていた名詞は his professor で、特に説明がなくとも Mathew の指導教授であることは明確にわかります。つまり、**特定されている名詞**です。しかし、この４つの例文の場合には、どれも**不特定の名詞**が必要情報内に置かれています。したがって、何かしら**補足的な説明**が必要とされるのです。

それでは、一つ一つの例文を見てみましょう。

解答 解説

訳例
㊸ 私は今晩パーティーであなたにあげたい素敵なものを持っている。
㊹ 私は学校に行く途中、先日私たちに話しかけてきた女の子を見かけた。
㊺ 私たちはコンピュータプログラミングに精通している人を２人雇いたいと思っていた。
㊻ 私はたまたまあなたが以前私に紹介してくれた男の子に会った。

解説
<㊸>
まず、㊸を前から読んでみると、必要情報は

> I have something 「私は何か持っている」

で、「何か」についての説明が当然必要です。**名詞の後ろにある形容詞や不定詞は前の名詞を修飾する**可能性を持っていますから、形容詞 nice も不定詞 to give ～ tonight も名詞 something を修飾する働きをしていると考えられ、「私は今晩パーティーであなたにあげたい素敵なものを持っている」となります。

> something ← [nice / to give you at the party tonight]

ところで、この名詞 something の仲間は、㊸のように常に修飾語を後ろに置く

という性質を持っています。したがって、「何か他のもの」と言いたいとき、「他の」は other ですが、other は使うことができません。なぜなら、これは other + 名詞のように、名詞を前から修飾する形容詞だからです。

一方、同じ「他の」の意味を持ち、名詞を後ろからしか修飾できないものもあります。それは else です。この語は、名詞 + else のように名詞の後ろにしか置かれないので、something のような名詞や what や who などの疑問詞とともに、something else や what else のように用います。では、このように修飾語を後ろにしか置くことのできない something の仲間を見てみましょう。

修飾語が後ろに来る名詞の仲間

	some-	any-	no-	every-
-thing	something	anything	nothing	everything
-one	someone	anyone	no one	everyone
-body	somebody	anybody	nobody	everybody
-where	somewhere	anywhere	nowhere	everywhere

<㊹>
同様に、㊹も見てみましょう。必要情報は
I saw a girl「私は女の子を見た」

のみです。ですから、直後の on my way to school「学校へ行く途中」も、その後ろにある関係詞節 who ～ day も、修飾の役割を果たす補足情報です。

さて、実は、先ほどの必要情報 I saw a girl では、「女の子」が特定されず情報として不十分です。ですから、「どんな女の子？」とここで聞きたくなるでしょう。したがって、この後にその説明が加えられるだろうと予測ができます。ところが、直後のチャンクは女の子の説明ではなく、on my way to school です。ここで I saw a girl on my way to school「私は学校に行く途中で女の子を見た」と言われても、その事実自体は普通のことであり、女の子の説明が加えられない限り話題性に乏しいため、独立した文としてはやや違和感があります。

このように、関係詞節と、関係詞節が修飾する名詞（先行詞）が離れている場合があります。一見、文が長くなり、わかりにくく感じますが、その場合にも**先行詞である名詞の説明を探しながら読み進めていけば、関係詞節と先行詞の関係**

を見失わずに読んでいくことができます。つまり、**きちんと前から読み、書き手と対話することで、内容を見失わずに読むことができる**のです。この文では、on my way to school は saw を修飾する副詞句ですから、a girl を修飾する形容詞節は who 節まで待たなければいけません。

a girl ← [who had talked to us the other day]

訳は「私は学校に行く途中、先日私たちに話しかけてきた女の子を見かけた」となります。関係詞節は「形容詞」のセクションでも述べたとおり、後ろから名詞を修飾する代表的な例です。

<㊺>
では、次の㊺に移りましょう。必要情報はどこまででしょうか。まず、主語（S）＋動詞（V）の we wanted「私たちは欲しかった」だけでは、全く文としては成り立たず、目的語にあたる「何を」の部分が必要ですから、次の不定詞も必要情報に入れなければなりません。したがって、この不定詞はここでは wanted の目的語の役割を果たす名詞的用法ということになります。必要情報は

we wanted to hire two people「私たちは2人雇いたいと思っていた」

の部分です。文構造的にはこれで何も不足はありません。文脈的には「どんな人を？」と少し尋ねたくなるかもしれません。㊷でも述べたとおり、**名詞の後ろにある形容詞は前の名詞を修飾する可能性**がありますから、この名詞のすぐ後ろにある形容詞 familiar は前の名詞 two people を修飾しているだろうと思いながら読み進めます。

two people ← [familiar with computer programming]

訳は「私たちはコンピュータプログラミングに精通している人を2人雇いたいと思っていた」となり、これなら文脈的にも問題ありません。

・・・・・

このように、**名詞の後ろに形容詞や分詞がある場合、それが率いるチャンク全体が前の名詞を修飾する働きをします**。これは以下のように、関係代名詞主格と be

動詞が省略された形と考えればよいでしょう。

㊼ <u>The boy (who is) talking with Craig over there</u>
　　　S　　　関係代名詞節＝形容詞節（boyを修飾）
<u>is</u> <u>his little brother</u>.
V　　C

→ The boy talking with Craig over there is his little brother.
あそこでクレイグと話している男の子が、彼の弟だ。

㊽ <u>I</u>'<u>ll bring</u> <u>to the party</u>
S　V　　副詞句
<u>several CDs</u> <u>(which are) popular among young people in the US</u>.
　　O　　　　　　関係代名詞節＝形容詞節（several CDsを修飾）

→ I'll bring to the party several CDs popular among young people in the US.
私がアメリカの若い人たちの間で流行りのCDを何枚かパーティーに持っていきます。

上記の㊼は、関係代名詞 who と be 動詞 is が共に省略され、**分詞が名詞の後ろに残った**パターンで、㊽は、関係代名詞 which と be 動詞 are が省略され、**形容詞が名詞の後ろに残った**パターンです。

注意しなければならないのは、**省略されるときには常に関係代名詞と be 動詞の両方が一緒に省略され、どちらか片方のみが省略されることはない**ということです。また、このパターンの場合、**関係代名詞は常に主格であり、動詞は常に be 動詞で**なければなりません。

<㊻>
一方、関係代名詞が目的格の場合、関係代名詞のみが省略されます。そのパターンが㊻です。もう一度、㊻を下に書いておきましょう。

I happened to see a boy <u>you had introduced to me before</u>.

では、これまで同様、前から読んでいきましょう。まず必要情報は

■ I happened to see a boy「私はたまたま男の子に会った」

で、これも㊸、㊹、㊺と同じように文脈的に「男の子」の説明がもう少し欲しいところです。したがって、その後ろにはおそらくその「男の子」の説明が書かれるだろうと予測して読むことができます。では、その後ろの下線部を見てみましょう。その部分だけ訳してみると、「あなたが以前私に紹介してくれた」となり、不完全節であることがわかります。つまり、関係代名詞節です。関係代名詞目的格は省略することができますから、その結果出来上がった形は、名詞＋S＋Vとなります。

a boy ← [you had introduced to me before]
名詞　　　　S　　　V

ルール 22

◆名詞の後ろに来る可能性が高いもの
「前置詞＋名詞」・「不定詞」・「形容詞」・「分詞」・「主語＋動詞」・「関係詞」

▰ 別冊の演習問題 7 に挑戦してみよう！

SECTION 13

動詞の後に続くもの（Verb Collocations）──V + O + to do

SECTION 12 では、補足情報として名詞の後ろに続いて文をより豊かにするものについて紹介しました。この章では、名詞ではなく動詞とともに用いられ、文を完成させるために補足ではなくむしろ必要な情報を与える役割を果たす構造を扱っていきます。必要情報を与えるという点で言うと、このセクションは肉づけというよりも、むしろ文の骨組みに近い部分と言えるかもしれません。

例題

「動詞の後に続くもの（Verb Collocations）」について考えるために、次の英文を和訳しなさい。

㊾ Jonathan put forward a revolutionary program for international development which would combine a number of excellent human resources still missing the chance to demonstrate their talents in those developing countries with his company's property, technology, and experiences it had accumulated for these few decades.

解答／解説

訳例

㊾ ジョナサンは、それらの発展途上国でいまだに能力を発揮する機会を持てずにいる多くの優秀な人材と、彼の会社がここ数年間積み上げてきた資産や技術や経験とを組み合わせた画期的な国際開発プログラムを提案した。

解説

かなり長めの例文なので、戸惑った人もいるかもしれません。きちんと前から読

んで処理することができましたか。この文の主語（S）は Jonathan、動詞（V）は put forward「提案した」で、「何を提案したか」はすぐ後ろにある目的語（O）の a revolutionary program for international development「国際開発のための画期的なプログラム」であり、ここまでがこの文の必要情報です。

> Jonathan put forward
>   S   V
> a revolutionary program for international development
>   O

「ジョナサンは国際開発のための急進的なプログラムを提案した」と言われると、当然次に知りたくなるのは「どのようなプログラムか」ということでしょう。したがって、その後ろの関係代名詞 which の節は、program を補足説明するための節（つまり、先行詞は program）となりますね。

> ... a revolutionary program for international development which would combine ...

ここまではそれほど複雑ではありませんが、この文がこれだけ長くなってしまったのは、この関係代名詞 which 節が長いからです。これをきちんと処理しなくてはなりません。まず、which (= a program) would combine の目的語を正確に抜き出すと、どこからどこまでになるでしょうか。抜き出してみてください。

・・・・・

書き抜くことができましたか。目的語は「前置詞のついていない名詞（句）」でなければなりませんから、動詞 combine の直後の

> a number of excellent human resources

になりますね。

ただし、それだけではありません。その後ろに still missing 〜のように分詞が続いていますから、今度はそのチャンクがどこまで続くかを考えながら読み進めていく必要があります。もちろん、前から現在分詞 missing のチャンクに入

れられるかどうかを判断しながら読み続ける方法もありますが、実はもう1つ、とても重要で役に立つヒントがあります。それが「combine の後に続くもの」です。

動詞 combine は「結合する、合体させる」のように、「何か2つものを一緒にする」ことを意味します。したがって、combine A with B「AをBと結合させる」の形で用います。この形を覚えて利用することができれば、combine の後はwith を探しながら読むことで、目的語がどんなに長くても、正しくAとBを見つけることができます。つまり、先ほど皆さんに質問した「combine の目的語」にあたるAは with の手前までと考えればよいので、

> a number of excellent human resources still missing the chances to demonstrate their talents in those developing countries
> 「それらの発展途上国でいまだに能力を発揮する機会を持てずにいるたくさんの優秀な人材」

であり、それと結合されることになるBに相当するものは with の後ろにある

> his company's property, technology, and experiences it had accumulated for these few decades
> 「彼の会社がここ数十年間積み上げてきた資産や技術そして経験」

となります。したがって、㊾の訳は「ジョナサンは、それらの発展途上国でいまだに能力を発揮する機会を持てずにいる多くの優秀な人材と、彼の会社がここ数年間積み上げてきた資産や技術や経験とを組み合わせた画期的な国際開発プログラムを提案した」となります。

このような「動詞が率いるチャンク」なるものを、このセクションでは練習していきます。まず、どの動詞がどのような形を後ろに取りうるのかを覚えていきましょう。そして、英文を前から読む際に、その形を意識しながら読めるようにしましょう。

こうした「動詞の後に続くもの（Verb Collocations）」には、大別すると2つのタイプがあります。1つは、S + V + O + (to) do のように（原形）不定詞が用いられるもので、もう1つは、先ほどの例文の combine のように、前置詞を伴って用いるものです。では、次にこれらを順に練習していきましょう。

V + O + to do

上で述べたように、ここからは V + O の後に to 不定詞などを伴う構造について主に扱っていきます。ここで「主に」と述べたのは、to 不定詞以外にも原形不定詞（一般に「原形」と呼ばれているもの）や分詞など、動詞とともに用いられるものもあるからです。ここでは、to 不定詞だけでなく他の種類のものも紹介していきます。

さて、いつもならまず皆さんに例文を和訳してもらい、その解説をしながらリーディング・グラマーのルールを説明していくのですが、この Verb Collocations のセクションではむしろ、覚えて練習して慣れていくことが基本です。ですから、早速さまざまな Verb Collocations を紹介していきましょう。まず、SVOC の C の位置（つまり、目的語の後ろ）に原形を取りうるものから紹介しましょう。このタイプの動詞は 3 種類しかなく限定されるため、まず先に覚えておくとよいでしょう。ただし、動詞によっては補語（C）の位置に原形しかとらないわけではなく、他の形のものが置かれる可能性もあるので、よく注意してそれぞれの動詞の collocation を覚えてください。

〈S + V + O + 原形〉
1. **使役動詞（make, let, have）O に〜させる**
   - make + O + 原形（使役・強制）
   - let + O + 原形（許可）
   - have + O + 原形（させる／してもらう）

2. **知覚動詞（see, look at, watch, witness, notice, hear, listen to, feel など）**
   - V (例 see) + O + 原形　O が〜するのを見る（行動の一部始終を見る）
   - V (例 see) + O + -ing　O が〜しているのを見る（行動の一部を見る）
   - V (例 see) + O + p.p.　O が〜されるのを見る

3. **help + O + (to) 原形**　O が〜するのを助ける／手伝う
   　　　　　　　　　　　　　O が〜するのに役立つ

形の上では、補語の位置に原形しか取らない動詞は上記の動詞の中では let だけでしょう。他の動詞は全て、原形以外の形も補語として取りうる可能性があります。

ただし、補語に原形を取る動詞は、他の形を取る動詞と比べると非常に数も少なく珍しいものと言えます。ですから、この種類の動詞はやはり他と区別して覚えておくのがいいでしょう。また、原形以外の形も補語として取りうるとは言っても、同じ意味になるわけではありません。

使役動詞
例えば、使役動詞の make はもともと make + O + C「O を C にする」の形を取り、C の位置には形容詞や分詞も置かれます。また、同じく使役動詞の have も have + O + p.p. の形（間接受動態と呼ばれます）で「O を〜される／してもらう」の意味で用いられます。ただ、いずれも「O に〜させる」の使役の意味では、補語（C）の位置には原形を取るので、一つ一つの動詞だけではなく「使役動詞」というまとまりで覚えておくことは重要です。

知覚動詞
知覚動詞の場合も、O と C の関係によって、C の位置にどの形が来るかが決まってきます。「O が〜する」の場合は原形が、「O が〜している」の場合は現在分詞 -ing 形が、そして「O が〜される」のように受け身の関係になるものは過去分詞 p.p. が C の位置に置かれます。

help + O + (to) 原形
また、タイプ 3 の動詞 help の場合は、もともと help + O + to do のように to 不定詞を C の位置に用いていたのですが、その to が落とされて原形不定詞が残っているパターンです。この用法については、to 不定詞を用いる場合はより間接的な「助け」をする場合で、原形不定詞を用いる表現はより直接的な「助け」を表す、という説明がなされたりすることもありましたが、最近では原形不定詞の方が標準化しつつあるようです。

ところで、これら全ての構造と、これから紹介する V + O + to do の構造に共通するのは、SVOC（第 5 文型）という構造です。文型という言葉に慣れている人もそうでない人もいるでしょう。ここでは話をより複雑化したくはないですし、また皆さんを混乱させくもありませんので、5 文型そのものについてあまり深く入り込むつもりはありません。ただ、この SVOC という文型だけは、おそらく皆さんが考えているよりずっと多く頻繁に、日常的な発話や書き物の中で用いられています。ですから、ここで SVOC について 2 点だけ注意を促したいと思います。

ルール 23

◆ SVOC の文型において
1. SVO の後ろに、形容詞・分詞・原形・不定詞があったら、O と C の関係に注意する。
2. O と C の関係は、O is C となるか、O : C = S : V の関係、つまりいずれにせよ「主語ー述語」の関係になる。

特にこの SVOC の構造は、よく用いられる基本的な動詞に非常に多く見られ、例えば「**make + O + C**」「**have + O + C**」「**get + O + C**」などはよく用いられます。意味もいずれも「O を C にする」になってしまうので紛らわしいですが、それぞれの動詞の意味によって少しニュアンスが変わってきます。動詞 make を用いた場合は「O is C の状態を作り出す」の基本的意味を持つので、より強制的度合いが強くなるのに対し、「O is C の状態を持っている」の have や「O is C の状態になる」の get はそれほど強くはありません。また、それぞれの動詞がもつ O のレパートリーが異なることも、ここで注意しなければならない重要な点です。動詞 make と have は補語（C）に形容詞・分詞・原形を取りうるのに対し、動詞 get は形容詞・分詞・to 不定詞を取ります。特に、比較的強制力の弱い使役の意味を持つ have と get は、意味が似ているのに異なる構造を取るので注意が必要です。

〈have と get〉
◆ have + O + <u>原形</u>　O に〜させる／してもらう
　　　　　　p.p.　O を〜される／してもらう
◆ get + O + <u>to do</u>　O に〜させる／してもらう
　　　　　　p.p.　O を〜される／してもらう
例）I *had* my brother <u>do</u> my homework.（兄に宿題をしてもらった）
　　I *had* my homework done by my brother.（同上）
　　I *got* my brother <u>to do</u> my homework.（同上）
　　I *got* my homework done by my brother.（同上）

OとCの関係が「OがCする」という能動態のSV関係の場合、動詞 have は Cに原形を取りますが、動詞 get は to 不定詞を取ります。一方、OとCの関係が「OがCされる」のように受動態のSV関係になる場合、受け身の意味を表せるのは過去分詞 p.p. しかありませんから、どちらも同じ形になります。

have/get + O + p.p.
動詞 get も「〜させる」という使役の意味があるのに、なぜ使役動詞として分類され注目されることがないかというと、この構造に理由があります。補語（C）の位置に to 不定詞を取る動詞はたくさんありますが、原形を取る動詞は種類が少なく、使役においては3種類だけなので、この3つ（make, let, have）を特に使役動詞と分類し、注意を引こうとしているわけです。

では、次に、SVOCのCの位置に to 不定詞を取る動詞を紹介しましょう。これは、先ほども述べた通りたくさんあります。ここでは、特に一般的によく用いられるものを中心に紹介します。また、OとCとの関係により注意を向けるために、直訳しながら意味を確認してください。

⟨S + V + O + to do⟩		
allow + O + to do	「許す」	「Oが〜するのを許す、Oに〜させる」
permit + O + to do	「許す」	「Oが〜するのを許す、Oに〜させる」
cause + O + to do	「もたらす」	「Oが〜するのをもたらす、Oに〜させる」
lead + O + to do	「導く」	「Oが〜するのを導く、Oに〜させる」
encourage + O + to do	「励ます」	「Oが〜するよう励ます、促す」
enable + O + to do	「可能にする」	「Oが〜するのを可能にする」
require + O + to do	「要求する」	「Oが〜することを要求する」
expect + O + to do	「期待する」	「Oが〜することを期待する、予想する」

SECTION 14

動詞の後に続くもの（Verb Collocations）
　　　　——Vと前置詞（Prepositions）

では、次に動詞（V）と前置詞（Prep）のコロケーション（collocation）に話を移しましょう。前置詞は、それ自身では自立した存在にはならず名詞とともに句（phrase）を形成するため、文法的に補助的な役割を果たす語のように思われますが、それ自体意味を持たない語というわけではありません。むしろ、makeやgetなどの基本動詞の場合には、前置詞が特別な意味を与える役割を果たしています。

例えば、change A for B と change A into B とでは、同じく change「変える」という動詞を用いていますが、それぞれの前置詞が異なるために「変える」方法が異なっています。

前置詞 for には「交換」の意味があるため、**change A for B** は「**AをBと取り替える**」を意味しますが、一方、前置詞 into は「質的変化」を表すため、**change A into B** は「**Aを（異なる性質・様子のものである）Bに変える**」ことを表します。

また、これと同じことが前置詞 into を用いる他の表現にも当てはまり、例えば make milk into butter は「ミルクをバターにする」のように、ミルクという原料を加工してバターという異なる製品を作り出すことを意味し、また translate English into Japanese では英語を翻訳して日本語という別の言語にすることを表します。

このように、前置詞そのものがある特定の意味を持ち、動詞に意味的な補助を与えるのですから、動詞と前置詞のコロケーションを覚える際にはやはり意味ごとにまとめて覚えていくのがいいでしょう。そうすることで、どの前置詞がどのような意味を持ちうるのか感じられるはずです。

では、一つずつ見てみましょう。

SECTION 14.

〈関係・つながりを表す動詞〉

have (something/much) to do with ~	「~と何か／大いに関係がある」
have (nothing/little) to do with ~	「~と何も／ほとんど関係がない」
associate A with B	「AをBと関係づける、AをBで連想する」
concern A with B	「AをBと関係づける」
be concerned with ~	「~と関係がある、~に関心がある」
relate A to/with B	「AをBと関係づける」
connect A to/with B	「AをBと関係づける」
link A to B	「AをBと関係づける」

〈比較・比喩などを表す動詞〉

compare A with B	「AをBと比較する」
compare A to B	「AをBと比較する、AをBにたとえる」
liken A to B	「AをBにたとえる」
correspond to ~	「~に相当する」

〈不安・心配・迷いを表す動詞〉

worry about ~	「~を心配している」
be worried about ~	「~を心配している」
be anxious about ~	「~を心配している」
be concerned about ~	「~を心配している」
be thinking about ~	「~について［~しようか］考えている」

〈切望・欲求・求めることを表す動詞〉

be anxious for ~ / to do	「~を切望している、~したい」
be concerned to do	「~したい」
be eager for ~ / to do	「~を切望している、しきりに~したい」
long for ~ / to do	「~を切望している、~したい」
ask for ~	「~を求める」
ask O for ~ / to do*	「Oに~を求める、~するよう頼む」

＊「S+Vのマッチング」のセクション p.36～39 を参照。

STEP 4　名詞・動詞の後に続くもの

〈交換・取り替え・取り違えを表す動詞〉

change A for B	「AをBと取り替える」
exchange A for/with B	「AをBと交換する」
pay A for B	「AをBのために支払う」
take A for B	「AをBと間違える、取り違える」
mistake A for B	「AをBと間違える、取り違える」
substitute A for B	「AをBに代用する、代わりにする」
replace A with/by B	「AをBに取って替える」

〈(質的) 変化・変形を表す動詞〉

make A into B	「AをBにする」
change A into B	「AをBに変える」
turn A into B	「AをBに変える」
transform A into B	「AをBに変える」
translate A into B	「AをBに翻訳する」
unite A into B	「Aを統一して［まとめて］Bにする」
integrate A into B	「Aを統一してBにする」
divide A into B	「AをBに分ける、Aを分割してBにする」

〈依存・負荷を表す動詞〉

depend on/upon A for B	「AにBを頼る、依存する」
be dependent on/upon A for B	「AにBを頼る、依存する」
rely on/upon A for B	「AにBを頼る、依存する」
count on/upon A for B	「AにBを頼る、依存する」
look to A for B	「AにBを頼る、依存する」
turn to A for B	「AにBを頼る、依存する」
impose A on B	「AをBに課す」

〈定義・指定・認識を表す動詞〉

define A as B	「AをBと定義する」
regard A as B	「AをBとみなす」
refer to A as B	「AをBという、言及する」
see A as B	「AをBとみなす」
view A as B	「AをBとみなす」
look on [upon] A as B	「AをBとみなす」
designate A as B	「AをBと指定する」
recognize A as B	「AをBと認識する、認める」
identify A as B	「AをBと同一視する、みなす」

〈集中・強調を表す動詞〉

center on ～	「～に集中する、～を中心にする」
focus A on B	「Aの焦点をBに合わせる」
concentrate on ～	「～に集中する、専念する」
concentrate A on B	「AをBに集中させる、集中的に投入する」
place/put a stress on ～	「～に強調を置く、強調する」
place/put an emphasis on ～	「～に強調を置く、強調する」
place/put a value on ～	「～に強調を置く、強調する」

注意）ただし動詞の場合、stress, emphasize, value はいずれも他動詞なので前置詞を伴わない。

〈影響を表す動詞〉

have an influence on ～	「～に影響を与える」
have an effect on ～	「～に影響を与える」
have an impact on ～	「～に影響を与える」

注意）the influence/effect/impact of A on B「AがBに与える影響」ただし動詞の場合、influence, affect「影響を与える」はいずれも他動詞なので前置詞を伴わない。他動詞 effect は「影響する」の意味ではなく、「～をもたらす」の意味。

〈変化・移行・範囲を表す動詞〉

range from A to B	「AからBまで範囲が及ぶ」
transfer from A to B	「AからBに移行する、編入する」
transfer ～ from A to B	「AからBに～を移す」
shift from A to B	「AからBに切り替わる、変化する」
shift ～ from A to B	「AからBに～を切り替える、変える」

〈的・ねらい・目標を表す動詞〉

aim at ～	「～をねらう、目指す」
target at ～	「～を標的とする、対象とする」
be targeted at ～	「～を対象としている、～向けである」
point at ～	「～を指差す、（銃口などを）～に向ける」
point A at B	「AをBに向ける」
throw A at B	「AをBに投げる」

〈贈与・供給・献身を表す動詞〉

provide A for B / B with A	「AをBに与える、供給する」
supply A for [to] B / B with A	「AをBに与える、供給する」
award A to B / B with A	「A（賞など）をBに与える、授与する」
give/offer A to B	「AをBに与える、提供する」
grant A to [for] B	「A（権利や助成金など）をBに与える」
endow A with B	「AにB（基金や才能など）を授ける」
bestow A on B	「A（名誉や利益など）をBに授ける」
devote A to B	「AをBに捧げる」
dedicate A to B	「AをBに捧げる」

注意）「与える対象・相手」には to, for, on などが用いられるのに対し、「与えるもの」には常に with が用いられることに注意。

もちろんここでは全てを挙げることはできませんが、前置詞の持つ意味を手がかりに今後皆さんがこの Verb Collocations のリストを増やしていってください。

STEP 4 名詞・動詞の後に続くもの

別冊の演習問題 8 に挑戦してみよう！

Column 2

速く読んだ方がいい？！

「英語がスラスラ読めたらいいな」とか、「英語がペラペラにしゃべれたらいいな」なんて思ったこと、ありますよね。このスラスラとかペラペラという得体の知れない言葉に動かされて、速読の本を買ってみたり、英会話に通ってみたり…。ここでは、とりあえず英会話については置いておいて、リーディングについて話しましょう。**速読って本当に必要でしょうか。練習して効果はあるでしょうか。**

答えは、**イエスでもありノーでもある**と言ったところでしょうか。ズルい答えですね。速読が必要な場面とそうでない場面があり、速読が必要な場面で活動している人たちにとっては練習して効果が感じられるでしょうが、そうでない場面で英語リーディングが必要な人たちにとっては速読をしても消化不良の感覚に陥るだけでしょう。つまり、どのような読み方を要求されているかを見極める必要があるということです。英語リーディングとその教授法に関する研究をしている**カーヴァー**という人は、この「読み方の種類」を自動車のギアにたとえました。低速の **Gear 1 は memorizing** で暗記しようとする読み方、**Gear 2 は learning** でその文章から何かを学び取ろうとする読み方、**Gear 3 は rauding** というカーヴァー独特の用語で表され、最も一般的な読み方であり新聞や雑誌や本を読むときに誰もが用いている読み方と定義されています。そして、**Gear 4 は skimming** で、細部にこだわらず全体の要旨を読み取ろうとするいわゆる速読の読み方であり、最も高速の **Gear 5 は scanning** で、例えば電話帳（yellow pages）から必要な電話番号を探すときのように、あらかじめ必要な情報がわかっていてそれを検索する（search）ための読み方です。この Gear 5 では全てを読む必要はありません。

これら5つのギアからもわかるように、速読（Gear 4）と一般的な読み（Gear 3）では、速度も読み方も異なっています。

全体の要旨や段落ごとの要旨を多選択肢問題で問うだけの問題なら、Gear 4 だけでもよさそうですね。しかし、たいてい英語の読解テストは、より総合的な読解能力を測るものが多いです。したがって、やはりいつも Gear 4 だけで読んでいるわけにはいきません。多選択肢問題でも細部について問われるときには

Gear 3 で読まなければならないでしょう。どのような設問があるか、文章を読み始める前にチェックしておけば**自分がどのギアで読まなければいけないか**も事前に知ることができますね。まず、自分にどの読み方が要求されているかを知ることが大事なのです。

また、一つの文章内でも読み方を変えられる柔軟性が必要です。例えば、難しい抽象概念を読んでいるときには、理解をしなければいけませんから Gear 3 を使うでしょうが、その抽象概念の具体例が書かれているときには、わかりやすいですし具体例の細部よりも全体を読み取るので Gear 4 で十分でしょう。つまり、どんな文章を読むのにも、ある程度のメリハリが必要ということです。

さて、このような**ギアチェンジ**をリーディングで行うためには、それぞれのギアのメンテナンスをしておかなければなりません。Gear 4 にシフトしたけれど、Gear 4 が動かなくて止まっちゃった…、というわけにはいきませんよね。ですから、ノートに訳を書いて正しく理解する練習も必要、時には全体の内容を理解するための速読（skimming）の練習、やはりあらゆるスキルを養っておかなければいけないわけです。

また、理解するためにじっくり精読をする場合でも、ワーキングメモリが働いているうちに情報を処理できる速度は必要でしたよね（コラム 1 参照）。そして、何よりも重要なのは、自分がどのギアを使わなければいけないのか素早く判断できる感覚と柔軟性です。これは、たくさんの英文を読んで、実践練習を積んで培われるものです。毎日最低 2 つは英文を読んで鍛えましょう。

STEP 5

SECTION 15　andが結ぶもの（Juxtapositions）前編

SECTION 16　andが結ぶもの（Juxtapositions）後編

◆演習問題 9

SECTION 17　カンマが示すもの（Punctuations & Insertions）前編

SECTION 18　カンマが示すもの（Punctuations & Insertions）後編

◆演習問題 10

andとカンマの用法

ここからは、文法書では通常扱われることのない、ややリーディングに特化した項目について述べていきます。英文を前から読み進むために必要な「リーディングのための文法」をしっかりと身につけましょう

SECTION 15

and が結ぶもの（Juxtapositions）前編

まず、接続詞 and などによる並列関係（juxtaposition）と、2 種類の接続詞（等位接続詞と従位接続詞）について見ていくために、次の問題を解いてみましょう。

例題

次の例文を and に注意しながら読み、和訳してみてください。

(50) Jennifer is interested in Asian languages **and** cultures.

(51) Diane likes going shopping at downtown **and** having a party at home on weekends.

(52) Andrea was concerned about no phone call from her boyfriend **and** started the car for his apartment.

(53) Jason had two slices of pizza, a bowl of salad, **and** a large diet coke for lunch.

(54) Laura called Mick due to his long absence from college **and** because her classmates told her that he had some affection to her.

接続詞 and は、A and B のように、2 つ（あるいはそれ以上）の要素を並列につなぐ働きをします。

解答　解説

訳例

㊿ ジェニファーは、アジアの言語と文化に興味を持っている。

(51) ダイアンは、週末に街に買い物に行ったり家でパーティーをしたりするのが好きだ。

(52) アンドレアはボーイフレンドから電話がないことを心配し、彼のアパートへ車を発進させた。

(53) ジェイソンはピザを２枚とサラダを１つ、それにダイエットコークのＬサイズを１つ、昼食に取った。

(54) ローラは、ミックが長い間大学を休んでいたし、彼女にミックが好意を寄せているとクラスメイトたちが言ったので、彼に電話をした。

解説

＜㊿＞

では、㊿の and は何と何を並列関係に結んでいるでしょうか。前から読んでみましょう。Jennifer is interested「ジェニファーは興味を持っている」で、「何に興味を持っているのか」が必要情報としてまだ続くはずです。次に in があり、これは be interested in ～「～に興味を持っている」の in ですから、Jennifer is interested in Asian languages までの訳は「ジェニファーはアジアの言語に興味を持っている」となります。この㊿の and は特に難解なことはありませんね。皆さんが中学英語を学んでいたころからずっと慣れ親しんでいる２つの名詞を結んでいる and です。ここでは、次のような構造になります。

> ㊿ -a
>
> Jennifer is interested in Asian { (i)<u>languages</u> / (ii)<u>cultures</u>.
>
> ジェニファーは、アジアの言語と文化に興味を持っている。

並列の構造は、**ヨコに見るのではなくこのようにタテの構造をイメージ**できると、より理解しやすくなります。これをみると、㊿の and は languages と cultures を結んでおり、その前にある形容詞の Asian は、この２つの名詞両方を修飾していることがわかります。何気なく読めてしまう文ですが、ここで重要なのは**接続詞 and が、名詞という同じ要素を結んでいる**ということです。これは並列関係の基本ルールです。

では、次の(51)も続けて見てみましょう。

＜(51)＞
(51)を前から読んでみると、Diane likes going shopping at downtown「ダイアンは街に買い物に行くのが好きだ」で、その後ろに接続詞 and があります。この例文では、and はどの部分とどの部分を並列に結んでいるでしょうか。先ほどの㊿よりもやや文が長めではありますが、接続詞 and は同じ要素である A と B を結んでいることを思い出してください。

では、㊿ -a のように並列関係をタテ構造に考えてみましょう。

> (51) -a
> Diane likes { (i)going shopping at downtown / (ii)having a party at home } on weekends.
> ダイアンは、週末に街に買い物に行ったり家でパーティーをしたりするのが好きだ。

この例文で注意しておきたいことは３つです。

１つ目は、**接続詞 and によって並列に置かれた A と B の前後との関係**です。並列部分の前に置かれている主語（S）＋動詞（V）の部分 Dian likes は、もちろん並列関係である (i) と (ii) にそれぞれ続くことができる共通の主語(S)＋動詞(V)です。また、並列部分の後ろにも、そのような共通要素が続くことがあるので、文脈に注意することが必要です。つまり、この並列部分をそれぞれ独立した文に分けると、

> Diane likes (i) going shopping at downtown on weekends.
>
> Diane likes (ii) having a party at home on weekends.

の２つの文が出来上がるということです。

２つ目は、**並列部分の形**です。動詞 like は、目的語として不定詞も動名詞も取ることができますから、Diane likes going ～という形も Diane likes to go ～という形も成り立ちます。しかし、**並列要素である (i) と (ii) は同じ要素のものでなければなりませんから、(ii) の形は必然的に (i) の形によって決まってしまいます。**

もし (i) の部分が Diane likes going 〜なら (ii) の部分も having 〜となり、(i) が Diane likes to go 〜なら (ii) も to have 〜となるのです。例えば、次の(51) -b は文法的に間違っていることになります。

> (51) -b
> × Diane likes going shopping at downtown and to have a party at home on weekends.

3つ目は、**長い文での並列要素の見つけ方**です。もう一度、(51) -a（タテ構造）を見てください。それぞれの並列部分の最初にある going と having が共通の形になっています。これは、両方の要素ともに likes からつながらなければならないからです。つまり、**並列部分である (i) と (ii) がどれだけ長くなろうとも、その並列部分の最初は同じ要素になる**はずです。次の例文も参考にしてください。

> (50) -c
> Diane likes going shopping at various luxury boutiques on Rodeo Drive, Beverly Hills, and having a BBQ party with many of her college friends at home on weekends.
> ダイアンは、週末に、ビバリーヒルズのロデオドライブ沿いにあるいろいろな高級ブティックで買い物をしたり、家に大学の友人をたくさんよんでバーベキューパーティーをしたりするのが好きだ。

(51) -c は、文の長さこそだいぶ長くはなりましたが、並列要素である going と having の形が同じであることは変わりません。文が長くなると、その長さや単語の多さについ圧倒されてしまいますが、その中に並列の接続詞 and があれば、実は簡単に分解できるのです。

まず、**接続詞 and を見つけたらその直後に注目**してください（例文(51) -c の場合、直後は having）。ほとんどの場合、**直後が（A and B の）B の最初の部分**になります。そして、**その語と同じ要素のものを探しながら and より前にさかのぼり**ます（(51) -c の場合、-ing 形を探しながらさかのぼります）。上記の例文(51) -c の場合、-ing 形は 2 つ（going と shopping）ありますが、ここで重要になるのが、共通要素である likes です。並列された 2 つの要素は、going からつながるのではなく likes からつながるので（(51) -d 参照）、並列要素の (1) は going から and の直前の Beverly Hills まで、(2) は having から at home までとなります（on weekends は並列要素の両方を修飾します）。

(51) -d

Diane likes { (1)going ... Beverly Hills / (2)having ... at home } on weekends.

ルール 24

A and B の並列構造において

◆ A と B は同じ要素（品詞が同じなど）のものになる。

◆接続詞 and を見たら、まず直後を見よ。それが B である。

◆ B と同じ形のものを探してさかのぼれ。見つけたら、それが A である。

<(52)>

それではルール 24 に従いながら、今度は(52)を見てみましょう。

(52) Andrea was concerned about no phone call from her boyfriend and started the car for his apartment.

まず前半部分を読んでみると、Andrea was concerned about no phone call from her boyfriend「アンドレアはボーイフレンドから電話がかかってこないことを心配した」となり、その後ろに接続詞 and があります。では、ルール通りに並列関係を分析しながら読んでいきましょう。

接続詞 and の直後は started です。ここで注意が必要です。動詞の場合、形だけを追っているとそれに惑わされてしまいます。なぜなら、**-ed 形は過去形と過去分詞形の両方の可能性があり、その２つは役割上全く異なる**ものだからです（「S＋V のマッチング」のセクションを参照）。ですから、動詞の場合には形（form）もさることながら、時制や態（能動態か受動態か）など、その動詞の役割・機能（function）の部分まで気を配る必要があります。そのためには、その動詞だけを見るのではなく、目的語の有無なども見なければなりません。

この場合、接続詞 and の直後は started the car「車を発進させた」で、この started は過去形の動詞であることがわかります。では、同じ要素を探しながらさかのぼってみましょう。接続詞 and より前の部分で過去形の動詞は was ですね（concerned は過去分詞ですから、これと並列ではないことに注意しましょう）。すると、以下のような構造となります。

(52) -a

Andrea { (i)was concerned about no phone call from her boyfriend
　　　　 (ii)started the car for his apartment.

アンドレアはボーイフレンドから電話がないことを心配し、彼のアパートへ車を発進させた。

動詞が並列されている場合、もう１つ注意しなければならないことがあります。次の例文を見てください。

(52) -b

Andrea was concerned about no phone call from her boyfriend and before sunset started the car for his apartment.

この(52) -b を見ると、接続詞 and の直後は before sunset「日が暮れる前に」です。ここでついうっかり before と同じ要素である前置詞（+ 名詞）を探してしまいがちですが、この**「前置詞 ＋ 名詞」の要素には要注意**です。この要素は基本的に**補足情報**であり**修飾語**です。したがって、文の構造から考えると、必ず必要というわけではありません。時には、２つの「前置詞 ＋ 名詞」の要素を並列していることもありますが、そうでなければ**挿入句**と考えてください。ですから、もし接続詞 and の直後に「前置詞 + 名詞」が来ていたら、まず**それと並列されるような「前置詞 ＋ 名詞」の要素が and より前にないか**どうか探し、**もしなければその句は挿入と考え、その句の後ろの要素に注目**しましょう。

(52) -c

Andrea { (i)**was concerned** about no phone call from her boyfriend
　　　　 (before sunset) (ii)**started** the car for his apartment.

ルール 25

A and B の並列構造において
◆ B が動詞の場合、形だけでなく時制や態にも注意する。
◆ B が前置詞 + 名詞の場合、挿入句（副詞句）である場合が多い。

<㊲>
では、4つ目の㊳に進みましょう。

㊳ Jason had two slices of pizza, a bowl of salad, and a large diet coke for lunch.

この文の接続詞 and は何を並列につないでいるでしょうか。接続詞 and の直後を見ると、a large diet coke「ダイエットコークのLサイズを1つ」がありますから、名詞を探せばいいですね。そして、すぐ前に a bowl of salad「サラダを1つ（ボウル一杯）」とありますから、この2つが並列関係にあることは確かですが、**解答としてはそれでは不十分**です。

では、前から読んでみましょう。初めは Jason had two slices of pizza「ジェイソンはピザを2切れ食べた」とあります。注意すべきは**その次にあるカンマ**です。2つの要素を and で並列につなぐ場合、A and B となりますが、3つ以上の要素を並列に並べる場合には、「A, B, C, D, … and Z」のように**最後だけ and をつけます**。カンマが and の代わりをするのですから、**カンマの両側に同じ要素が並べられているとき並列関係を必ず疑う必要がある**わけです。接続詞 and が出てきたら、「これで並列関係は終わり」という合図です。そうすると、この文は「ジェイソンはピザを2枚とサラダを1つ、それにダイエットコークのLサイズを1つ、昼食に取った」となります。

㊳-a
Jason had { (i) two slices of pizza, (ii) a bowl of salad, (iii) a large diet coke } for lunch.

それでは、並列関係のカンマに注意しながら、もう少し長めで複雑な文も読んでみましょう。並列関係の構造を分析しつつ、和訳してみてください。

> ⑤ Verbal communication is sometimes unreliable, inconsistent to what the speaker really means, largely dependent on the context or situation of the ongoing conversation and the speaker's social and cultural background, and supplemented to much degree by non-verbal components of interaction, such as intonation, facial expression, and gesture.

多少文が長くなっても、それに圧倒されることなく前から読んでいきましょう。まず、最初の部分は Verbal communication is sometimes unreliable「言葉によるコミュニケーションは時々当てにならない」であり、次にカンマがあります。カンマの後ろの inconsistent は形容詞で、前の部分の unreliable（形容詞）と並列関係になる可能性があります。

> Verbal communication is sometimes (1)<u>unreliable</u>, (2)<u>inconsistent</u> ...

それに留意しながら先に読み進めていくと、inconsistent to what the speaker really means「話し手が本当に意味していることと矛盾する」の後に、またカンマがあります。そのカンマの後ろの dependent も形容詞ですから、3つ以上の形容詞が並列関係に置かれていると考えてよさそうですね。

> ... <u>unreliable</u>, <u>inconsistent</u> to what the speaker really means, largely <u>dependent</u> on ...

カンマの直後の largely は副詞で dependent を修飾し、ここではただの補足情報でありこの並列関係には無関係ですから、文の構造を分析する際にはとばしてかまいません。

並列関係の3つ目の要素は largely dependent on the context or situation of the ongoing conversation and the speaker's social and cultural background で、この部分にさらに並列関係が含まれているので注意が必要です。

largely [3]dependent on

(a) the { context / or / situation } of the ongoing conversation

and

(b) the speaker's { social / and / cultural } background,

また4つ目の要素である supplemented ～ gesture も同様に、並列構造をさらにその中に含んでいるため、複雑化しています。

[4]supplemented to much degree by non-verbal components of

interaction, such as { intonation, / facial expression, / and gesture.

このように、文が長くなっている1つの原因として、この並列構造が複雑に絡み合っていることがあります。したがって、この並列構造をきちんと把握することにより、長い文をそれぞれの短いチャンクに分解し、読みやすくすることができるのです。

上記の(55)の訳は「言葉によるコミュニケーションは、時に頼りなく、話者の本当に言いたいことと矛盾し、概してその場で起こっている会話の文脈や状況、また話者の社会的文化的背景に依存するものであり、イントネーションや表情、ジェスチャーのような言葉以外のインタラクションの構成要素にかなり補完されるものなのである」となります。

> # ルール 26
>
> ◆ 3つ以上の並列関係は、最後のみ and をつけ、あとは全てカンマで区切る。
> ◆ 3つ以上の並列関係は、前から読み、最初のカンマでそれと気づかなければならない。

<㊴>
それでは、最後の㊴を見てみましょう。

㊴ Laura called Mick due to his long absence from college and because her classmates told her that he had some affection to her.

この例文のポイントは、**同じ要素とは同じ品詞とは限らない**ということです。

では、例文を前から読んでみましょう。初めの部分は Laura called Mick「ローラはミックに電話した」となり、これだけで必要情報は全て揃いますから、あとは補足情報の修飾表現であることがわかります。その後ろに続く due to ~ は「~による／~のために」のように原因・理由を表しますから、due to his long absence from college「大学を長い間欠席しているため」の部分は、動詞 called を修飾する副詞句となります。次に接続詞 and が出てきましたが、その直後は because 節ですから、一見すると並列関係のもう一方がないように見えます。この文の and は due to ~ from college と because ~ to her という、一見性質の異なるものどうしを結んでいるからです。

Laura called Mick
{ due to his long absence from college
{ because her classmates told her that he had some affection to her

一方は句であり、もう一方は節ですから、両者は無関係なもののように見えます。しかし、かといって同じ要素が全くないというわけでもないのです。では、この2つの共通要素とは何でしょうか。

この 2 つは、ともに**動詞 called を修飾する副詞の働き**をします。したがって、一見接続詞と前置詞で全く性質の異なるもののようにも見えますが、**実際の役割は共通**しているのです。また、**両者ともに原因・理由を表す**ので、この 2 つを並列にしても、何も問題はありません。

㊴の訳は「ローラは、ミックが長い間大学を休んでいたし、彼女にミックが好意を寄せているとクラスメイトたちが言ったので、彼に電話をした」のようになります。

> ## ルール 27
>
> ◆副詞（句・節）の並列では、共通の役割を持っていれば、必ずしも句どうしや節どうしの並列でなくてもよい。

SECTION 16

and が結ぶもの（Juxtapositions）後編

では、「and が結ぶもの」の学習の最後に、**2 種類の接続詞**について触れておきましょう。1 つは、これまでのセクションで句と節の説明をした際に「that や if などの接続詞に導かれる節」について述べました。もう 1 つは、ここで説明している and で、これも同じように接続詞と分類されますが、**性質がずいぶんと違います**。次の例文を見てください。

㊶ John loved Kathy so much but he didn't marry her.
　　　　A　　　　　　　　　　　　　B
ジョンはキャシーをとても愛していたが、彼女と結婚はしなかった。

この文で用いられている接続詞 but は、and と同じ種類の接続詞です。この種の接続詞は上記の例文のように、同じ要素のもの（この場合は節）を両脇に置き、それらをつなぐ働きをします。また、この 2 つの節 A と B には主従関係はなく、**重要度も立場も全く対等な関係**を保っています。このような接続詞を**等位接続詞**と言い、and、but、or、so（だから）、for（なぜなら～だからだ）の 5 つしかありません。

等位接続詞で結ばれている場合、「A しかし B」のように前から順に訳していきます。また、and、but、or は節に限らず、語や句も結べるのに対して、so と for は節を結ぶ働きしかありません。この 2 つの接続詞は、so が「原因 , so 結果」の構造になり、for が「結果 , for 原因」の構造となるため、互いに書き換えが可能です。また、この 2 つは必ず直前にカンマを置くこともその特徴の 1 つです。以下にそれぞれの例文を挙げておきます。

㊷「A（原因）, so B（結果）」
　(A) Beth grew up in Tokyo until 12 years old,
　(B) so she has a good command of Japanese.
ベスは 12 歳まで東京で育った。だから日本語がよくできる。

㊼「A（結果）, for B（原因）」
<u>Beth has a good command of Japanese</u>,
　　　　　　　　　A
for <u>she grew up in Tokyo until 12 years old</u>.
　　　　　　　　　　　　B

ベスは日本語がよくできる。というのも12歳まで東京で育ったからだ。

一方、等位接続詞 but と同様の意味ではありますが、異なる種類の接続詞 though を用いて先ほどの but の㊻を書き換えてみると次のようになります。

㊻-a
<u>John didn't marry Kathy</u> though <u>he loved her so much</u>.
　　　　A　　　　　　　　　　　　　　　B

ジョンはキャシーをとても愛していたが、彼女と結婚はしなかった。

この㊻-a の though は、皆さんが「句と節」のセクションですでに練習した種類の接続詞です。接続詞 though はその後ろに節を取り、though 節で「〜だが」の意味になります。したがって、A but B「A だけれども B」とは逆に、A though B は「B だけれども A」の順になります。

また、この種の接続詞は**節ごと移動させることが可能**です。たとえば、㊻-a は次のように書き換えることができます。

㊻-b
Though he loved her so much, John didn't marry Kathy.

この though のような接続詞を**従位接続詞**と言います。

ルール 28

◆等位接続詞：and, but, or, so, for の 5 つのみ
A but B「A だけれども B」
though 節のように、節をとって but 節のようにはならない。

◆従位接続詞：if, when, though など(「句と節」のセクション参照)
A though B「B だけれども A」。
though 節のような、接続詞＋節のカタマリで移動可能。

別冊の演習問題 9 に挑戦してみよう！

SECTION 17

カンマが示すもの（Punctuations & Insertions）前編

ここからは、おそらく皆さんの多くが苦手とする**カンマの多い文**への対処法を扱っていきます。しかし、実はすでにここまでのセクションでカンマの用法について3つ学習しています。さて、その3つとは何だったでしょう。覚えていますか。

1つは、関係代名詞非制限用法のカンマ（「句と節」）、もう1つは3つ以上の並列関係に置くカンマ（「and が結ぶもの」）、そして最後は等位接続詞 so, for の前に置くカンマ（「and が結ぶもの」）です。もし、もう一度復習の必要を感じていたら、それぞれの該当セクションを参照してください。

ここでは、まず**カンマの用法**（function）に焦点を絞り、カンマの多い英文を読む際に注意すべき**2つのポイント**（Punctuation と Insertion）を提示し、最後に、英文中でよく見かける その他の記号、**コロン**（colon）**とセミコロン**（semicolon）**の用法**について述べたいと思います。

【1】カンマの用法（Punctuation）

例題

以下の例文を和訳しなさい。

(59) Dr. Katz is well-balanced by nature, enthusiastic about research, and very popular among students because of his well-organized lecture.

(60) That is the most promising boy of this college, who got straight A's all through his high school years.

(61) I had a high fever this morning, so I went to the hospital to see the doctor.

㉖ I called Meg to make sure of our appointment time, leaving home with a gift for her.

㉟〜㊳は、すでにこれまでのセクションで扱ったandによる並列関係と関係詞節非制限用法のカンマ、そして等位接続詞の前のカンマです。では、1文ずつ順に見ていきましょう。

解答　解説

訳例
㉟ カッツ博士は生来バランスの取れた性質で、研究熱心でもあり、よく整理された講義をすることから学生にもとても人気が高い。
㊱ あれがこの大学で最も有望な青年で、高校3年間を通してオールAをとった人だ。
㊲ 私は医者に診てもらいに病院に行った。なぜなら、今朝熱が高かったからだ。
㊳ 私は約束の時間を確認するのにメグに電話をして、(それから) 彼女にあげるプレゼントを持って家を出た。

解説

<㉟>
㉟を前から読んでいくと、

Dr. Katz is well-balanced by nature
カッツ博士は生来バランスの取れた性格の人だ

となり、ここでカンマが打たれています。このような場合には、**3つ以上の並列関係の可能性**があるので、andの代わりのカンマかもしれないと思いながら読んでいかなければならないのでしたね。

次のチャンクはenthusiastic about research「研究熱心だ」です。これは、直前のwell-balanced by natureと同様にカッツ博士の性質について述べていますし、またwell-balancedもenthusiasticも両方とも形容詞という同

じ要素です。ですから、well-balanced by nature と enthusiastic about research は並列関係と考えるべきでしょう。

さて、続きを読みましょう。その後ろにあるのは and very popular ... で、ここで and が出てきましたから、この3つ目のチャンクが並列関係の最後だとわかります。

> Dr. Katz is <u>well-balanced by nature</u>, / <u>enthusiastic about research</u>, / and <u>very popular among students because of his well-organized lecture</u>.

全体の訳は、「カッツ博士は生来バランスの取れた性質で、研究熱心でもあり、よく整理された講義をすることから学生にもとても人気が高い」となります。

<⑥⓪>
⑥⓪を前から読んでいくと、

> That is the most promising boy of this college
> あれがこの大学で最も有望な青年だ

となり、次に関係代名詞非制限用法のカンマがあります。関係代名詞 who の先行詞は the most promising boy (of this college)「（この大学で）最も有望な青年」であり、関係詞の前にカンマがあるため、関係詞節はこれに説明を補足する役割を果たすものだとわかります（カンマがない場合との意味的な違いは「句と節」のセクション参照）。

> That is the most promising boy of this college, / <u>who</u> got straight A's all through his high school years.

したがって、文全体の訳は、「あれがこの大学で最も有望な青年で、高校3年間を通してオールAをとった人だ」となります。

<⑥①>
では、次の例文です。⑥①の前半部分は、

> I had a high fever this morning
> 私は今朝熱が高かった

そして、カンマの後ろの後半部分は

> **so** I went to the hospital to see the doctor
> だから私は医者に診てもらいに病院へ行った

となります。等位接続詞については「and が結ぶもの」のセクションの最後の部分で扱いました。5つの等位接続詞（and、but、or、so、for）のうち、**結果を表す so と理由を表す for の前には必ずカンマを打つことになっています**。また、この2つの接続詞 so と for の間では、前後の節を入れ替えて書き換えることが可能ですので、㉛は次のように書き換えることができます。いずれの文でも等位接続詞の前にカンマを打つことには変わりありません。

㉛-a
> I went to the hospital to see the doctor, for I had a high fever this morning.
> 私は医者に診てもらいに病院に行った。なぜなら、今朝熱が高かったからだ。

・・・・・

さてここで、次の例文に移る前に、これまでの例を振り返り、その共通点を探ってみましょう。

いずれの文も、**カンマは大きなチャンクの句切れ目**であり、カンマを挟んで後ろから前へ意味がさかのぼる、つまり後ろから前へともどっていくことはありません。書き手の思考の流れは、前から後ろへとカンマごとに大きなチャンクで進んでいきます（「チャンク・リーディング」のセクション参照）。

会話において、2～3分も一定の調子で休みなく話し続けることはできません。当然息継ぎが必要ですし、それほどの長い間、思考のプロセス自体も続きません。ですから、会話の中では「昨日あの人に会ったんだけどね、で、例の件話していたわけ、そしたら…」のようにポーズ（間）を置いたり、「で」「それで」「そしたら」のように内容のチャンクを区切るための言葉を挟んだりします。

文章を書く場合にも同じように、読み手にチャンクごとに理解してもらうため、「思考の息継ぎ」をとってもらわなければなりません。でなければ、長すぎるチャンクを処理できず、読み手は途方に暮れてしまうでしょう。その役割を果たすのが、カンマです。ですから、まず初めのカンマまで一息に、次のチャンクはその次のカンマまで一息に読んでいき、カンマをまたいで後ろから前にさかのぼっていくような読み方は避けましょう。

ルール 29

◆カンマは読みにおける息継ぎ。カンマごとに前から読んでいく。カンマをまたいで後ろから前にさかのぼるような読みは、通常しない。

このような**ライティングにおける息継ぎ**の役割が、カンマの1つ目の大きな機能（function）、**Punctuation（句読、区切り）**です。この Punctuation（句読、区切り）の中には、

読みにおける**息継ぎや間（Pause）**だけでなく、**チャンクを読み手に明確に示す働き（Clarification）**や、**出来事や行動を時系列に整理して並べる働き（Sequence）**

もあります。次の例文を見てください。

⑥ If the weather were clear, this picnic couldn't be better.
　　天気が晴れなら、このピクニックは申し分ないのだけど。

⑥ Chris married Julia and moved their new home, before he left for Tokyo on business for a month.
　　クリスはジュリアと結婚し新居に移ってから、東京に1カ月の出張に出た。

⑥では、**if 節の切れ目を明確に示す（Clarification）**ために、その終わりの部

分にカンマを打っています。この文の主節と従属節が次の㊿-a のように逆の順序になっていたら、カンマを打つ必要はありません。なぜなら接続詞 if 自体が節の切れ目部分に存在し、すでに節が明確になっているからです。

㊿-a
This picnic couldn't be better if the weather were clear.

では、㊽はどうでしょうか。㊽は、カンマがなくても節の切れ目は明確です。では、書き手はなぜここにカンマを打ったのでしょう。これが**出来事や行動の時系列 (the Sequence of Events and Actions)** です。次の例文と比較してみてください。

㊽-a
Chris married Julia and moved their new home before he left for Tokyo on business for a month.
クリスは1カ月の東京出張に出る前に、ジュリアと結婚し新居に引っ越した。

おそらくこの㊽-a の方が、皆さんは慣れているでしょう。このようにカンマを打たずに書いたとしても、全く問題はありません。それなのに、なぜ書き手は先ほどの㊽ではカンマを打ったのでしょうか。

おそらく、クリスがジュリアと結婚したことと彼らが新居に引っ越したことは書き手にとって一まとめにできる内容ですが、その出来事と、クリスが東京に出張に出かけたこととは切り離しておきたかったのでしょう。そして、ルール29を思い出してください。書き手と同じ息遣いで読んでいくためには、やはりカンマをまたいで後ろから前にさかのぼって訳すのではなく、カンマで一度切った方がいいでしょう。そうすると、カンマのない㊽-a と訳し分けることができます。

このような場合、**A before B「Bの前にA」**は、**A, before B「A、それからB」**の訳に変わります。出来事の起こる順番としては「Aが最初で次にB」となりますから、このように訳しても時系列は変わらないのです。

ルール30

◆ A before B「Bの前にA」→ A, before B「Aして、それからB」
◆ A after B「Bの後でA」 → A, after B「Aして、その前にB」
◆ A when B「Bしたとき、A」→ A, when B「Aした。そのときBした」

<㊂>
最初に皆さんに和訳を書いてもらった㊂にもどりましょう。

㊂ I called Meg to make sure of our appointment time, leaving home with a gift for her.

この文は後半に**分詞構文**があります。**分詞構文とは、簡単に言えば、接続詞を省略し、その代わりに従属節の動詞を分詞に変えたもの**（接続詞がなければ、節と節をそのままつなげることはできないため：「句と節」のセクション参照）ですが、どんな接続詞でも分詞構文にできるわけではありません。分詞構文が用いられるのは、主要な接続詞です。以下を参照してください。

〈分詞構文の意味〉
1. 時　　「～とき」「～したら」　　　when, while, as など
2. 理由　「～なので」　　　　　　　　since, as, because など
3. 条件　「～なら」「～すれば」　　　if など
4. 譲歩　「～だが」　　　　　　　　　though, although
5. 付帯　「～して」「～しながら」　　and, with + O + C（付帯状況のwith*）

*with O + C「OをCの状態にして、OがCの状態で」この場合もSVOCの時と同じように、O-C関係がO is CまたはS-V関係になる。（例）with one's arms folded「腕を組んで」

これらの5つの用法のうち、**付帯の用法では、分詞構文が文の最後に置かれる**ことがよくあります。⑫も、この付帯の用法です。ルール29でも述べた通り、このようなカンマのある分詞構文の場合にも、カンマの部分で切って前から順に訳すのがいいでしょう。

まず、前半部分は

> I called Meg to make sure of our appointment time
> 私は約束の時間を確認するためにメグに電話をした

そして、後半がカンマ＋分詞構文

> ..., leaving home with a gift for her.

ですから、用法は付帯用法でそれぞれの行動に順序（Sequence）があり、同時に行われたのではないと考えるのがいいでしょう。行動の順番を確認すると、やはり前半→後半の順なので、付帯の「〜して」の訳で訳します。全体の訳は「私は約束の時間を確認するのにメグに電話をして、（それから）彼女にあげるプレゼントを持って家を出た」となります。以下の例文と比較してみてください。

> ⑫-a
> I left home with a gift for Meg humming a song.

この分詞構文の前にはカンマがありません。このような場合、**2つの行動（leftとhumming）に順序（Sequence）がなく同時に行われているのが通常**です。

つまり、前のチャンクと一続きということです。直前に述べられた行動と時系列で区別する必要はありませんから、同じ付帯の用法でも「〜しながら」の訳になります。

ただし、主節のVと同時に行なわれている行為で「〜しながら」と訳した方がいい場合でも、カンマで区切られていることもあります。ただ単に読んで内容を把握するだけなら、前から読み進めていけばよいですが、和訳の際には前から訳してみて、正式な書き言葉の日本語としておかしいと感じた場合には、分詞構文

を先に訳す方法で書きましょう。

このように、分詞構文の場合においても、**カンマの有無が時系列または同時性を示すことにつながります。**

また、カンマがなく同時に起こった行動を示す場合の分詞構文には、混乱や不明瞭を避けるために接続詞 while を挿入し、

> I left home with a gift for Meg **while** humming a song.

とする方が多いようです。書き手が、読み手に理解しやすい明瞭な文章を書く責任を担っている（writer responsibility；「チャンク・リーディング」のセクション参照）英語文化では、良文であればあるほど、㉒-a のようなやや不明瞭な分詞構文の文は避け、より明確にするために接続詞を挟むことが多いわけです。㉒-a の全体の訳は「私は鼻歌を口ずさみながらメグにあげるプレゼントを持って家を出た」となります。

ルール 31

◆文の後半の「カンマ ＋ 分詞構文」は、and（then）のように「〜して…」と訳すことが多い。

SECTION 18

カンマが示すもの（Punctuations & Insertions）　後編

さて、ここまでのところ、カンマが Punctuation（Pause, Sequence, and Clarification）の機能で用いられていることについて触れてきました。会話であれば、息継ぎや思考の切れ目や間（ま）に近いものです。

【2】カンマの用法（Insertion）

ここから先、後半で扱うカンマの用法は、よりライティング特有の用法です。おそらく皆さんの多くを混乱させる用法は、これまでの Punctuation の用法よりむしろこちらの Insertion（挿入）の用法でしょう。しかし、いったん慣れてしまえば、全く難しいことはありませんので、以下のルールを覚えてしまいましょう。

> **ルール32**
>
> ◆カンマとカンマで挟まれている部分は、その文の挿入部分である。
> ◆その場合、その挿入部分の前後がつながることを確認する。

SECTION 18.

STEP 5 andとカンマの用法

例題

次の例文を挿入部分に注意しながら、和訳しなさい。

㋞ Elisabeth Wilson, one of my friends in my college days, is now working for a research laboratory in Germany.

㋟ My friend in Germany has just changed her job and, I think, is now working for a research laboratory.

㋠ The research laboratory Beth is working for, she says, is one of the leading labs in Germany.

㋡ Most workers in that factory, though not paid so much, are satisfied with their working condition.

それでは、例文㋞から順に見ていきましょう。

解答 解説

訳例

㋞ 私の大学時代の友人の1人であるエリザベス・ウィルソンは、現在ドイツにある研究所に勤務している。
㋟ ドイツにいる友人は先ごろ転職したばかりで、（確か）現在研究所に勤務している（と思う）。
㋠ 彼女が勤めている研究所は、彼女が言うには、ドイツでも有数の優れた研究所の1つだそうだ。
㋡ あの工場の労働者のほとんどが、あまり給料はよくないのだが、労働条件には満足している。

解説

<㋞>
㋞では、文頭に名詞 Elisabeth Wilson があり、すぐその後ろにカンマがあります。文を前から読んで、最初に出てきた前置詞なしの名詞は主語でしたね（「S+Vのマッチング」のセクション参照）。したがって、この Elisabeth Wilson「エ

リザベス・ウィルソン」はこの文全体の主語ということになります。**主語のすぐ後ろには動詞が来てほしいものですが、この場合カンマでいったん区切られています。このようなときは挿入があると予想してください。挿入句（節）が最も差し込まれやすい位置は、主語と動詞の間です。**

では、続けましょう。主語の後ろの部分は、

> one of my friends in my college days
> 私の大学時代の友人の１人

であり、この部分はカンマとカンマで挟まれ、さらにその後ろには is now working と動詞が確認できます。この２つのカンマで挟まれている部分は、**挿入句**ということになります。特に、この挿入句は直前の Elisabeth Wilson のことを説明していると考えられますから、直前の名詞の**同格挿入**と言えます。全体の訳は「私の大学時代の友人の１人であるエリザベス・ウィルソンは、現在ドイツにある研究所に勤務している」となります。

<㊻>
次の㊻も、一目で I think がカンマで挟まれ挿入されているのがわかりますね。では、前から読んでみましょう。前半部分は

> My friend in Germany has just changed her job
> ドイツにいる友人はちょうど転職したところだ

で、次に並列を導く等位接続詞 and があります。等位接続詞 and を見つけたら、直後を見るのでしたね（ルール 24 参照）。この文では、and の直後は I ですが、ここで注意が必要です。カンマがあるということは、書き手の意識の中ではいったんそこで切れています。つまり、**and の後ろにカンマがあったら、そこには挿入があり、文構造そのものを考えるときには挿入を外して考えなければならない**ということです。この場合には、挿入句 I think をいったん削除し、

> and is now working ...

のように考えます。挿入というのは、元の文である完全文のどこかに、修飾もしくは補足的な説明を加えるべくあとから付加され差し込まれたものです。**挿入が**

なくとも、文の構造自体はきちんと成立します。ですから、もし長くて複雑な文に出会い、その文の中に挿入句が判別できたら、**文の構造を正確に把握するために挿入部分を外して考えるのは1つの有効な方法**です。

・・・・・

では、㊅㊅にもどりましょう。並列のタテ構造を示すと以下のようになります。

㊅㊅-a
My friend in Germany $\begin{cases} \text{\underline{\textbf{has} just changed her job}} \\ \text{A} \\ \text{\underline{\textbf{is} now working for a research laboratory.}} \\ \text{B} \end{cases}$

ドイツにいる私の友人は先ごろ転職したばかりで、現在研究所に勤務している。

この㊅㊅-aでは、前半の「転職した」ことに関しては確実な情報ですが、後半の「研究所に勤務している」ことについては書き手にとってあやふやな情報なのでしょう。ですからその部分の直前にI think「確か…」のような挿入節が入れられています。

また、挿入の位置にも注意しましょう。この文でもやはり後半部分の動詞の前に挿入が差し込まれていますが、**挿入句・節は基本的に直前部分または直後の部分に補足説明を加える**ものですから、特に「勤務先」である「研究所」に関して情報が曖昧であることを示したいときには、次のように挿入を挟むことも可能です。

㊅㊅-b
My friend in Germany has just changed her job and is now working for, I think, a research laboratory.

㊅㊅-c
My friend in Germany has just changed her job and is now working for a research laboratory, I think.

ドイツにいる友人は先ごろ転職したばかりで、現在（確か）研究所に勤務している（と思う）。

<⑥⑦>
この例文も基本的には直前の⑥⑥とあまり変わりありません。初めの部分の the research laboratory がこの文全体の主語で、この後ろにある S + V は関係代名詞の省略で主語を修飾しています（「名詞の後に続くもの」のセクション参照）。したがって、主語部分は

> The research laboratory Beth is working for
> ベスが勤務している研究所は

であり、その後カンマでいったん区切られ、挿入部分 she says が差し込まれています。挿入部分の前後がつながることを確認しましょう。この she says のような挿入の場合には、次のような文を想定しながら和訳して構いません。

⑥⑦-a
> <u>She says</u> the research laboratory she is working for is one of the leading labs in Germany.
> ・彼女が勤めている研究所は、ドイツでも有数の優れた研究所の1つだと彼女は言う。
> ・彼女が勤めている研究所は、彼女が言うには、ドイツでも有数の優れた研究所の1つだそうだ。

また、⑥⑦の場合の挿入は代名詞を用いた she says ですが、もし**代名詞でない場合**には、次の⑥⑦-b のように**倒置（V' + S'）になる可能性**があることも覚えておきましょう（もちろん S' + V' の順もあります）。⑥⑦のように**代名詞を用いている場合には、倒置されることはありません**。

⑥⑦-b
> The research laboratory Beth is working for, <u>says her husband Adams</u>, is one of the leading labs in Germany.
> ベスが勤めている研究所は、彼女の夫アダムスが言うには、ドイツでも有数の優れた研究所の1つだそうだ。

<⑥⑧>
次の⑥⑧に進みましょう。

⑱ Most workers in that factory, though not paid so much, are satisfied with their working condition.

この例文でも最初の部分

Most workers in that factory
あの工場の労働者のほとんど

が主語で、その後ろに挿入が差し込まれています。これまでと同様に、挿入部分を取り除いた場合を想定し、その前後がきちんとつながることを確認しましょう。この場合の挿入部分は though で始まっていますから、though 節になるはずです。しかし、一見して though 節内の主語（S'）と動詞（V'）が確認できません。

though not paid so much

このような副詞節が、主節の主語（S）と動詞（V）の間に挿入されることは頻繁にあるのですが、そのような場合、挿入された副詞節の主語（S'）が主節の主語（S）と同じことが多くあります。**挿入節の主語（S'）が主節の主語（S）と同じで、さらに挿入節の動詞（V'）が be 動詞の場合、挿入節の主語（S'）＋動詞（V'）をまとめて省略**することが可能です。

したがって、省略された部分をもどすと、以下のようになります。

⑱-a
Most workers in that factory, though (they are) not paid so much, are satisfied with their working condition.
あの工場の労働者のほとんどが、あまり給料はよくないのだが、労働条件には満足している。

・・・・・・・・・・・・・・・・・・・・・・・・・・・・・・・・・・

【3】コロンとセミコロンの用法

では、最後にその他の句読点、**コロン(:)とセミコロン(;)** について説明しましょう。

コロンは、直前に述べたことをさらに詳述したり、直前の名詞の例を並べたりする

ときに用います。一方、**セミコロン**は基本的には**接続詞**の代わりです。したがって、セミコロンの前後の節の関係は文脈によって因果関係にも逆接にもなりうるわけですが、一般的には「すなわち」「つまり」などの換言が多いようです。

それでは、コロン・セミコロンの使い方に注意しながら、実際に例文を見てみましょう。

㊉　Lisa was really eager to win the audition and to get the part in that new movie; she was sure that would be her final chance to get a ticket to Hollywood.
リサは本当にそのオーディションで優勝してその新作映画の役が欲しくてたまらなかった。なぜなら、これがハリウッド行きの切符を手にする（ハリウッドで活躍できる）彼女にとっての最後のチャンスだと確信していたからだ。

㊊　Later Professor Wang received the reason one of his students, Paul, didn't show up in the class: he had a car accident and was taken into the emergency room early on that morning.
後になって、ワン教授は彼の学生の一人であるポールが授業に出席しなかった理由を受け取った。ポールはその朝早くに交通事故に遭い、救急病棟に運ばれたのだった。

㊋　The severe recession that affected the US in the mid 2000s finally did great damage to the 3 major auto companies in the country called the Big Three: General Motors (GM), Ford, and Chrysler.
2000年代半ばにアメリカ合衆国を襲った大不況は、ついにはアメリカで『ビッグスリー』と呼ばれる三大自動車産業、ゼネラル・モーターズ（GM）、フォード、クライスラーにも大きな打撃を与えた。

㊉はセミコロンの例で、その他の2つの例文はコロンを用いた例です。

<㊉>
㊉では、セミコロンの前後で後半の節が前半の節の理由になっています。したがって次の㊉-a のように書いても構わないのですが、接続詞を用いて直接的に示すことを避け、文脈により深みを持たせる場合には、セミコロンを用います。

⑥⑨-a
Lisa was really eager to win the audition and to get the part in that new movie, for she was sure that would be her final chance to get a ticket to Hollywood.

<⑦⓪>
⑦⓪は、前半の節内にある the reason の内容を、後半のコロンの後ろの節で**詳述**しています。したがって、ここではコロンを用いています。

<⑦①>
また、⑦①の例では、「ビッグスリー」と呼ばれるアメリカの三大自動車会社を具体的に**列挙**するため、コロンを用いています。

この⑦①にあるような、**列挙するためのコロンの場合、その列挙された一つ一つの具体的陳述が長いときは、それらの区切りをより明確にするために、カンマではなくセミコロンを用いる**こともあります。次の例文を参照してください。

⑦② Basically there is no auditing this course and all the students who are officially enrolled are supposed to do the following three assignments: (1) a short paper which will be assigned every Thursday and due by Monday of the next week; (2) a take-home exam for midterm which will be due by October 30; (3) and a final paper which will be due by December 11, Friday of the final week.

基本的にこの講座の聴講は認めておらず、正式にクラスに登録されている学生は全員、以下の３つの課題をこなさなければなりません。(1) 短めの論文で、これは毎週木曜日に課題が出されその次の週の月曜日が締め切りとなる、(2) 中間試験となる自宅受験用試験で、この締め切りは10月30日である、(3) 最終課題論文で締め切りは最終週の金曜日12月11日である。

このように一つ一つの列挙事項が長い場合、カンマを用いてしまうと区切りが不明瞭になるため意図的にセミコロンを用いることが通常です。また、このようにセミコロンで区切った場合でも、**最後の列挙項目には and を用いる**ことに注意しましょう。

これで、ピリオド（.）を含めれば文中での句読点が４種類全て揃ったわけです

が、これら4種類の句読点の文中内での文の切れ方の強度には順序があります。カンマが一番弱く、次にセミコロン、その次にコロン、そしてピリオドの順です。

[,] ＜ [;] ＜ [:] ＜ [.]

最後に、以下を参照してください。

ルール33

- ◆ **カンマ（,）**：文中の息継ぎ。
  句読点中で最も弱く、カンマだけで節と節をつなぐ働きはしない。節と節をつなぐ場合は必ず接続詞が必要。
- ◆ **セミコロン（;）**：カンマより強く、コロン、ピリオドより弱い。
  接続詞の役割も担うため、セミコロンを用いた場合、接続詞は不要。前後の節の関係は文脈による。また、コロンの後ろに列挙された要素の区切りとして用いることもある。
- ◆ **コロン（:）**：カンマ、セミコロンより強く、ピリオドより弱い。
  したがって、ピリオドのように文を終える働きはしないが、コロンの後ろの節を大文字で始める人もいる。直前の内容をさらに詳しく述べたり、例を列挙したりするときに用いる。
- ◆ **ピリオド（.）**：句読点中で最も強い。
  文を終える働きをする。ピリオドの後ろは、新たなる文の始まりなので、大文字で始める。

別冊の演習問題10に挑戦してみよう！

・・・・メモ・・・・

STEP 6

SECTION 19　指示語が示すもの（Coherence）前編

SECTION 20　指示語が示すもの（Coherence）後編

◆演習問題 11
コラム 3　　　音読は大切か？

指示語が示すもの

さて、いよいよ第1部「リーディング・グラマー」の最後のSTEPです。後半の第2部では、英文を読む上でのグラマーというより、むしろコンテクスト（context；文脈・前後関係）に焦点を当てていきますが、ここでの学習は、ちょうどグラマーとコンテクストの橋渡し（bridging）にあたる内容と言えましょう。したがって、これまでとは異なり、このセクションでは、該当する一文のみではなくその文の前後の情報も重要になってきます。

SECTION 19

指示語が示すもの（Coherence）前編

皆さんの母語である日本語の文章を読んでいるときには、「それ」「その」などの指示語が文章内に出てきても、特に何の努力も必要なく、その指示語が何を指しているのか無意識に把握していることが多いと思います。たとえば、前ページの最後の文に「これまで」「この」「その文の」と3つの指示語が含まれていましたが、皆さんは特に考えることもなく、それらの指示語が何を指しているか把握して、この段落を今読んでいることでしょう。しかし、英語の場合には日本語のように簡単にはいかないかもしれません。

指示語が指しているものを把握できない理由

その理由としてはまず、英語の場合、そもそも段階の把握（文構造の把握、未知語の推測など）に時間と労力がかかりすぎて、**指示語の把握にまで手が回らない**ということが挙げられます。

もう1つの理由は、正確に読めていないため、または早とちりをしてしまったため、文章から得た情報よりも読み手自身が持つ過去の経験などをもとにその文章を読んでしまっているということです。つまり、**読み手自身が勝手に内容をつくってしまっている（making up a story）**という場合です。このような場合では、指示語の確認をきちんとしておらず、それさえしていれば内容は違う方向に向かっただろうと思われるケースも多々あります。

1つ目の理由に関与しているのは**ボトムアップ処理（bottom-up processing）**で、紙に書かれた文字列を解読し、さらにその文字列が構成する文の構造など文章そのものを分析し、そこから情報を脳内に取り入れる作業のことです。

一方、2つ目の理由の方は、読み手自身があらかじめ持っている知識や経験などを用いながら、文章を理解していく作業である**トップダウン処理（top-down processing）**に関係しています。

「読む」という作業には、このボトムアップ処理とトップダウン処理のバランスが非常に重要です。そして、**指示語が何を指すかを確認することで得られる文章**

全体の一貫性（coherence）は、この2つの処理のバランスに必要不可欠なものです。

皆さんは、「最後まで読んで、あとで解答や全訳を見てみたら、思っていた内容と違っていた」というような経験はありませんか。実は、こうした問題は、何か1つボタンをかけ違ってしまった、というようなちょっとしたことから起こってしまうものなのです。そのボタンは、時に「**語彙**」であることもあります。意味を間違って覚えてしまった単語を、間違ったまま読んでしまったというような。

しかし、多くの場合、そのボタンは「**指示語**」であるようです。少しでもいったん止まって、その指示語が何を指しているのか前の文章から探して、見つけることができていれば、勝手に文章の内容そのものを作りかえることはなかっただろうという場合は、思いの外、多いのです。このセクションで扱うルールは至って単純です。

ルール34

◆指示語・代名詞（he, she, it, they, this, that, these, those, etc.）を見つけたら、それが何を指しているか文中から英語で抜き出せるようにすること。

◆慣れればわざわざ意識しなくてもわかるようになるが、慣れるまではそれを意識的に行うこと。

中には、文中から抜き出せないものもあります。たとえば、it には何かを指し示していない場合もありますし、また物語・小説の場合には、その場面の状況から読者が推測できるため、あえて it が指すものを登場人物の会話の中に示していない場合や、読み手を引きつけるために、意図的にセリフの中に何を指しているのか不明な it を登場させたりすることもあります。

しかし、**規範があるからこそ例外があります**。通常があるからこそ、それにそぐわない異常があるわけです。英文中にある指示対象をきちんと自信を持って抜き出せるようになれば、英文中に指示対象がない it にも自信を持って気づくことが

できるようになります。

それでは、簡単なチェックをしてみましょう。これまでの練習とは異なり、全訳はせず流れを切らないように前から英文をどんどん読み進め、下線部のみ解答してください。もし、練習のために全訳をしたい場合には、この練習が終わった後で訳を書いてください。

例題

次の英文を前から読み、下線部（1）〜（13）の指示語が指しているものを文中から英語で抜き出しなさい。

㉓ Teachers should not always teach everything to (1) their students in class. (2) They are supposed to know as much as possible about the topic (3) they are going to deal with in class, but it doesn't follow that (4) they are supposed to teach everything (5) they know to the class. Some teachers tend to teach everything (6) they prepared, which may cause the students to be confused with too many things to learn or too high a level of knowledge. So, a good teacher needs to know how much (7) his/her students can absorb in a single lesson, what (8) they need to learn and what (9) they don't need to learn at this point, what the best way to teach the points of the lesson, and in what order or how (10) s/he should show (11) them to the class most effectively. (12) In this way, a teacher is supposed to organize each of the lessons in accordance with (13) his/her students. Therefore, what is required for teachers is flexibility and organization.

では、以下の解答と全訳を見て、皆さんの答えを確認してみましょう。

解答　解説

解答

(1) teachers　　(2) teachers　　(3) teachers
(4) teachers　　(5) teachers　　(6) teachers
(7) a good teacher　(8) his/her students　(9) his/her students
(10) a good teacher　(11) the points of the lesson
(12) to know how much ~ to the class most effectively
(13) a teacher

訳例

⑦ 教師は、授業中、必ずしも学生に全てを教えるべきだとは限らない。教師は授業で扱う予定のトピックについてできる限り多くのことを知っていなければならない。しかし、それは彼らが知っていること全てをクラスに教えなければいけないということにはならない。中には自分が準備してきた全てを教える傾向のある教師もいるが、それは学ばなければならないことをたくさん与えすぎているか、あまりにも高いレベルの知識を与えてしまっているかで、学生の混乱を招くかもしれない。それゆえよい教師は、自分の学生が1つの授業でどれほど多くを吸収できるか、この時点で学生が何を学ぶ必要があり何を学ぶ必要がないか、その授業のポイントを教える最良の方法は何か、そしてどのような順序あるいはどのようにしてそれらのポイントをクラスに最も効率よく示すべきかを知っている必要があるのだ。このようにして、教師は自分の学生に応じて一つ一つの授業を組み立てていかなければならない。それゆえに教師にとって必要なものは、柔軟性と構成力なのだ。

指示語が何を指しているか正しく見つけることができたでしょうか。次のセクションは応用・発展編ですのでここまでのルールをしっかりと確認しておいてくださいね。

SECTION 20

指示語が示すもの（Coherence）後編

少し応用的な練習をしてみましょう。

例題

下線部分が指しているものを英語で書きなさい。それぞれの文を和訳しなさい。

⑭ The worst case is the <u>one</u> where you cannot get back your money even though you have given it back to them.

⑮ The situation of economic decline which attacked the US a couple of years ago was not so severe as <u>that</u> of the Great Depression in 1929, which is why <u>this economic condition</u> is generally called "recession" in mass media.

⑯ On the stage, the students standing on the left side are supposed to give bouquets to each of <u>those</u> on the right side and to sing a welcome song to them; <u>the latter</u> is the long tradition of this school which is fifty years old.

⑰ Michelle accepted his marriage proposal, <u>which</u> gave her an incredibly rich and happy life that she couldn't have <u>otherwise</u> obtained.

解答　解説

解答

⑭ one = case
⑮ that = the situation ／ this economic condition = the situation of economic decline which attacked the US a couple of years ago
⑯ those = the students ／ the latter = to sing a welcome song to them
⑰ which = Michelle accepted his marriage proposal ／ otherwise = if she (Michelle) had not accepted his marriage proposal

訳例

⑭ 最悪のケースは、君がそれを彼らに返したにもかかわらず、お金がもどってこないというケースだ。
⑮ 2～3年前に米国を襲った経済不況の状況は、1929年の大恐慌の状況ほど深刻ではなかった。それゆえ、この経済状況はマスメディアでは一般的に recession の語で呼ばれている。
⑯ ステージ上で左側に立っている学生たちは、右側に立っている学生たちの一人一人に花束を贈呈し、彼らに歓迎の歌を歌うことになっている。後者は、50年続くこの学校の長い伝統である。
⑰ ミッシェルは彼のプロポーズを受け入れた。そして、それは彼女に、そうでなければ手に入れることのできなかった信じられないほどの豊かで幸福な生活をもたらした。

解説

＜⑭＞
⑭の下線部 one は代名詞です。代名詞の one は、つぎの2つがあります。

（1）「（一般的な）人」を意味する場合
（2）前出の名詞を受けている場合

今回の場合は、後者の用法です。長文読解の文章中にこのような文があった場合、代名詞が何を意味しているかわかりにくいこともありますが、実はこれは最も簡単なパターンの一つです。

主節の、the worst case is the one の部分は S is C のパターン、つまり「S は C である（S＝C）」の関係になります。

the worst case is the one ...
　　　　S　　　　　C

ですから、**補語（C）の位置にあるこのような代名詞は必然的に主語（S）を受けることになるわけです。しかし、ただ機械的に主語部分を全て抜き出してはいけません**。この部分の訳を考えてみると、「最悪のケースは、where 〜のようなケースだ」の意味になりますから、この場合 one = case ということになります。全体の訳は、「最悪のケースは、君がそれを彼らに返したにもかかわらず、お金がもどってこないというケースだ」です。

ルール 35

◆代名詞が補語の場合、S is C は S ＝ C なので、主語の名詞を受ける。
◆主語部分のどこまでを受けているかは、意味を考えて決める。

では、one についてもう少し解説を加えましょう。基本的に、代名詞 one は不定代名詞ですから、不特定の名詞を受けるときに用います。一方、特定の名詞を受ける場合には that が用いられます。また、代名詞 one は、数えられる名詞しか受けません。

ルール 36

◆ a/an ＋ 単数名詞 → one
◆（a/an/the など）＋ 形容詞 ＋ 名詞 →（a/an/the など）＋ 形容詞 ＋ one(s)
◆不特定の複数名詞 → ones
◆ the ＋ 単数名詞 → that
◆ the ＋ 複数名詞 → those

同様の例文⑱〜⑳を見ていきましょう。

⑱ They had a lot of pretty dresses in the shop, but I particularly loved that white <u>one</u>.
店にはきれいなドレスがたくさんあったが、私は特にその白いドレスが気に入った。

⑲ "I like your purse. Where did you get <u>it</u>? I want to buy <u>one</u>, too."
あなたのバッグ、素敵ね。どこで買ったの？私もそれ、買いたいわ。

⑳ This wine is much cheaper than that <u>wine</u> but much better in flavor than that <u>wine</u>.
このワインはあのワインよりずっと安いけれども、あのワインよりはるかに味がいい。

⑱では「その白いドレス」が that white dress ではなく that white one になっています。すでに「ドレス」を表す名詞は前にありますから（a lot of pretty dresses）、ここで dress を再度登場させる必要はありません。このように、**前出の名詞を受け、それ自身の前に何らかの修飾語など（この場合 that white）を伴う場合、名詞は不定代名詞 one で受けます。**

⑲では、it と one の用法を比較してみてください。人称代名詞 it の方は、「あなたのバッグ（your purse）」そのものを指します。このような場合、つまり**前出の名詞そのものを指す場合には、one や that ではなく it を用います。**しかし、次の文で「私もそれが買いたい」と言っています。この場合の「それ」は「あなたのバッグ」そのものではなく、同じブランドの同じタイプのバッグでまだ店頭に置かれて販売されているものを示します。したがって、この場合 it で受けることはできません。**同じタイプのバッグならどれでもいいので、不定代名詞 one で受けます。**この場合の one は a purse の代わりに用いられているものです。

最後の⑳には、代名詞 one は用いられていません。なぜなら、この文で何度も用いられている名詞 wine は、不可算名詞だからです。**不定代名詞 one は、もともと数詞の 1 であり、代名詞となっても可算名詞しか受けることができません。**この例文の wine のような不可算名詞の場合には、代名詞 one で受けずに、同じ名詞を再度用います。

<⑦⑤>

では、⑦⑤にもどりましょう。⑦⑤内の下線部 that は the situation を受けています。ルール 36 にもある通り、「the ＋ 前出の名詞」は that で受けます。

もう一方の下線部 this economic condition「この経済状況」も、指示形容詞 this を含んでいるため、前出の何かを指し示していると考えられます。この文では、ここ最近の経済状況を表していますから、この文全体の主語である the situation of economic decline which attacked the US a couple of years ago を受けていることになります。

全体の訳は、「2～3年前に米国を襲った経済不況の状況は、1929 年の大恐慌の状況ほど深刻ではなかった。それゆえ、この経済状況はマスメディアでは一般的に recession の語で呼ばれている」です。

<⑦⑥>

それでは、⑦⑥に移りましょう。この例文の最初の下線部 those は、前出の the students を受けています。直後の on the right side をヒントにすると、前の部分の the students standing on the left side と対応しているので、この部分も正確に書くと the students standing on the right side となるとわかるわけです。

したがって、この例文の前半セミコロンまでの訳は、「ステージ上で左側に立っている学生たちは、右側に立っている学生たちの一人一人に花束を贈呈し、彼らに歓迎の歌を歌うことになっている」となります。

ところで、代名詞 those は後置修飾を伴う場合によく見られます。次の例文を見てください。

㉛ All of those who are present in this party have a chance to get a $100 rebate.
このパーティーの出席者全員に 100 ドルのリベート（キャッシュバック）を受け取るチャンスがあります。

㉜ Those in favor of the radicals were severely attacked in this morning's editorial.
急進派に味方する人々が、今朝の社説でひどく攻撃されていた。

⑧③ He's always collecting those which seem just like junk to me.
彼はいつも私にとってはガラクタにしか見えないようなものを集めている。

⑧①は、最も多く見られる those who V 〜「〜する人々」の形で、これは特に前出の名詞を受けている場合でなくとも用いられます。複数形代名詞 those を用いているところから当然複数のものを表し、関係代名詞 who を用いているところから必然的に人を表すことがわかるため、(the) people who V 〜の意味だとわかるわけです。また、一般的に**「関係代名詞 + be 動詞」は省略される**ことが多いため、この文は次の⑧① -a のように言うこともできます。

⑧① -a
All of those present in this party have a chance to get a $100 rebate.

したがって、those の後ろに形容詞や分詞などが見られた場合、特にその those が前出の名詞を受ける代名詞でなければ、一般的な「人々」の意味で用いられており、その後は直前の those を後置修飾していると考える必要があるのです。

⑧②も同様に考えます。この場合、those「人々」の後ろにあるのは in favor of で形容詞でも分詞でもありませんが、be in favor of 〜のように be 動詞を前に伴って「〜に味方している、賛成している」の意味で用いますから、もとにもどせば

Those <u>who are</u> in favor of the radicals

となり、⑧①と同様に考えることができるわけです。

また、このような後置修飾の先行詞となる those は、(the) people「人々」の意味だけでなく、(the) things「もの」の意味で用いられることもあります。⑧③はその例で、先行詞は those なので複数名詞、関係代名詞は which なので人ではない「もの」を表すことがわかりますから、(the) things which V 〜のように考えます。

ルール 37

◆ those + 形容詞 / 分詞 / 前置詞 + 名詞
　= those who[which] are 形容詞 / 分詞 / 前置詞 + 名詞
◆ 「those + 後置修飾」の those は、前の名詞を受けていなければ (the) people who V (〜の「人々」) または (the) things which V (〜の「もの」) と考える。

では、those の説明に時間を取ってしまいましたが、㊎ にもどって2つ目の下線部 the latter に移りましょう。

> ... the latter is the long tradition of this school which is fifty years old.

これは「後者」の意味で the former「前者」と対の関係で用いられるため、見落としがちではありますが、指示語の一つです。これらの指示語を文章中で見つけたら、まず**直前に対比関係または並立関係などのペアの語（句）を探さなければなりません**。この㊎では、直前に and を用いて並べられた2つの行動

> to give bouquets to each of those on the right side
> to sing a welcome song to them

があることがわかります。これが、この文中で最も近くにある対（ペア）の要素です。もう一つのペア表現 the students standing on the left side と those on the right side だと思いましたか。それは先ほどのペアよりも遠いところにありますね。

> On the stage, the students standing on the left side are supposed <u>to give bouquets to each of those on the right side</u> and <u>to sing a welcome song to them</u>; the latter is the long tradition of this school which is fifty years old.

基本的に、**省略も代名詞の置き換えも、そのようにしてもともとの表現をあえて言わずとも相手に理解してもらえる確信があるから用いる**ことができます。つまり、直前に言われた（あるいは書かれた）ものだから、省略したり指示語に換えたりすることができるのです。さらに、もしこの場合のペアを the students standing on the left side と those on the right side と考えると、補語である the long tradition と対応しません。

したがって、やはりここでは先ほど述べた2つの行動が、該当するペア表現と考えるべきでしょう。さて、この文ではこれらのうちの the latter「後者」と言っていますから、指示語 the latter が指すものは、to sing a welcome song to them「彼らに歓迎の歌を歌うこと」となるわけです。

以上を踏まえると、⑯の後半部分の訳は、「後者は、50年続くこの学校の長い伝統である」となります。

ルール38

◆ the former「前者」、the latter「後者」は指示語の一種。直前に書かれている対比関係または並立関係などのペアの要素を探す。

<⑰>
それでは、最後に⑰の下線部を見ていきましょう。

まず、最初の下線部は関係代名詞 which です。**関係詞の先行詞を探すことは、指示語が前出のどの語を受けているかを探すことと同じです。**この場合、文脈からこの関係代名詞 which は前節全てを受けて「ミッシェルが彼のプロポーズを受け入れたこと」を意味しているので、Michelle accepted his marriage proposal を指し示します。

2つ目の下線部は先ほどの the latter と同様、一見見落としがちな指示語です。副詞 otherwise は、「さもなければ、そうでなければ」の意味ですが、そのうちの「さ」や「そう」は前出のものを受けているので、指示語の仲間と考えられる

のです。また、「～なければ」の意味も含まれていることから、**if not で書き換えることもできなければいけません。**指示語が何を受けているかを判断するには、常に文脈を考える必要がありますが、この指示語 otherwise の場合には指示語そのものが意味上の節を形成するためさらにその必要があると言えます。

まず、この⑦の訳を考えると「ミッシェルは彼のプロポーズを受け入れた。そして、それは彼女に、そうでなければ手に入れることのできなかった信じられないほどの豊かで幸福な生活をもたらした」となるので、「そうでなければ」は「ミッシェルが彼のプロポーズを受け入れていなければ」を意味するとわかります。これを踏まえて、さらに otherwise を if not 節で書き換えると、

| if she (Michelle) had not accepted his marriage proposal

となります。この書き換えの際に、**仮定法か否かに注意してください。**仮定または条件の節となる otherwise に対する**帰結節**（この場合は she couldn't have obtained）**の動詞部分に合わせます。**この場合、帰結節は仮定法過去完了を用いているので、前半の仮定の節も仮定法を用いています。

ルール39

◆ otherwise「さもなければ、そうでなければ」も指示語の一種。その文の訳を考えた上で、何を受けているかを判断する。if not 節で書き換えることが可能。

別冊の演習問題 11 に挑戦してみよう！

Column 3

音読は大切か？

「音読するといいですよ」とか「音読すると単語を覚えますよ」とか、よくそういうのを聞きますよね。でも、「1人で声を出して英語を読むなんて恥ずかしいし、音読してもあんまり英語ができるようになってる気がしない」なんて思っていませんか。では、まず**「音読はリーディングの上達につながるのか」**という疑問から考えていきましょう。直接的な関連性はまだわかりませんが、次の2点からリーディングの上達にもよい影響を及ぼしそうです。

(1) 目だけでなく音読により身体の他の部分を使うことで記憶が強化される
(2) 繰り返し声に出して読むことで、頻繁に用いられる決まった表現を覚える

(1)も(2)も語彙や表現を覚えやすくするという点で有効なようです。ただ、語彙や表現をたくさん知っていれば知っているほど、それだけ英語を読んで内容を理解するのはたやすくなりますし、読み間違いの可能性も減るので、もちろんよい影響を与えますね。「単語を覚える」という観点からすると、やはり手間をかけた方がいいようで、イスラエルのLauferという人とオランダのHulstijnという人は、どれだけ必要性があってどれだけ手間をかけるかが語彙を覚えるのに影響するというThe Involvement Load Hypothesisという仮説を唱えました。もうちょっと具体的に言うと、語彙を覚えられるかどうかにはneed、search、evaluationという3つの要素が関わっていて、それぞれ「どれだけその語を覚えたいか、そのタスクが自分にとって重要か（need）」「その語の意味を知るのにどれだけ手間をかけたか（search）」「その語の意味をどれだけ他の語と関連させることができるか（evaluation）」を意味するということです。

このsearchとevaluationからわかる通り、手間をかけ同じ語彙や表現でさまざまな認知活動を行うことが、記憶には有効なようです。もちろんこの仮説にもまだ不明な点はありますが（例えばこの3つの要素の関係性など）、他の研究例

を見ても認知活動が多面的に多くなされればなされるほど語彙や表現を覚えやすくなるという点では一致しているようです。また、(2) については、言語学で近年注目されるようになった Formulaic language や Formulaic expressions という分野に基づいています。日本語では**「定型表現」**などと訳されるでしょうか。

「人が用いる言葉というのは、バラバラな単語の無限の組み合わせではなく、ある程度決まった単語の組み合わせだ」という考えで、これは「先に文法ありきでその文法にしたがって言葉を発しているのではなく、その単語の組み合わせがたくさん用いられるからそれが文法として受け入れられるようになった」という Usage-based Grammar の概念に基づいています。認知的に考えても、いちいち一つ一つの単語に意識を傾けていては、何をしゃべるにも時間がかかって仕方ありません。Well, I just wanted to say... と言っている間に何を言おうか言葉を整理するというようなストラテジーを、人は話すときに利用しているのではないか。そして、その I just wanted to say のような特に意識しなくてもスラスラと出てくる表現が定型表現の一種で、この種の表現はこれまで認知されていた以上に多く、これらを身につけることがより流暢な言語使用に役立つのではないかと考えられるようになったのです。もちろん、話し言葉だけでなく書き言葉にもこのような定型表現の存在は認められており、テクノロジーが発達した現在、さまざまなツールを使って書き言葉のジャンル別にどのような定型表現がよく用いられるかが研究されています。

こうした書き言葉の定型表現も音読することで一つのかたまりとしてそのリズムとともに身につけることができます。また定型表現はさまざまな文章で頻繁に用いられるものなのでそれだけ習得も早いといえます。なんだかいいこと尽くめのようですが、音読にも一つ気をつけなければならないことがあります。それは日本語の発音や間違った発音で音読しないようにすることです。間違った発音で音読の練習をすると、間違って身についてしまい、なかなか直すことができません。これを fossilization（化石化）といいますが、ある発音や文法が間違って習得され化石化してしまうと、それを直すのはゼロから習得するよりはるかに難しいとされています（直すのは不可能とまで言われていたのですが、最近は本当に直せ

ないのかを調べる defossilization の研究もされています)。

また、定型表現に関しても、このような表現は一息に発音される傾向があるので、音読を練習する際にやはり語をつなげて一息に発音しなければそのリズムは身につかず効果は得られません。——その手のジョークで「掘ったイモいじるな (What time is it now?)」なんていうのを聞いたことがありますが、そんな感じです。

結局、音読から利益を得るために英語のリズムに近づけて練習するには、CD などのお手本を聞いて正しい読み方を知ってから練習するのがよさそうですね。

第2部
パラグラフ・リーディング

STEP 7

SECTION 21　Interactive Reading：著者との対話の大切さ

> **インタラクティブ・リーディングとは？**
>
> これまでは、英文を、文の構造や文法など細かい面から見てきましたが、ここからは、パラグラフ単位で全体的に読む練習をしていきます。まずは、ここで、英文を読むうえで大切な心得（Interactive Reading）を解説しましょう。

SECTION 21

Interactive Reading：著者との対話の大切さ

このセクションでは、皆さんが今後英文を読む際に心に留めておかなければならない基本的なことを扱います。それは、おそらく皆さんが母語である日本語の文章を読むときには、あえて意識せずとも自然に行っていることです。しかし、英文を読むときには日本語のときのように自然には行かないかもしれません。語彙や文構造の難しさに意識を奪われてしまい、なかなか内容まで気が回らないということも理由の1つでしょう。しかし、難解な語彙も文法も内容も全て同時に処理しなければならないのが、「第二言語で読む」という作業なのです。したがって、この基本的な心得は、意識しておく必要があるのです。その基本的な心得とは、

「著者に問いかけながら能動的に読む」

ことです。これは英語で書かれた文章を読むときに、まず第一文から必要になる心構えです。そうしないと、長い文章を読んでいるうちに、時に「何を読んでいるのか」を見失ってしまい、「あれ？何が書いてあったんだっけ??」という状況に陥ってしまいます。

ところで、このページの冒頭、つまり第1文を読んだときに、皆さんは何を思いましたか。おそらく、「基本的なことって何だろう」というような類の問いでしょう。これが正しい問いかけです。皆さんは無意識にその「基本的なこと」を解明するために次の文へと読み進めたはずです。しかし、第2文「それは、おそらく皆さんが母語である日本語の文章を読むときには、あえて意識せずとも自然に行っていることです」の中でも、私はそれを明らかにしませんでした。皆さんはおそらく「基本的なことって？」という問いを無意識にずっと持ち続けながら、さらに先を読み進んだことでしょう。そして、「その基本的な心得とは、…」の文でそれが明らかにされているのを読み、答えを見つけてホッとしたか、あるいは「な〜んだ」と思ったか、いずれにせよ皆さんが無意識に掲げた問いは解決し、終止符が打たれたわけです。

母語である日本語ならば、無意識に行われる単純な作業です。それを第二言語である英語を読む際にも行ってほしいのです。しかも、自分勝手な思い込みの問い

STEP 7 インタラクティブ・リーディングとは？

かけではなく、**著者が描いた筋書き通りに著者に問いかけ、著者と対話してほしい**のです。

「読む」という作業は決して**文法や辞書で見つけただけの単語の意味をつなぎ合わせて行うだけのパズルのような作業ではありません**。意味のわからない単語を辞書で調べても、辞書の意味通りにそれを訳に当てはめて常にうまくいくとは限らないのです（むしろうまくいかないことの方が多いでしょう）。単語の意味を辞書で調べて、数ある選択肢の中から１つを選ぶときでも、また文脈にあわせてその意味を少し変えるときにも、読み手は「著者がそこで何を伝えたいのか」を正しく理解していなければなりません。それには、**積極的に著者に問いかけ、著者と対話をし、著者の意図を見失わないことが必要不可欠**なのです。これが、**インタラクティブ・リーディング**です。

・・・・・

では、少し練習してみましょう。次の文を読み、筆者に対して問いを投げてください。

> Thinking of oneself as "old" may produce the very mental problems that most people fear will strike them in their golden years.

いかがですか。これは練習ですので、今皆さんの頭に浮かんだその問いを書き留めておいてください。実際に制限時間内で英文を読まなければならないときには、各段落の第１文で一つ一つ浮かんだ問いを書き留める時間はありませんので、この「**著者との対話**」を無意識に行えるようにしてください。ところで、この１文を読んで、「自分が年を取っていると考えることが引き起こす精神的問題とはどのようなものか」のような問いを浮かべることができれば、著者と正しく対話できたことになります。このような問いを皆さんの脳裏に浮かび上がらせるのは著者の思惑です。そうすることで今後の展開をより読み手に理解しやすくしようという試みなのです。実際、この段落は以下のように展開されていきます。皆さんは、すでにこの段落で読み取るべき問いを知っているのですから、皆さんのその疑問の答えを見つけるように第２文以降を読んでみてください。そして、その答えを簡単に書き留めてみてください。

SECTION 21.

例題

以下の英文読み、浮かんだ疑問に対する答えを書き留めてください。

⑭ Thinking of oneself as "old" may produce the very mental problems that most people fear will strike them in their golden years. In a paper appearing in the current issue of a specialist journal, psychologists report that men and women in late middle age performed less well on a standard memory test when told they were part of a study including people over age 70. Being included with an older group—an indirect reminder of the link between age and memory loss—was enough to affect their scores, especially for those who were most concerned about getting older, the authors concluded.

（2008年　お茶の水女子大入試問題より一部抜粋）

さて、「自分自身を高齢と思ってしまうとどのような精神的問題があるのか」という疑問を持ちながら、第2文以下を読み進め、どのような答えを書き留めましたか。

解答　解説

解答

問い「自分自身を高齢と思ってしまうとどのような知能的問題があるのか」
答え「（標準的な）記憶力のテストでの点数が低くなる」

訳例

⑭ 自分のことを「老いている」と思うことが、ほとんどの人々が老後に襲ってくるかもしれないと恐れているまさにその知能に関わる問題を生み出すのかもしれない。ある専門誌の最新号に掲載されている論文に、壮年期の男女が70歳以上の人々と一緒に研究に参加していると告げられたとき、標準記憶テストの結果が低くなったと心理学者が報告している。高齢者のグループに含まれているということは、年齢と記憶の衰えとの関係を間接的に思い出させることとなり、彼らの点数に影響するには十分なものであった。特に老いを最

も心配している人々にとってそうであった、と著者たちは結論づけた。

> 解説

この段落には先ほど皆さんが読んだ文以外に 2 つの英文がありました。これら 2 つの英文を読んで、「(標準的な) 記憶力のテストでの点数が低くなる」というポイントが疑問の答えとして書き留められていれば OK です。さらに、この「記憶力のテスト」という部分から、先ほどの mental problems の訳「精神的な問題」を「知能に関わる問題」と訂正することができればさらに good です（mental には両方の意味があります）。

・・・

前章リーディング・グラマーで練習したような**「正確に文構造を把握した上で、文意を適切な日本語で表現する」**スキルも英文読解（特に大学入試）では必要ですが、ここで行ったように

「英文を読んで理解し重要なポイントのみをピックアップする」スキル

もまた欠かすことはできません。入試において英文を読むという作業は、この 2 つのスキルを併せ持つ人が必要に応じて、読みのギアをシフトし（コラム 2 参照）、その時に必要なスキルを選び利用することなのです。皆さんにはぜひ本書を通じて、そのスキルを身につけてほしいと思います。では、最後にもう 1 つだけ練習をしてみましょう。

例題

(1) 1の文を読み、浮かんだ疑問を書き留めてみてください。
(2) 2のパッセージを読み、その疑問の答えのポイントを先ほどと同じように書き留めてください。
(3) 最後にその段落を簡潔に1文で要約してみてください。

㉘

1.　Some people think that the best time to begin studying a foreign language is in childhood and that the younger you are, the easier it is to learn another language.

2.　Some people think that the best time to begin studying a foreign language is in childhood and that the younger you are, the easier it is to learn another language. While it is true that an early start allows people to pursue language study over longer periods of time, there is little evidence that children in language classrooms learn foreign languages any better than adults (people over age 15) in similar classroom situations. In fact, adults have many advantages over children: better memories, more efficient ways of organizing information, longer attention spans, better study habits, and greater ability to handle complex mental tasks.

(2009年　東京外国語大学入試問題より一部抜粋)

解答　解説

解答

問い　「じゃあ、他の人はどう思っているの？」「著者はどう思っているの？」
答え　「子供の方が大人より外国語習得において有利だという証拠はない（思わない）」「若ければ若いほど外国語を習得しやすいとは限らない」

> **要約** 子供の方が外国語習得に有利だという人がいるが、そのような証拠はない。／子供の方が大人よりも外国語習得に長けているとは限らない。

訳例

外国語を習得し始める最もよい時期は子供の頃であり、若ければ若いほど他の言語を習得するのが簡単になる、と考えている人々がいる。確かに、早く始めればより長い期間言語の勉強を続けることができるというのは本当だが、外国語の授業を教室で受けている子供の方が、同様の教室設定で授業を受けている大人（15歳以上）よりも外国語をよく習得できる証拠はほとんどない。実際、大人の方が子供より有利な点がたくさんある。大人の方が記憶力がいいし、情報を効率よく組み立てる術を知っている。また、集中力が長く続き、学習習慣もよく、複雑な認知的作業を扱える能力も大人の方が高い。

解説

第1文

まず1の文で抜き出したこのパラグラフの第1文から読んでみましょう。この文の訳は「外国語を習得し始める最もよい時期は子供の頃であり、若ければ若いほど他の言語を習得するのが簡単になる、と考えている人々が何人かいる」となりますね。ここで気になるのは「**何人か（some people）**」です。

このような書き方をするとき、「そういう人も何人かいるが、そうでない人も何人かいる（Some people + V ～; others + V' ...)」のように、それと反対意見の人々についても述べるか、または「そういう人も何人かいるが、果たしてそうだろうか」や「そういう人も何人かいるが、私はそうは思わない」のように、その「何人かの人々」の意見を疑問視したり、それに対する反対意見を提示したりすることが通常です。ですから、皆さんがここで投げかけるべき疑問は、「じゃあ、他の人はどう思っているの？」や「著者はどう思っているの？」となることでしょう。

そうして、適切な疑問を投げかけることができれば、第2文の文頭にある接続詞 while「～だけれども、だが一方」から、正しい予想を立てて読むことができたと確認できるでしょう。

第2文

第2文を続けて読んでみると、

> While it is true that an early start allows people to pursue language study over longer periods of time, there is little evidence that children in language classrooms learn foreign languages any better than adults (people over age 15) in similar classroom situations.
>
> 確かに、早く始めればより長い期間言語の勉強を続けることができるというのは本当だが、外国語の授業を教室で受けている子供の方が、同様の教室設定で授業を受けている大人（15歳以上）よりも外国語をよく習得できる証拠はほとんどない。

と書かれています。したがって、この文からやはり著者自身、第1文に書かれていた「何人かの人々」の意見には反対、あるいは疑問を感じていたことがわかります。と同時に、著者の主張・本心が第2文に隠れているということは、この段落の中心部分が第1文ではなくむしろ第2文であるということもわかりました。

この文で皆さんが注目すべき先ほど抱いた疑問の答えは、「子供の方が大人より外国語習得において有利だという証拠はない／思わない」または「若ければ若いほど外国語を習得しやすいとは限らない」のようになるでしょう。

第3文

では、第3文に進みましょう。

> In fact, adults have many advantages over children: better memories, more efficient ways of organizing information, longer attention spans, better study habits, and greater ability to handle complex mental tasks.

実際、大人の方が子供より有利な点がたくさんある」と述べ、次のコロンの後でその有利な点を1つずつ並べています（コロンの用法については「カンマが示すもの」のセクションを参照）。ですから、この第3文は、第2文で述べた著者の主張をさらに具体的にサポートしたものと言えます。

段落の要約

そうすると、やはりこの段落の中心部分は変わらず第2文にあることになりますから、段落を要約すると「子供の方が外国語習得に有利だという人がいるが、そのような証拠はない（33字）」のようになるでしょう。第2文の主節のみを訳して「外国語の授業を受けている子供たちの方が同様の教室設定で学ぶ大人よりも外国語習得が上手だという証拠はほとんどない」とすると、なぜそのような主題になったのかがわかりにくいので、第1文を加えた方がよりこの段落の流れを反映させた要約になるでしょう。要約としては具体的な記述が入りすぎているのも気になります。また、もっと短くして「子供の方が大人よりも外国語習得に長けているとは限らない」としてもいいでしょう。

・・・・・・・・・・・・・・・・・・・・・・・・・・・・・・・・・・

もちろん、全ての英文がこのように初めから疑問を持ちうるものとは限りません。書き出しが非常に具体的で理解しやすい文章も多くあります。しかし、疑問を持つべき部分は文章のどこに潜んでいるかわかりません。したがって、皆さんは読む際に**常に疑問のアンテナを張り、積極的に著者に問いを投げかける準備をしておく**必要があるのです。

・・・・メモ・・・・

STEP 8

SECTION 22　Main idea：著者が最も言いたいこと　前編

SECTION 23　Main idea：著者が最も言いたいこと　後編

◆演習問題 12

SECTION 24　However の重要性：Main idea が最初にないとき I

◆演習問題 13

SECTION 25　例から始まるパラグラフ：Main idea が最初にないとき II

◆演習問題 14

コラム 4　　　たくさん読んだ方がいい？！

著者は、何を言おうとしているのか

ここでは、パラグラフの main idea（著者が最も言いたいこと）に焦点を当てて学習します。main idea がどのように展開されるのか見てみましょう。

SECTION 22

Main idea：著者が最も言いたいこと　前編

さあ、いよいよパラグラフの中身に入っていきましょう。ここからは、英文のパラグラフの特徴をしっかりと身につけ、著者が段落中で最も言いたいことはどれか、またそれ以外の部分はどのような役割を果たすのか、それをつかむためにはどのような読み方をするのかについて扱っていきます。

ではまず、前のセクションで著者との対話について学んだ際に読んだ文章を振り返ってみましょう。

> ㉘ Thinking of oneself as "old" may produce the very mental problems that most people fear will strike them in their golden years. In a paper appearing in the current issue of a specialist journal, psychologists report that men and women in late middle age performed less well on a standard memory test when told they were part of a study including people over age 70. Being included with an older group—an indirect reminder of the link between age and memory loss—was enough to affect their scores, especially for those who were most concerned about getting older, the authors concluded.

まず第1文を読んだときに、「the very mental problems」とはどのような問題だろうかという疑問を抱き、それを著者に投げかけましたね。すると、第2、3文で、著者の方がその疑問に対する答えを与えてくれました。つまり、この段落は全体として「自分を年取っていると思うことが人間の知能に引き起こす問題」について書かれていたと言うことができます。

すなわち、この段落を最もよくまとめている1文は第1文であり、残りの第2文と第3文はより具体的にその「知能における問題」を説明していると言えます。

この第1文のような段落のまとめとなる部分を、その段落の **main idea** / **topic sentence**、第2、3文のような具体的部分を、その main idea を支え

る supporting evidence と一般的には呼んでいます。

時々、「main idea と topic sentence はどのように異なるのか」という質問を受けますが、この２つには基本的に大きな違いはありません。どちらも著者がその段落で最も述べたいこと・主張したいことを端的にまとめた部分を指します。ただし、topic sentence は「sentence（文）」ですから、「**段落内で著者が最も述べたい main idea が表されている１文**」のことになりますが、一方 main idea はすなわち「idea（考え）」ですから、**著者が最も述べたいことそのもの**を意味します。

この例文の場合には、topic sentence はもちろん第１文ということになりますが、main idea の方は、第１文全てを抜き出す必要はなく

> thinking of oneself as "old" may produce the very mental problems

だけでも問題ありません。

ルール40

- ◆ Main idea：ある段落で著者が最も述べたい／主張したいことや考え
- ◆ Topic sentence：段落中で main idea が含まれている１文
- ◆ Supporting evidence：著者が自分の考えを主張するために提示する、その main idea を支える具体的な部分

では、先ほどの文章をもう少し深く分析していきましょう。著者と対話をしながら読み進めていくと以下のようになります。（英文の後ろの「　」内は、読み手が著者に対して投げかけるべき問いです。）

第 1 文：main idea の提示

Thinking of oneself as "old" may produce the very mental problems that most people fear will strike them in their golden years.

自分のことを「年取っている」と思っていると、それが、ほとんどの人が老後に襲ってくるかもしれないと恐れているまさにその知能に関わる問題を引き起こしてしまうかもしれない。→「どのような mental problems?」

第 2 文：具体的な mental problems（読み手の疑問の答え）を示唆する例の提示

In a paper appearing in the current issue of a specialist journal, psychologists report that men and women in late middle age performed less well on a standard memory test when told they were part of a study including people over age 70.

ある専門誌の最新号に掲載されている論文に、壮年期の男女が 70 歳以上の人々も混じった研究に参加している旨を言われたとき、標準記憶テストの結果が下がったと心理学者が報告している。→「つまり？この例が何を意味するのか？」

第 3 文：直前の例に基づいて、読み手の疑問の答えを明示

Being included with an older group—an indirect reminder of the link between age and memory loss—was enough to affect their scores, especially for those who were most concerned about getting older, the authors concluded.

年齢と記憶の低下の関係を間接的に思い出させるものとして、高齢者のグループに含まれているということは彼らの点数に影響を及ぼすには十分なものであり、また特に老化を最も懸念している人々にとってそうであった、と著者たちは結論づけた。

第 1 文で main idea を提示し、第 2、3 文で supporting evidence を与えながら、main idea で十分明確ではなかったもの（この場合は mental problems の内容）を、文を追うごとに明確にしていく…、このような段落の展開は英文では典型的なものです。

つまり、ほとんどの英文の段落において、**著者の主張の中心となる main idea は段落の最初の第 1 文に書かれており、第 2 文以下の supporting evidence では文を追うごとに不明な点が明らかになっていくか、または文を追うごとに具体的になっていく**、という構成が取られているのです。

> ## ルール 41
>
> ◆ main idea は、段落の第 1 文にあることが多い。
>   → 第 1 文をしっかり読むこと!そして、第 1 文の内容を忘れないこと!
> ◆ supporting evidence は、読み進むにつれて具体的記述になるか、main idea で不明な点を徐々に明らかにしていく展開を取ることが多い。

「なあ〜んだ!それなら、全ての段落の第 1 文をつなげていけば、全体の要約ができるし、第 1 文だけ読んでいけば速読ができちゃう!」などと、楽をしようとしてはいけません。理由は次の通りです。(1) 確かに main idea は第 1 文にあることが多いが、常にそうであるとは限らないし、全ての第 1 文が main idea であるとも限らない (2) main idea は段落のまとめであるため、それだけでは具体性に欠け理解しにくいことが多い (1) については、例えば however や but などを第 2 文以降で用いることで、第 1 文で述べたことを打ち消す展開をしたり、また日本語の文章と同様にまとめの文を段落の最後に書いたりすることも時々あります。さらに、ある段落の第 1 文が、その段落の main idea であると同時に、その後いくつかの段落の main idea でもある、といった場合もあります。

> ## ルール 42
>
> 1. main idea の 1 文のみではなく、その後の supporting evidence の部分の展開も段落を把握する上では重要。
> 2. main idea だけをつなげて読むのはよくないが、あくまで著者の主張の中心は main idea にあり、supporting evidence はそれを支えるにすぎないので、両者を同じ比重で読む必要はない。main idea はしっかり、supporting evidence はサラッと、メリハリのある読み方が正しく速い読みにつながる。

SECTION 23

Main idea：著者が最も言いたいこと　後編

前のセクションで挙げた「第 1 文のみをつなぎ合わせるような読み方をしてはいけない」理由の (2) について、実際に英文を読んで体験してみましょう。

まず、前回の練習と同様に、次の 1 文（ある段落の第 1 文）を読んで意味を書き留めてください。正しく意味を書き留められたら、著者に対する問いも書き留めておいてください。

> Merely stating a proposal by no means requires listeners to accept it.

次に、上記の文（main idea）と supporting evidence を含んだその段落全てを読み、先ほど皆さんが書き留めた第 1 文（main idea）の意味をもう一度見直してみてください。

―― 例題 ――

次の文を読み、第 1 文の訳と著者に対する問いを確認してください。さらに、このパラグラフで著者が述べたいこと（つまり要約であり main idea）を日本語で書き留めてください。

⑳ Merely stating a proposal by no means requires listeners to accept it. If you say, "We should spend money on highway construction," all you have done is to assert that such a step should be taken. From the audience's point of view you have only raised the question, "Why should we?" No person in that audience has any reason to believe that the proposal is good simply because you have voiced it. If, however, you are able to say, "Because ..." and list several reasons why each of your listeners should honestly make the same statement, you are likely to succeed in proving your point. You have achieved your purpose when your audience would, if asked, lean towards agreement on the importance of highway spending.

(2007年　東京大学入試問題改題)

書き留めた文はわかりやすい日本文で書かれていますか。第2文以降（supporting evidence）の内容と一致していますか。

解答　解説

解答

第1文訳例　ただ単にある提案を主張するだけでは、決して聴衆にそれを受け入れさせることにはつながらない。

問い　「では、他に何が必要なのか」

要約　聴衆に自分の提案を受け入れてもらうには、ただ提案を主張するだけでなく、その理由も述べる必要がある。

訳例

⑧⑥ ただ単にある提案を主張するだけでは、決して聴衆にそれを受け入れさせることにはつながらない。もしあなたが「我々は幹線道路建設にお金を費やすべきだ」と言ったら、あなたはそのような措置がとられるべきだと主張をしたにすぎない。聴衆の観点からすると、あなたは「なぜそうすべきなのか」という問題を聴衆の中に呼び起こさせただけだ。その聴衆の中でだれ1人、あなたがそれを主張したからというだけでそれをその提案がよいものだと信じる根拠にするような人はいない。しかし、もしあなたが「なぜなら…」と言って、聴衆の1人1人が本当にあなたと同じ主張を述べるべきである理由をいくつか並べることができれば、あなたはおそらく自分の主張を証明することに成功するだろう。あなたの聴衆が、尋ねられれば幹線道路に費用を費やす重要性に同意する方向に傾いたとき、あなたは目的を達成したことになる。

解説

第1文

第1文を直訳すると、「**ただ単に提案を述べることは、決して聞き手がそれを受け入れることを要求しない**」となりますが、これだけでは日本語としても不自然ですし、本当に著者が言わんとしていることがきちんと理解されている訳文のよ

うには感じられません。このように、段落の第 1 文は、著者が最も主張したい main idea であることが多い一方で、「**最初の文であるだけにそれ以前に文脈を把握するためのヒントが書かれていない**」、また「**著者の主張のまとめであるため、抽象的で具体性に欠けている**」などの理由で、理解しにくいことが多々あります。この一助となるのが、より具体的に記述されている第 2 文以降の supporting evidence です。このように抽象的な第 1 文を読んだ後に皆さんが投げかける正しい問いは「つまり、どういうこと？」となるでしょう。それでは、main idea である第 1 文をより具体的に理解していくために、第 2 文以降を一緒に読んでみましょう。

第 2 文：if 節で始めていることから、具体的な例を挙げているとわかる

If you say, "We should spend money on highway construction," all you have done is to assert that such a step should be taken.

もしあなたが「我々は幹線道路建設にお金を費やすべきだ」と言ったら、あなたがしたのはそのような措置がとられるべきだと主張をすることにすぎない。

第 3 文：前文の仮定の続き

From the audience's point of view you have only raised the question, "Why should we?"

聴衆の観点からすると、「なぜそうすべきなのか」という質問をしたくなっただけだ。

第 4 文：前文の仮定の続き

No person in that audience has any reason to believe that the proposal is good simply because you have voiced it.

その聴衆の中でだれ 1 人、あなたがそれを主張したからというだけで、その提案がよいものだと信じる根拠にする人はいない。

第 5 文：if 節と however から、別の仮定を用いて具体例を述べているとわかる

If, however, you are able to say, "Because …" and list several reasons why each of your listeners should honestly make the same statement, you are likely to succeed in proving your point.

しかし、もしあなたが「なぜなら…」と言い、聴衆の 1 人 1 人が心からあなたと同じ主張を述べるべきである理由をいくつか並べることができれば、あなたはおそらくあなたの主張を証明することに成功するだろう。

第 6 文：前文の仮定の続き

> You have achieved your purpose when your audience would, if asked, lean towards agreement on the importance of highway spending.
>
> あなたの聴衆が、尋ねられれば幹線道路に費用を費やす重要性に同意する方向に傾いたとき、あなたは目的を達成したことになる。

ここでは、1 文 1 文分析しましたが、実際には第 2 文から第 6 文までの supporting evidence は 2 つの仮定を含んだ概ね 1 つの流れになっており、全体で main idea を具体的に説明する役割を果たしています。この部分を読むと、先ほどの第 1 文の main idea をよりわかりやすくして、「ただ単にある提案を主張するだけでは、決して聴衆にそれを受け入れさせることにはつながらない」と変えた方がいいでしょう。

第 1 文を読んで、初めからこの内容をつかむことができた人は、著者への疑問として「では、他に何が必要なのか」と投げかけることができたでしょう。第 2 文以降の具体例を読む必要なく main idea が理解できていれば、この問いかけが当然起こるべき疑問であり、perfect です。その場合、段落の最後まで読むことで、「ただ単に主張するだけでなく、その主張の理由を説明することが必要である」とわかるので、main idea にこの部分を補足する必要があるとわかるでしょう。

第 1 文に「～ではない」や「～だけではない」のような否定表現が含まれる場合、その文だけで main idea は完結しません。「では何なのか」や「他に何があるのか」といった疑問が当然沸き起こりますから、**それに答える肯定表現がなければ主張にはならない**のです。ですから、皆さんはその答えとなる肯定表現を探して読み進めなければいけません。

この段落の main idea は、**「聴衆に自分の提案を受け入れてもらうには、ただ提案を主張するだけでなく、その理由も述べる必要がある」**となります。

ルール 43

◆ main idea は具体性に欠け、イメージしにくいことも多い。
　→ より具体的な supporting evidence を読み、main idea を正しく理解する。
◆ main idea と supporting evidence の一貫性に気を配ること。
◆ 段落の要約では、main idea のみならず supporting evidence からも補足すべきものは補足すること。

ルール 44

◆「〜ではない」「〜だけではない」の否定表現はそれだけでは main idea にならない。
　→「では、何なのか」の答えとなる肯定表現が必要。

例題

次のパラグラフを読んで、main idea を日本語で書き留めてください。

㊇ Television has a great influence on our behavior. It is a fact that most people in the world have access to television and watch it on a regular basis. Especially here in Japan, most people, young and old, spend many hours each week in front of the TV.

（2008年　岩手大学入試問題改題）

解答・解説

解答

main idea テレビは我々の行動に大きな影響力を持っている。

訳例

⑰ テレビは我々の振る舞いに大きな影響を及ぼす。世界中のほとんどの人々がテレビを手に入れることができ、また定期的にテレビを見ることができるというのは事実である。特にここ日本では、老いも若きもほとんどの人々が1週間に何時間もテレビの前で費やしているのだ。

解説

答えを作成する際に注意してほしいことを1つ述べます。読解の授業で「この段落の main idea は？」と尋ねると、時々単語1つで答えがかえってくることがあります。例えばこの段落なら「テレビ」とか「テレビの影響」のように。

皆さんが書いた答えはどうでしたか。きちんと文で答えられましたか。「テレビは我々の行動に大きな影響力を持っている」のように書けましたか。

main idea と topic

単語で答えるか、文で答えるかは大きな違いです。単語1つで答えた場合、それに対して**疑問の抱きようがありません。**つまり、**著者との対話は始まらない**のです。著者との対話が始められなければ、ただ書かれている語や文法を解読し、紙に印刷された文字列に操られているだけの受動的な読みになってしまいます。本当の理解も、内容を要約できる力も得られません。また、main idea は「idea（考え）」ですから、著者の考えを読み取らなければいけません。**頭の中の「考え」が、単語1つだけで形成されるような人間はいません。**例えば、「ご飯」と頭の中に浮かんだとしても、その裏には「ご飯が食べたい」とか「ご飯を作らなきゃ」とか「ご飯がない」のような考えが文として存在するはずです。ですから、**idea は必ず文（statement）として表現されるべき**です。一方、段落の内容を単語だけで簡単に述べたものを、その段落の**トピック（topic）**と言います。

ルール 45

◆ topic は、段落の内容を一つの単語や句で簡単に述べたもの。
◆ main idea は、著者の考えなので、文の形を取る。
　→ topic がわかっても、段落や著者の主張の理解にはつながらない。

別冊の演習問題 12 に挑戦してみよう！

SECTION 24

However の重要性：Main idea が最初にないとき I

これまでは、main idea が段落の第1文に書かれているものばかりを扱いました。すでに記した通り、確かにそのパターンが英語の文章では最も典型的なものです。しかし、いつもそればかりとは限りません。この章では、例外的に第1文に main idea が書かれていない場合の最も一般的なケースを扱っていきます。

「あの人、いい人なんだけどね〜」

さて、この話し手のポイントは何でしょうか。「あの人はいい人だ」と言いたいのでしょうか。それとも、他のことが言いたいのでしょうか。

日本語の母語話者として、このようなセリフを聞いたら、あるいはこのような文を読んだら、直観的に「何か他にもっと大事なことが『あの人』にはあるな」と感じるでしょう。この根拠となるのが、**「だけど」**です。例えば、「あの人はいい人なのだが、時間にルーズだ」と言ったら、「時間にルーズ」だということの方が「いい人」であることより重要です。もちろん、おそらく「いい人だ」ということも嘘ではないのでしょうが。

英語でも同じことが言えます。日本語の「だけど」や「しかし」にあたる however や but や yet などの語が第2文にあるとき、初めは第1文だと思っていた main idea が必ずひっくり返り第2文に移るのです。また第3文以降にこのような語がある場合にも、main idea は第1文ではなく、however や but のある文に書かれている可能性があります。

では、実際に英文を読んで練習してみましょう。

SECTION 24.

例題

次のパラグラフを読んで、その topic sentence を抜き出し、さらに main idea を日本語で書いてください。

⑱ Traditionally, the Japanese cuisine is widely regarded as one of the healthiest in the world. Quite often, Japanese food is served raw or cooked lightly. These days, however, the traditional Japanese diet has been giving way to a more varied cuisine. Non-traditional Japanese food, such as pasta and hamburgers, is becoming as common for the average Japanese person as soba and sushi. In addition to greater variety, Japanese people today are eating more fatty foods. The Japanese also have begun to change their diet away from fresh and raw food towards highly processed meals. It is not uncommon for Japanese children to eat hamburgers, deep-fried chicken and pizza. The popularity of such foods is evident in the increasing number of fast food restaurants that have opened in Japan, many of which are attracting not only teenagers but also families.

(2008年　北海道大学入試問題一部抜粋改題)

STEP 8　著者は、何を言おうとしているのか

解答 / 解説

解答

topic sentence These days, however, the traditional Japanese diet has been giving way to a more varied cuisine.

main idea 最近、(伝統的に健康によいと言われていた) 日本の料理が、外国から来たさまざまな料理の人気に追い越されつつある。

> **訳例**

⑱ 伝統的に、日本の料理は世界で最も健康的な料理の1つだと広く見なされている。日本の食べ物は生のままかあるいは軽く調理されただけで出されることが極めて多い。しかし、最近では、伝統的な日本の食事が、外国から来たもっとさまざまな料理の人気に追い越されつつある。例えばパスタやハンバーガーのような日本の伝統料理ではないものが、そばやすしと同じくらいに平均的な日本人にとって一般的になりつつある。食の多様化に加え、今日の日本人は以前より脂肪分の多いものを食べるようになっている。また、食生活そのものを新鮮な食べ物や生の食べ物から高度な加工がなされた食べ物へと変え始めている。日本の子供たちがハンバーガーやフライドチキンやピザを食べるのも珍しくない。そのような食べ物の人気は日本でオープンしたファーストフードレストランの増加を見れば明らかだ。そして、その多くが10代の若者だけでなく家族連れも惹きつけている。

> **解説**

第1文
初めは第1文がmain ideaだと思い読み進めていきますね。この場合、「**伝統的に、日本の料理は世界で最も健康的な料理の1つだと広く見なされている**」という内容がmain ideaのように思われます。

第2文
第2文も、「**日本の食べ物は生のままか軽く調理されただけで出されることが極めて多い**」という訳になり、先ほどのmain ideaから具体的な日本の食べ物の調理法を述べたもので、main ideaに特に変更はありません。

第3文
しかし、第3文でhoweverが用いられ、「**しかし最近では、伝統的な日本の食事が、もっとさまざまな料理に屈し始めている**」といわれると、この文が先ほどの第1文より重要になり、main ideaは変更されます。

第4〜8文
さらに、第4文以降最後まで読んでいくと、いかに日本の食文化が変わってきたかについての具体例が記述されているので、やはり第3文のhoweverを含む文がこの段落のmain ideaということになります。

ところで、先ほどの第3文の訳を読んで、不自然な日本語だと感じた人も多い

かもしれません(「しかし最近では、伝統的な日本の食事が、もっとさまざまな料理に屈し始めている」)。第3文を直訳しようとすると、やはりどうも不自然な日本語になってしまいます。そのような場合は、それ以降の supporting evidence の部分を利用しながら少し意味を補足すればいいのでしたね。したがって、main idea は「**最近、(伝統的に健康によいと言われていた)日本の料理が、外国から来たさまざまな料理の人気に追い越されつつある**」のようにするともっとわかりやすくなるでしょう。「人気」という言葉はこの段落の最後の文に書かれているものです。さらに、訳中の( )内に示したように、完全に main idea の部分のみを書くのではなく、main point ではなくても第1文を補足すると、段落の流れがよりわかりやすくなります。また、この段落の topic sentence はもちろん第3文です。

- -

ルール46

◆第2文に however, but, yet など「しかし」を意味する表現があるとき、main idea は第1文ではなく第2文に書かれている。
◆第3文以降に上記の語が書かれているときでも、main idea が第1文からその文に変更されることがある。

では、次のパラグラフはどうでしょうか。

例題

topic sentence を抜き出し、さらに main idea を日本語で書きなさい。

(89) Studies show that background music can affect the sales of a business. Ronald Milligan, a marketing professor, measured the effects that fast music, slow music, and no music had on customers in a supermarket. He found that fast music did not affect sales very much when compared with no music. However, slow music made a big difference. Listening to music played slowly made shoppers move more slowly. When slow music was played, shoppers bought more and sales increased 38 percent.

(2009 年　岩手大学入試問題一部抜粋改題)

解答 解説

解答

topic sentence Studies show that background music can affect the sales of a business.

main idea BGM は売り上げに影響しうる。

訳例

(89) BGM（バックグラウンドミュージック）が売り上げに影響する可能性があるとある研究が示している。マーケティングの教授であるロナルド・ミリガンは、テンポの速い音楽と遅い音楽と BGM がない場合でスーパーマーケットの客にどのような影響があるかを測定した。彼は、BGM がない場合と比較したとき、テンポの速い音楽は売り上げにあまり影響しなかったが、遅い音楽の場合には大きな違いがあったことを発見した。ゆっくりと演奏される音楽を聴くことで、買い物客の動きが遅くなった。遅い BGM が流されたときには、買い物客が買う量が増え、売り上げが 38% 増加した。

解説

第1文
いつもの読み方と同様に、第1文が main idea だと思って読み進めましたね。つまり、この段落の main idea は「バックグラウンドミュージック（BGM）は売り上げに影響しうる」と考えます。

第2文
第2文をみると、初めに人名の固有名詞がありますから、実際のデータか研究例を具体例として述べたいのだろうと予想できます。第2文を読むと、予想通り「ロナルド・ミリガンという人が、テンポの速い音楽と遅い音楽と BGM がない場合の売り上げを比較した」と研究例が書かれています。

第3文
第3文は、he found で始められていますから、その実験の結果です。まず速い音楽と BGM なしの場合の結果が述べられています。

第4文
第4文に however がありますが、これは「速い音楽と BGM なしの場合」売り上げに影響はなかったけれども、「遅い音楽」の場合には大きな違いがあったことを示すもので、あくまで supporting evidence である実験結果内での対比を表す「小さな however」にすぎません。第1文から main idea を第4文に変更するような "Big" however ではありません。

したがって、topic sentence は変更されず第1文のままとなり、main idea は「BGM は売り上げに影響しうる」となります。

ルール47

◆ "Big" however：第1文だと思い読み進めてきた main idea をひっくり返し、その文を main idea とする段落内の構成に大きく影響する however (but)。

◆ "Small" however：具体的記述となる supporting evidence 内の対比や逆接を示すだけで、main idea には影響しない。

では、次の Paragraph Structure（段落構成）を参考に、前回の練習の文章中で用いられていた however との違いを確認してください。

Paragraph Structure
main idea：BGM は売り上げに影響しうる
supporting evidence：ロナルド・ミリガンの実験

　　－ 速い音楽と BGM なし → 影響なし
　　However
　　－ 遅い音楽 → 買い物客の動きが遅くなる → 売り上げが上がる

上記のような Paragraph structure を自分でつかむことは、英文を読む上で、またその要約を書く上で非常に重要です。また、Paragraph structure は、皆さんが英語でエッセーを書く場合にも必要不可欠なものです。この Paragraph structure の練習は、本書の「パラグラフ・パターン」のセクションで実際に練習していきますが、余裕のある皆さんは次回から早速始めてみてください。

大事なことは、まずしっかりと main idea を見極めることと、main idea だけでなく supporting evidence 内の構成にも気を配ることです。そして、細かく訳そうとするのではなく、ポイントをきちんとつかもうとすることです。

最後に、however や but のように「譲歩・逆接」を意味し、main idea を変更するキーワードとなる可能性のあるものを挙げておきます。覚えておきましょう。

〈main idea を変更するキーワードとなる可能性のあるもの〉

◆副詞
　however, though「しかし（ながら）」（文中では左右をカンマで挟まれる）
　nevertheless, nonetheless「それにもかかわらず」（文中では左右をカンマで挟まれる）
　yet「しかし」（文頭におかれる）

◆接続詞
・等位接続詞：but「～だけれども」
・従位接続詞：though, although, even though「～だけれども」（節を伴う）、
　　　　　　　while「～だが一方」「～だけれども」（節を伴う）

◆前置詞（名詞を伴って用いられる）
　despite ～ , in spite of ～ , for all ～ , with all ～「～にもかかわらず」

別冊の演習問題 13 に挑戦してみよう！

SECTION 25

例から始まるパラグラフ：Main idea が最初にないとき II

このセクションでは、第 1 文に main idea が示されないもう 1 つのパターンを扱っていきます。このパターンの場合、前セクションの however で main idea が変更されるパターンとは異なり、第 1 文が main idea にならないことが比較的容易にわかります。

逸話や例から始まる文章

日本語の場合、例えば「昔々、あるところにおじいさんとおばあさんが住んでいました」や「その夜、町では 1 年ぶりの雪が散らついていた」と言っても、これらを著者の主張を表す main idea であると考える人はいないでしょう。昔話や小説の冒頭部分と考えるか、あるいはもしこれらが論説文かエッセーの冒頭であるとするならば、これらの逸話や例を用いて著者が何かを論じようとしていると考えるのが普通でしょう。

書き手は時々、読み手の注意を惹き付けるために、あえて定石通りの「第 1 文 = main idea」というパターンを用いずに、読み手にとって身近に感じられるストーリーを例として書き始め、その段落の最後、あるいはそのストーリーが数段落にまたがる場合にはそのストーリーの最後に、その例から書き手自身が何を述べたかったのかを明示することがあります。このような場合、皆さんはその**例から著者が何を言いたいのかを、ずっと問いながら読み進めていく必要があります**。

たとえ話やストーリーは、具体的であるゆえに極めて理解しやすいものです。そのため、その話を読み取っただけで安心してしまう読み手もたくさんいるようです。

しかし、それだけでは不十分であることを忘れないでください。その文章が本当に単なる小説や物語（narrative と分類されます）ではなく、書き手が何かを主張しようとする論説文やエッセー（expository と分類されます）であるとき、**その例を用いて著者が何を述べようとしているかを読み取る**ことが皆さんの目的です。

SECTION 25.

ルール48

◆例から始まるパラグラフでは、その例を用いて著者が何を言おうとしているのか探しながら読む。

では、実際に英文を読んで練習してみましょう。

例題

次の英文を読んで、main idea を日本語で書いてください。

⑨ It's a lovely day and you are gazing at a great oak tree in the forest. You see the green leaves rippling in the breeze, the dappled shade dancing on the forest floor, and the birds flying from branch to branch. Looking closer, you see the intricate pattern of bark on the trunk and catch a glimpse of a beetle scurrying to hide. You smell the earth, littered with acorns, and feel the damp air around you. This is your conscious experience. This is the tree for you.

　But what is it like for the beetle, for those birds, for the hidden sleeping bats above, or the snake hiding in the grass? We want to know, and it seems reasonable to ask, what the world is like from the animal's point of view. The trouble is we cannot know. As we found when asking 'what is it like for a bat?', it is no good just imagining you are a bat or a worm. This is the question of animal consciousness. There are really two separate questions here: one concerns which living creatures are conscious and in what way; the other concerns when and how consciousness evolved.

（2006年　京都大学入試問題英文一部抜粋改題）

STEP 8　著者は、何を言おうとしているのか

余裕のある人はぜひ Paragraph structure も書いてみてください。（全訳をする場合には、まず全体を読み main idea と Paragraph structure を書き留めてから、全訳するようにしてください。）

解答 解説

Paragraph Structure

［段落1］今日はいい天気、森の中で大きな樫の木を見つめている…（具体例）
　　　　main idea：人間の意識的経験とはどのようなものか
［段落2］But カブトムシや鳥やコウモリやヘビにとってはどうか…
　　　　→ 私たちは知ることができない（具体例）
　　　　main idea：これが、動物の意識についての問題である
全体の main idea：これらに関わる2つの問題がある
　　　　(1) どの生物がどのように意識を持っているか
　　　　(2) いつ、どうやって意識は進化したのか

解答

main idea　意識には、生物がどのように意識を有するか、いつどうやって意識が進化したかという2つの問題が存在する。（50文字）

訳例

⑨　この日はいい天気で、あなたは森の中で大きな樫の木をじっと見つめている。緑の葉がそよ風にザワザワと揺れているのを見たり、まだらになった葉影が森の地面で踊っているのを見たり、鳥たちが枝から枝へと飛び回っているのを見ている。もっと近づくと、木の幹の皮の部分に複雑な模様があるのが見えたり、カブトムシが隠れようとして急ぎ足で逃げていくのがちらっと見えたりする。あなたは、ドングリが散らばった地面のにおいをかぎ、あなたの周囲の湿った空気を身体で感じる。これがあなたの意識経験である。これがあなたにとっての木である。

　しかし、そのような経験は、カブトムシや鳥、上の方で隠れて眠っているコウモリや草の中で隠れているヘビにとってはどうだろうか。私たちは知りたいと思うし、動物の観点から見ると世界はどのようなものなのかを問うのは理にかなっているように思われる。問題は、私たちには知ることができないということだ。「コウモリにとって世界はどのようなものなのか」と問いかけてみてわかったことだが、あなたがコウモリやいも虫であるとただ単に想像してみるだけでは無駄なのだ。これが動物の意識の問題である。本当は、ここには

2つの別々の問題が存在する。1つは、どの生物がどのように意識を持っているかの問題であり、一方もう1つは、いつどのように意識が進化したかに関わっている。

解説

第1段落
第1段落の第1文（It's a lovely day and ...）が、何らかの著者の主張を表しているとは考えにくいでしょう。皆さんは明確な疑問を抱きにくいですから、「それで？」と次の文での相手の出方を待つしかありません。著者に指示されたように、「森の中で大きな樫の木を見つめている自分を想像しながら。その様子が細かく描写された後で、この段落の最後の2文

> This is your conscious experience. This is the tree for you.

に、これらの例のまとめが書かれています。つまり、第1文から第4文（You smell the earth, littered with acorns, and feel the damp air around you.）までの記述は、私たち人間の意識的経験、具体的には木がどのように経験されるかを述べたものです。この段落の main idea を挙げるなら、このまとめの2文に書かれている内容と言えます。

第2段落
しかしまだ、この例から**「著者がこの例を用いて何を言いたいのか」**という疑問の答えとしては不十分なように感じられます。ですから、その答えを求めつつさらに次の段落を読み進めなければなりません。第2段落の第1文は、

> But what is it like for the beetle, for those birds, for hidden sleeping bats above, or the snake hiding in the grass?
> しかし、カブトムシや鳥、上の方で隠れて眠っているコウモリや草の中で隠れているヘビにとってはどうだろうか。

となっています。ここから、次の2つのことがわかります。

(1) 第1段落では人間の意識的経験について具体的に描写していたが、第2段落ではそれに対比させて人間以外の動物や鳥、昆虫の経験に視点を移している。
(2) 第2段落第1文の最初にある But からわかる通り、第1段落よりも第2段落の方が著者の主張にとっては重要である。

そして、第2段落を読み進めていくと、再び最後の2文でこれまでと流れが変わります。最後から2つ目の文

> This is the question of animal consciousness.

で、「これが動物の意識の問題だ」と述べ、直前までの具体的記述をまとめているので、この文がこの段落の main idea と言えます。そして、最後の文

> There are really two separate questions here: one concerns which living creatures are conscious and in what way; the other concerns when and how consciousness evolved.

では、第1段落で記述された人間の意識的経験と第2段落で述べられた動物の意識についての問題の両方をまとめ、新たな問題提起をしています。したがって、この文は第1、第2両段落の main idea と言えるわけです。

では、もう1つ練習をしてみましょう。もちろん各段落の main idea をつかむ必要はありますが、今度は Paragraph structure に集中しながら英文を読んでください。

例題

先ほどの Paragraph structure を参考にしながら自分で Paragraph structure を書き、最後にこの文章全体の main idea を日本語で書いてください。（全訳をする場合には、まず全体を読み Paragraph structure と main idea を書き留めてから、全訳するようにしてください。）

⑨ Freud is reported to have said, "I am not a Freudian," just as Marx is supposed to have remarked, "I am not a Marxian."
 What both these men meant, of course, was that their

theories became exaggerated and distorted at the hands of their enthusiastic followers. The people who support a principle often do it more harm than the enemies of the principle.

I thought of this today while reading an article about "frustration" in which the author assumes that it is always a bad thing. He warns us that children must not be "frustrated," using the word as if it were some sin or crime. Yet, Freud, who was a balanced and sensible man, knew that some frustrations are necessary and some are harmful. It is our job as parents and as adults to learn to distinguish between the two.

"Frustrated," in its original sense, before the psychologists made it popular, simply meant "baffled or defeated." Now, it is a good thing for a child to be occasionally baffled or defeated. It is one of the means by which character is built.

Everybody is frustrated in something or other throughout life. The way we gain maturity is by learning to cope with frustration, to accept it, and to transform it into a positive source of energy.

(注) Freud　フロイト（1850-1939)、オーストリアの精神医学者、精神分析学の創始者／Marx　マルクス（1818-83)、ドイツの経済学者、哲学者

（2008年　東京学芸大学入試問題一部抜粋改題）

解答　解説

Paragraph Structure

［段落1］（具体例1）フロイト「私はフロイト学派ではない」
　　　　　　↓
［段落2］両者の主張は、<u>彼らの理論が熱狂的支持者の手によって誇張され、歪められるようになった</u>ということだ（main idea）
　　　　　　↓
［段落3］（具体例2）「フラストレーション」について
　　　　（子供はフラストレートしてはいけないと言われるが）
　　main idea：**フロイトは、「フラストレーションには必要なものもあれば有害なものもある」とわかっていた**

［段落4］「フラストレートした」のもともとの意味は「挫折した、敗北した」だった
　　main idea：**子供は時々挫折や敗北を感じながら、人格を形成する**

［段落5］誰でも人生を通じて何かしらフラストレートするものだ
　　main idea：**いかにフラストレーションに対処し、それを前向きなエネルギーに変えるかを覚えて、人は大人になっていく**

解答

Paragraph structure　上記参照。
main idea　理論はしばしばその支持者によって誇張されたり歪められたりして、元の理論とは異なるものに変えられてしまうことがある。

訳例

⑨1　フロイトは「私はフロイト派ではない」と言ったことが報告されている。それはちょうどマルクスが「私はマルキシストではない」と述べたと思われているのと同じだ。
　この両名が言わんとしたことは、もちろん、彼らの理論が熱狂的な支持者の手により誇張され歪められてしまったことである。ある理論を支持する人々はしばしばその理論の敵である反対者以上に有害になるのだ。
　私は今日、フラストレーションについての記事で、著者がそれを常に悪いものだと想定しているようなものを読むと、このことを思い出す。著者は我々に、子供はフラストレーションを感じてはいけないと警告し、ま

るで罪深いことか犯罪でもあるかのようにその言葉を用いるが、バランスの取れた思慮深い人であったフロイト自身は、フラストレーションの中には必要なものもあれば有害なものもあると知っていた。その区別を知ることは、親として大人としての我々の仕事なのだ。

　「フラストレートした」という言葉は、心理学者がその語を普及させる前のもともとの意味においては、「挫折した」や「敗北した」を意味していた。現在、子供が時々挫折したり敗北したりするのはよいことである。それは人格が作られる方法の1つである。

　誰もが一生を通じて、何らかのフラストレーションを感じる。我々は、どのようにフラストレーションに対処し、それを受け入れ、さらにそれを前向きなエネルギーに変えるかを身につけることによって、大人になっていくのだ。

解説

前回練習した英文に比べて段落が細かく分かれているので、各段落の main idea を一つ一つ考えようとするとやや手間がかかりますね。このようなときは、**それぞれの段落の中だけで主張が完結しているのではなく、いくつかの段落でひとまとまりになっている**ことがよくあります（前回の英文もそうでした）。このような場合、各段落の main idea にこだわるのではなく、もっと大きな枠組みで段落をとらえて読んでいくのがいいでしょう。そのためにも、Paragraph structure を把握するスキルは重要です。

第1段落におけるフロイトとマルクスの登場は単なる例にすぎず、著者はその両者の比較及び類似点の提示から、第2段落で述べられている main idea を導きだそうとしています。そして、この main idea の例が、さらに具体的に第3段落以降で述べられていきます。したがって、この第2段落の main idea は前後を具体的な例によって挟まれている構造をとっています。

では、最後にこの英文全体をまとめてみましょう。第2段落が main idea で、その他の第1段落及び第3段落以降はその例であることを考えると、この文章全体で重要なポイントは第2段落をまとめればよいことがわかります。したがって、最も簡潔にポイントをまとめると、**「理論はしばしばその支持者によって誇張されたり歪められたりして、元の理論とは異なるものに変えられてしまうことがある」**となるでしょう。

別冊の演習問題 14 に挑戦してみよう！

Column 4

たくさん読んだ方がいい？！

これはYes!でしょう。 たくさん読んだ方がいいに決まってます！ただ、これだけではあまりに単純なので、ここでは受験生や高校生の視点からもう少し違った角度でこの問題を見つめてみることにします。

「1つの文章を何度も繰り返して読んだ方がいいって聞くけど…」「復習は、たくさん読んでいることになるの？」コラム2でもお話しした通り、読み方には種類があります。何かをsearch（サーチ）する読みであるGear 5のscanning（スキャニング）、さらっと読んでザックリと要旨をつかむGear 4のskimming（スキミング）、最も一般的な「理解する」ために読むGear 3のrauding（ローディング）、何かを学び取ろうとするGear 2のlearning（ラーニング）、そして文章を覚えようとするGear 1のmemorizing（メモライズィング）です。皆さんが英語の勉強として行っている「1つの文章を繰り返して読んで復習する」という読みは、まさにGear 2のlearningの読み方です。

この復習において、単語やイディオムの意味を覚え、難しい文構造を再確認し、自分の力で読んだときに理解できなかったことが解説を聞いた（読んだ）後で理解できているかチェックをします。これは皆さんの英語学習の上では欠くことのできない大事なステップです。「授業を聞いても問題集で勉強してもその後でちゃんと復習しなければ何にもならないよ」とよく言われるのはこのためです。最も大事なlearningのステップがスキップ（skip）されてしまったら、学ぶことはできませんよね。

ただ、それだけではダメなんです。実際のテストで英文を読むときには、どのGearを使わなければならないでしょうか。一般的な理解、及び細部にわたるしっかりとした理解を求められているのならGear 3、すばやく要旨を読み取らなければならないのならGear 4でしたね。つまり、読み方の種類が異なっているのです。いつもGear 2の読み方ばかりしていたら、本番のテストで速度が遅すぎてTime up!ということになってしまいます。やはり、本番を意識した練習は必要でしょう。また、一度読んだ文章を再び読むか、それとも初めての文章を読むかにも大きな違いがあります。一度読んだ文章を再び読んでも、それは学ん

ことの確認にしかなりません。一方、新しい文章を読むという作業は非常にさまざまな認知活動を要します（コラム 1 参照）。「読んで理解する」という活動は、目で見た文字情報を頭の中の辞書や文法書と照合し、また前後の文脈とも照合し、さらにそれを自分自身の過去の経験や知識とも照合しながら、意味を構築する極めて複雑な作業です。目から文字情報を取り入れるのを「ボトムアップ処理（bottom-up processing）」、頭の中の知識や経験を文章に応用するのを「トップダウン処理（top-down processing）」と言いますが、この 2 種類のプロセスを上手に統合しなければなりません。このようなスキルは、「一度読んだ文章を再び読む」ことでは養われません。初めて出会う文章を自分の力で読み進めていくことでしか得られないのです。

初めての文章を読むことから、得られる利益がもう 1 つあります。それは「**スキーマ(schema)の拡大**」です。スキーマ（schema）と言ってもわかりにくいですね。背景知識とでも言い換えましょうか。例えば、皆さんがスターバックスでコーヒーを注文するのに、どうしたらいいかわからず店先でオドオドすることはないですよね。それは、皆さんの頭の中に「スタバのスキーマ」があるからです。スタバにはどんなコーヒーがあるか、どうやって注文したらいいか、品物はどこから出てくるか、もうわかりきっていることです。でも、それは日本のスタバのスキーマであって、カリフォルニアと同じとは限りません。日本みたいにいきなり注文すると店員がやたら素っ気ない。何で〜？と思って周囲を見ていると、やっぱり Hi. How are you today? とかから始めた方がいいらしい。一通り挨拶を終えてから注文する。"For here, to go?" "For here." と言って、店内で飲むことにする（あ、そういえば short サイズがないんです。その代わり、Venti よりも大きい Trenta というサイズがあるけど）。と、まあこうして私の「LA スタバ・スキーマ」が徐々にでき上がっていったのですが。このスキーマという背景知識は、読解の top-down processing に極めて重要な働きをします。

人間は、文章を読みながら頭の中にその内容を visualize（視覚化）していきますが、その際に不足している情報を自分のスキーマから補ったり、先を予測したりしながら読んでいます。つまり、自分がスキーマを持っていない文章を読むのはわかりにくくてしんどいのです（皆さんも経験ありませんか）。ただ、入試問題に出題される範囲の文章では、「スキーマがないから読めない」なんて避けてもいられません。どんな文でも最終的には読めるように背景知識をつけるためにも、さまざまな種類の文章を読まなければならないのです。ということは、どうやら回数よりも、読み方と文章のジャンルやトピックに関して、たくさん読まな

ければいけないようです。1つの文章を繰り返し読んで学ぶのはいいけれど、暗記するほど読んでも同じ文章は本番には出ませんから、新しい文章を自力で読み解いていく練習も実践的に行うことが大事なようですね。

・・・・メモ・・・・

STEP 8 著者は、何を言おうとしているのか

STEP 9

パラグラフ・パターン：Paragraph structure の練習

SECTION 26　事実と例（Facts & Examples）

　◆演習問題 15

SECTION 27　比較・対照（Comparisons & Contrasts）

　◆演習問題 16

SECTION 28　原因と結果（Causes & Effects）

　◆演習問題 17

SECTION 29　分類（Classifications）

　◆演習問題 18

コラム 5　　　たくさん読むと単語を覚える？！

> **パラグラフ・パターンの学習**
>
> パラグラフの中心であるmain ideaについて知っておくべきことは、これまででほとんど練習し終えました。ここからは、視点をmain ideaからsupporting evidenceに移して、パラグラフの細部を読み取る練習をしていきます。
>
> しかし、もちろんこれまでと同様、著者がそのパラグラフで何を言おうとしているのかを把握するのは重要なことですのでmain ideaをつかむことは忘れずに！

SECTION 26

パラグラフ・パターン：Paragraph structure の練習
――事実と例（Facts & Examples）

さて、これまで練習してきた、「main idea はパラグラフの初めに書き、その後は具体的記述を記す」という典型的な英文の構成は、英語話者なら誰もが当たり前のようにできるものというわけではありません。**アメリカの学生も、高校生または大学生になってから writing の授業で習うものです。**

つまり、このようなライティングのスキルは、自分が書いたものによって読み手をいかに説得するか、いかに影響力や説得力のある文章が書けるかというストラテジーの１つとして、教養ある英語話者が高等教育において身につける手法なのです。そして、皆さんは英語非母語話者として、そのようなストラテジーを身につけた英語話者が公に出版した英語の読み物を、大学入試において、またその後の社会生活において読むこととなります。

そこで、手っ取り早くそのような英文の読み方を身につけるには、どうすればよいでしょうか。おそらく一番簡単な方法は、英語母語話者がどのような書き方のストラテジーを高等教育で学ぶのか、その方法をあらかじめ知っておくことでしょう。すなわち「相手の出方を知っておく」ことです。その第１段階が、皆さんがこれまでで学んだ「まず main idea を初めに書いてしまう」という手法です。

しかし、英語母語話者が学校で学ぶライティングのストラテジーはこれだけではありません。彼らは、main idea を示した後で、自分の主張の妥当性を読み手にわかりやすく印象づけていくための書き方のパターンを実践的に学んでいきます。それが**「パラグラフ・パターン」**です。「実践的に」と述べましたが、彼らの実践教育は実に多面的です。ライティングの実践練習はもちろんのこと、リーディングでもこの「書き方のパターン」を意識的に学びます（英語母語話者ももちろん、このような書き方を高等教育で身につけた著者が書いたものを読むわけです。ですから基本的に、ライティングとリーディングは表裏一体のトレーニングと言えます）。このリーディングのレッスンで、学生たちはまず熟練した書き手による「よい書き方」の例を学びます。さらに、ピア・レビューイング（peer reviewing：クラスメイト同士で、良い点や改善点を挙げながら、書いた作品を評価し合うこと）などを通して、等身大の書き手による「身近でよい書き方」を学ぶのです。

では、彼らはどのような「書き方のパターン」を学習するのでしょうか。

ライティング・ストラテジー

アメリカの大学でよく用いられるライティングのテキストブックには、さまざまなライティング・ストラテジーが細かく分類されています。例えば、ある言葉の定義を述べながら論を進めていく Definition や、2つのものを対照的に比較していく Comparison & Contrast など基本的なストラテジーもあれば、議論展開そのものを扱う Argumentation などより実践的なものも見られます。学生たちは、これらのストラテジーを一つ一つ練習しながら、アメリカの大学で宿題（assignment）として課される大量のリーディング課題をこなす術を身につけ、さらに説得力のある、より整理された論文が書けるよう技術を養っていきます。

本書では、それらのライティング・ストラテジーのうち、特により基本的であり、それゆえに頻出である4つのストラテジー

- **Facts & Examples**
- **Comparison & Contrast**
- **Causes & Effects**
- **Classification**

を扱っていきます。これら4つのストラテジー（以降、パラグラフ・パターンと呼ぶことにします）は、人間の思考には欠かせないものであり、それゆえに説得や理解の大いなる助けとなります。

例えば、難しい概念を理解するには、より具体的で身近な例を持ち出すことが役に立ちますし（Facts & Examples）、また何かを評価したり価値判断したりする際には他のものとの比較（Comparison & Contrast）が基本になります。さらに、この世界の現象や出来事を説明するには因果関係を提示すること（Causes & Effects）が必要不可欠ですし、そもそも読み手にわかりやすく何かを伝えようとするためには、語られたり記述されたりすべき雑多な事柄を分類整理（Classification）して述べなければ相手を混乱させるにすぎません。

本章では、こうしたリーディングとライティングに基本的な技術を皆さんにしっかりと身につけていただきたいと思っています。

では、ここからは実際にパラグラフ・パターンを、順を追って見ていきましょう。

【1】Facts & Examples

まず、最もわかりやすいパターンである Facts & Examples（事実と例）について練習します。

「自分の主張を述べた後で、その主張を裏づけるような具体例や実験を説明する」方法は、読み手にとってわかりやすいですし、書き手にとっても最も手軽な説得法としてよく用いられます。これはちょうど、前セクションの「例から始まるパラグラフ」で練習した、具体例から始まって最後にその具体的記述から主張したかった main idea を述べるパターンと逆の順序のように見えます。

例から始まるパラグラフとの比較

確かに同種ではあるのですが、「例から始まる」場合には、比較的著者自身の直接的経験や、他者から聞いたり本で読んだりした間接的経験を含むエピソードや逸話などのストーリー性のあるものが例として多く挙げられるのに対し、「main idea が先に述べられその後に具体的記述がなされる」パターンの場合には、エピソードや逸話だけでなく、科学的実験や社会科学的研究の例、統計的データなど、さまざまなタイプの supporting evidence が用いられるようです。

このパラグラフ・パターンで注意すべき点は、「例から始まる」ものと同じです。**例や実験や統計データは、全て著者の main idea を裏づけ、説得力を高めるためにそこに用いられています。**例や具体的な記述は、その具体性ゆえに難解で抽象的な語が用いられていないため、読みやすく記憶にも残りやすいものです。しかし、決してその部分が中心ではありません。必ず**著者の main idea に立ち返る**習慣をつけましょう。

ルール 49

◆例やデータの supporting evidence は、著者の主張である main idea を裏づける証拠として挙げられているもの。その例は何を言いたいための例なのか、main idea の確認を忘れないこと。

さて、このタイプの例や事実を用いた supporting evidence は、一見して具体的記述だとわかるものが多いですが、それでも何らかの signal word(s) を用いて具体的記述であることを明示する場合も少なくありません。以下にいくつかこのパラグラフ・パターンで用いられる signal words を挙げておきますので、英文のパラグラフを読む際の参考にしてください。

〈例を表す Signal words〉

for example：例えば（副詞）
for instance：例えば（副詞）
say：例えば（副詞、挿入的に両側にカンマを伴って用いる）
such as 〜：例えば〜のような（as の後には名詞が来る）
such 〜 as ...：…のような〜（such の後には名詞、as の後にはその名詞の例）
Suppose (that) S + V 〜：(例えば) 〜と考えてみよう（仮定を提起）
Imagine (that) S + V 〜：(例えば) 〜と想像してみよう（仮定を提起）
Take 〜 (as an example)：〜を例にとってみよう（例を提起）
to name but a few：ほんの少し例を挙げると（list up された例の前後で用いられる独立した副詞句）

それでは、ここで実際に英文を読んで練習してみましょう。

=== 例題 ===

次の英文を読んで、各パラグラフの main idea を把握し Paragraph structure を書きなさい。また、この英文全体の main idea を日本語でまとめなさい。

⑨2 The question why a language becomes a global language has little to do with the number of people who speak it. It is much more to do with who those speakers are. Latin became an international language throughout the Roman Empire, but this was not because the Romans were more numerous than the peoples they ruled. They were simply the most powerful. And later, when Roman military power declined, Latin remained for a thousand years as the international language of education, thanks to a different sort of power—the church power of Roman Catholicism. Without a strong power-base, whether political, military, or economic, no language can make progress as an international medium of communication.

　This point may seem obvious; however, many popular and misleading beliefs have grown up about why a language should become internationally successful. It is quite common to hear people claim that a language becomes a global language, on account of its perceived aesthetic qualities, clarity of expression, or literary power. Greek, Latin, Arabic and French are among those which have been praised in such terms, and English is no exception. It is often suggested that there must be something inherently beautiful or logical about the structure of English, in order to explain why it is now so widely used. Some suggest that it has less grammar than other languages, so it must be easier to learn. Such arguments are misconceived. Latin was once a major language, despite its highly complicated grammatical structure.

（2007年　関西学院大学入試問題英文一部抜粋改題）

Paragraph structure は書けましたか。例を示す signal words は特に用いられていませんでしたが、比較的容易に例とわかる内容の supporting evidence でしたね。

解答 解説

TOPIC「世界言語になる理由」

Paragraph Structure

［段落 1］ main idea：ある言語が世界言語になる理由は、その言語を話す話者の数が多いからではなく、その話者がどのような人々かということにある

S. E.：ラテン語が国際語となったのは話者数によるのではない

1. ローマ帝国の力が強大だったから
2. ローマカトリック教会の影響力があったから

→ 政治・軍事・経済などの強大な力が、世界言語となるには必要

［段落 2］ これは一見明らかなようだが、実はそうでもない

main idea：世界言語の理由については、**多くの誤った信念**が広まってきた

↓

S. E.　：言語自身の美しさ、表現の明白さ、文学的な力が原因で世界言語になる

例　　：ギリシャ語、ラテン語、アラビア語、フランス語、英語
しかし、ある言語固有の美や論理性は問題ではない（例：ラテン語）

解答

Paragraph structure 上記参照。

main idea ある言語が世界言語となる要因はその話者の政治経済的影響力にあるが、言語そのものの質にあると誤って考えられてきた。（56 文字）

訳例

(92) ある言語がなぜ世界言語になるのかという問題は、その言語を話す話者の数とはほとんど関係がない。

その言語の話者がどのような人々なのかということにはるかに関係があるのだ。ラテン語はローマ帝国全土で国際語となったが、これはローマ人の方が非支配民族よりも人口が多かったからではない。ローマ人は単純に最も強かったのだ。そして後に、ローマの軍事力が弱まってからも、ラテン語が 1,000 年の間教育における国際語であり続けたのは、今度は異なる種類の力であるローマカトリック教会の権力のおかげであった。政治であろうと軍事であろうと経済であろうと、強い力が根底になければ、どんな言語も国際的なコミュニケーションの道具として発展することはできないのだ。

　この主張は明らかなように思われるかもしれない。しかし、ある言語がなぜ国際的言語として成功するのかについては、多くの大衆的で誤解を招きやすい考えが広まってきた。人々が、ある言語が世界言語となるのは、その言語を聞いたときに感じる美的性質や表現の明白さや文学的な力のためである、と主張するのを聞くことは極めて一般的だ。ギリシャ語、ラテン語、アラビア語、フランス語はみな、そうした点で賞賛されてきた言語の 1 つであり、英語も決して例外ではない。英語がなぜこんなにも広く使用されているかを説明するために、英語の構造には何か固有の美しさや論理性があるに違いないとしばしば示唆されてきた。中には、英語は他言語よりも文法が少ないから、より簡単に習得できるのに違いない、と言うものもいる。しかし、そのような議論は誤解である。ラテン語は、非常に複雑な文法構造を持っているにもかかわらず、かつては主要な言語だった。

解説

第 1 段落

まず、第 1 段落の第 1 文で、「ある言語がなぜ世界言語になるのかという問題は、その言語を話す話者の数とはほとんど関係がない」と述べていますが、そのときに「では何と関係があるのだろうか」という問いを筆者に投げかけることができましたか。

もちろんいつものように、第 1 文が main idea と考えて読んでいこうとするのですが、その文が否定文の場合にはそのままでは main idea を表してはいません。例えば、「A とは関係がない」と言われたら「では、何と関係があるのか」と問いたくなるように、その否定の部分を肯定に換えた文が書かれなければ著者の主張は完結しないのです（ルール 42 参照）。著者ももちろんそのことは承知していますから、第 2 文にその問いの答えを「その言語の話者がどのような人々なのかということにはるかに関係があるのだ」と明らかにしています。

したがって、この段落の main idea は第 1、2 文に書かれている **「ある言語が世界言語になる理由は、その言語を話す話者の数が多いからではなく、その話者がどのような人々かということにある」** となります。

第3文では、最初におかれている主語が「Latin（ラテン語）」であることからわかるように、具体例の部分になります。これはもちろん main idea である「世界言語になる理由」の例であり、ここでは「ラテン語がローマ帝国の統治者であるローマ人たちが話した言語である」ということ、さらに「その後もローマカトリック教会の強大な力があったこと」などが挙げられています。

第2段落
次の段落では、main idea が however によって第1文からひっくり返されています。もう慣れましたね。第1文では「この主張は明らかなように思われるかもしれない」と書かれていますが、すぐ直後に however がありますから、「実際には明らかではない」ことが簡単に予想できます。続けて読むと、やはり「**ある言語がなぜ国際的言語として成功するのかについては、多くの大衆的で誤解を招きやすい考えが広まってきた**」とありますから、前の段落で書かれていたような「世界言語となる真の理由」は、一見明らかなようでそれほど当たり前に一般に受け入れられてはいないとわかります。予想通りの展開です。そして、この第1文の後半（セミコロンの後）がこの段落の main idea になります。

この main idea の部分を読んで、皆さんはどのような問いを投げましたか。やはりこの部分で不明瞭なのは "many popular and misleading beliefs"、つまり「多くの大衆的で誤解しやすい考えと言っているが、どのような考えが広まってきたのか」という問いでしょう。この問いに対する説明は、その直後の文からの supporting evidence の中でなされています。では、その文を見てみましょう。It is quite common to hear people claim that ...「人々が…のように主張するのを聞くのは極めてよくあることである」とありますから、この that 節内が "many popular and misleading beliefs" の内容です。そこで that 節内を訳してみると、「ある言語は、その知覚される美的性質、表現の明白さ、文学的力のために世界言語になる」と書かれています。これがここから始まるこの段落内の一連の supporting evidence の中心で、この次の文からはさらなる具体的記述になります。

では、最後に Facts & Examples でよく用いられるパターンをもう1つ紹介します。それは「実験の具体例」です。著者の main idea を裏づける証拠（supporting evidence）として実験を例に挙げているとき、皆さんはその実験

内容及び結果が著者の主張に一致するものであることを念頭において読んでいく必要があります。こんなことは当たり前のように聞こえるかもしれませんが、実験の状況とは、日常的な自然状況の中で起こるものではなく、研究者が人工的に作り出そうと注意深くコントロールされたものです。そのため、その方法や手順などは時として非常に不自然で理解しにくい場合もあります。そのような場合でも、著者のmain ideaをしっかり念頭においておくことにより、実験目的（main ideaと一致するかまたはmain ideaから得られた疑問と深く関わる）と実験の結論（main ideaと一致）を見失わずに読むことができます。また実験目的をきちんと把握していれば、複雑な実験方法でも、実験目的と矛盾のないように読むことで、正しく理解することができます。では、実験をsupporting evidenceに提示するパターンにおいて注意すべき点を挙げておきましょう。

> **ルール50**
>
> 実験のsupporting evidenceで確認すべき点
> 1. 実験目的：なぜその実験を行うのか（main ideaと深い関係または一致）
> 2. 実験方法：どのような実験だったのか（細かい点も目的と矛盾のないように）
> 3. 実験結果：どのような結果が得られたか（main ideaと矛盾のないように）
> 4. 結論：この実験からどのようなことが言えるのか（main ideaと一致）

ここで、結果と結論の2項目は紛らわしいようですが、結果はあくまで実験の結果であり、結論はその実験結果から引き出されるものです。つまり、結論はその実験を行った目的やそのために掲げた研究課題（research question）の答えとなる、実験結果よりももっと根本的で大きな枠組みだと言えるわけです。

別冊の演習問題15に挑戦してみよう！

SECTION 27

パラグラフ・パターン：Paragraph structure の練習
―― 比較・対照（Comparisons & Contrasts）

【2】 Comparisons & Contrasts

ここでは、英文を読む上で最も重要であり頻繁に用いられるパラグラフ・パターンである Comparisons & Contrasts（比較・対照）を練習していきます。

このパラグラフ・パターンは、日本語の文章ではそれほど明瞭ではないのですが、英語の文章ではよく用いられ、論理展開も明白です。また、このパラグラフ・パターンを身につけておくと、見慣れない語や表現の意味の推測にも役に立ちます。しかし、そのいずれの利点も、ルールを理解し、練習を重ね、意識して読まなければ、得られるものではありません。

文化的背景

以前から、言語文化による文章の書き方の違いについて指摘がなされてきました。第二言語習得や外国語教育の分野で最もよく知られているのは、おそらく 1960 年代にロバート・カプランという人が書いた論文の Contrastive rhetoric（対照修辞学）でしょう。彼はこの論文の中で、英語母語話者、東洋言語話者（韓国語話者が例）、セム語話者（アラビア語話者が例）、ロマンス語話者（フランス語話者とラテンアメリカ系スペイン語話者が例）、ロシア語話者による英語で書かれた作文を比較し、そのライティング・スタイルが文化的影響を受け、それぞれ異なることを発見しました。カプランによると、「英語話者は直線的に論を進めるのに対し、東洋言語話者（論文脚注において、これには中国語と韓国語が含まれるとされている）は、間接的で決して主題には直接触れず、主題を中心にした渦巻きのように遠回しに論を進める特徴がある」と述べています。

このように文化別に学習者を大雑把に分別しそれぞれのスタイルを一般化する分析は、あまりにも単純で学習者にも教育者にも固定観念を植えつける危険性があるため、特に 1990 年以降、多文化多言語社会が当たり前のように提唱され、学習者それぞれの背景や状況がより注目を浴びるようになってからは、批判を受けるようになりました。しかしそれでも、このような文化間の相違が唱えられた当時は、非常にセンセーショナルであったことは事実ですし、また現在でも文化間にこのようなライティ

ングのスタイルの相違が全くないと言われているわけではありません。

また、ライティング・スタイルと直接関係づけられて論じられてはいませんが、一般的に認識されている西洋思想と東洋思想の違いの1つに、二元論と陰陽思想があります。

西洋的思想は、善と悪や精神と肉体、天使と悪魔に代表されるように、この世の事象を相反する2つのものに区分する考え方に基づいているといわれ、日常的にさまざまなレベルで、このような「二者を比較」し「背反する2つのものとして述べる」ことはよく見られます。こうした善悪二元論のような考え方では、「善が悪を倒すための戦い」などに見られるように、その2つのものが調和するという概念は基本的にはありません。

一方、日本を含む東洋の陰陽思想では、陰と陽は確かに対照的な2つのものではありますが、光がなければ影は存在しないように互いになくてはならぬ存在で、どちらかがどちらかを成敗するといったものではなく調和し合うことで全体を形成すると考えられています。

Comparisons & Contrasts のようなライティングのストラテジーが、英語の文章ではよく用いられるのに対し、日本語の文章ではあまり顕著でないのは、このような文化的考え方の相違も関係するのかもしれません。

さて、文化的背景はそこまでにして、パラグラフ・パターンそのものに視点を移しましょう。

・・・・・

これまでにも述べてきた通り、そもそもさまざまな種類のパラグラフ・パターンは、**著者が自らの主張の妥当性を示し、読み手にとってその主張を受け入れやすくするために**用いられます。そのような目的で用いられる以上、基本的に例であろうと比較対照であろうと、それらを用いる際に論理を複雑化し読み手にわかりにくくするなど逆効果を与えるようなことはしません。

このような前提から、Comparisons & Contrasts の構造について次のようなことが言えます。

> ## ルール 51
>
> ２つの要素ＡとＢを比較したり、対照的に述べたりする構造では
> 1. 第３の要素Ｃは出てこない。
> 2. 比較される要素のどちらかが説明されれば、もう一方の要素については書かれていなくてもその反対と考えればよい。
> 3. 比較される要素ＡとＢのそれぞれの描写説明において、難解な語彙が含まれていようとも、いずれか一方の説明が把握できれば、もう一方はその反対の意味と考えればよい。

では、１つ目のルールから順番に、日本語の例文を参考にしながら簡単な説明を加えましょう。

ルール 51-1

先ほどの「二元論と陰陽思想」を述べた文章の「一方、」から始まる段落で、私も日本語で書きながら Comparisons & Contrasts のパターンを用いました。

そこで、私は東洋思想（陰陽思想）と西洋思想（二元論）を比較し、対照的に述べることで、二元論に基づく西洋思想を英語のライティングで頻繁に用いられる Comparisons & Contrasts のパラグラフ・パターンと関係づけようとしました。

ここで私は「日本語の作文とは異なり、英語のエッセーでは Comparisons & Contrasts のパターンがよく用いられる」ことを強調したいために、その背景に存在する両者の思想体系に触れているのですから、この中で第３の要素となる他の思想について説明を加えたとしても話をややこしくするだけで全く利点はありません。東洋の思想を陰陽思想とひとまとめにするのではなく、中国、日本、韓国等々それぞれの国別に分ける方法もあるかもしれませんが、それではさまざまな国や文化の伝統的な思想を紹介することに焦点が当たってしまい、２つの要素を比較しその相違点から何かを述べようとする本来の趣旨から外れてしまいます。したがって、あるものを比較し、その違いを浮き彫りにし、そこから何らかの結論を導きだそうというときには、**第３の要素はあってはならないのです。**

ルール 51-2 & 3

ルール 51 の 2 と 3 は、いずれもより意識的に深く正確に読むために役立つルールです。

例えば、次のような文章があったとしましょう。

> Comparisons & Contrasts は、Facts & Examples よりも、より論理的に明確で、そのためこのパターンを用いる際には構成をよく考え整理することが必要です。また、対照関係を明らかにするための signal words を適切に用いる必要があるのも、このパターンの顕著な特徴です。

この文章で述べられているいずれの特徴も Comparisons & Contrasts を主体としており、比較されているもう一方の Facts & Examples については何の記述もなされていないように見えます。しかし、この両者は互いに比較対照の関係にあることから、**どちらか一方についてその特徴や性質が記されていれば、もう一方については「その反対」と考えればよい**ので、**容易に推測ができるわけです**。

例えば、Comparisons & Contrasts については、「より論理的に明確」とありますが、そうすると両者の比較に基づいて考えた場合、Facts & Examples は Comparisons & Contrasts ほど「論理的に明確ではない」と言えます。このように、Comparisons & Contrasts のパターンを用いている文章では、どちらか一方についての記述があれば、もう一方について、たとえ記述がなされていなくても、また難しい表現が用いられていようとも、推測が可能なわけです。ただし、記述されている内容はあくまで**比較に基づいてのみ成り立つ相対的なもので、絶対的な性質が述べられているわけではない**ということも忘れてはなりません。

これと同様に、たとえ比較されているもう一方の記述もなされていて、その中に難解な語彙が含まれていたとしても、このような対照関係を考えれば容易にその語の意味も推測できる、というのが、先ほどのルール 3 です。

では、次に Comparisons & Contrasts でよく用いられる signal words を紹介します。英文を読むときの参考にしてください。

〈比較対照を表す Signal words〉

On the one hand, 〜 . On the other hand, 〜 . : 一方では、〜。他方では、〜。
　　　　　　　　　　(on the one hand の方は省略されることも多い)

in contrast	:対照的に、それにひきかえ（副詞）
by contrast	:それに反して、一方、それとは対照的に（副詞）
on the contrary	:一方、逆に、それどころか（副詞）
contrarily	:反対に、逆に（副詞）
conversely	:反対に、逆に（副詞）
meanwhile	:一方、その間（副詞）
in contrast to + 名詞	:〜とは対照的に（前置詞）
by contrast with + 名詞	:〜と対照してみると、〜と比べることによって（前置詞）
compared to/with + 名詞	:〜と比べると、〜と比べて（前置詞）
in comparison to/with + 名詞	:〜と比べると、〜と比べて（前置詞）
contrary to + 名詞	:〜に反して、〜とは反対に（前置詞）
while/whereas/where/as SV	:〜だが一方（接続詞）

それでは、実際に英文を読んで練習してみましょう。

SECTION 27.

例題

次の英語のパラグラフを読み、設問に答えてください。

⑨ Scientific controversy continues and nowhere is it more apparent than in trying to answer the fundamental questions about human origins, or our roots. The controversy exists between the traditional anthropologists* and the molecular* anthropologists. The molecular anthropologists propose that humans did not evolve slowly and gradually in different parts of the world, but rather that the evolution from archaic* to modern *Homo sapiens* occurred 140,000 to 290,000 years ago, probably from one group and probably in one place—Africa. The descendants of this group then migrated to other parts of the world 90,000 to 180,000 years ago.

*anthropologist 人類学者／molecular 分子／archaic 古代の

(1) このパラグラフの main idea を日本語でまとめなさい。
(2) このパラグラフにおいて対立・対照関係にある A と B を文中から抜き出しなさい。
(3) (2)で答えた A と B の、それぞれの主張を日本語で簡潔に書きなさい。
(4) このパラグラフの Paragraph structure を書きなさい。

(2008年　千葉大学入試問題一部抜粋改題)

STEP 9 パラグラフ・パターンの学習

いかがでしたか。比較対照関係はすぐに見つかりましたか。

解答　解説

解答

(1) 伝統的な人類学者と分子人類学者の間の人類の起源に関する論争は、科学論争の中でも最も明らかなものである。

(2) the traditional anthropologists, the molecular anthropologists
(3) the traditional anthropologists の主張＝「人類は世界中のさまざまな地域でゆっくりと徐々に進化していった」／the molecular anthropologists の主張＝「古代の人類から現代の人類ホモ・サピエンスへの進化は、14万年前から29万年前までにアフリカというおそらく1つの地域で1つの集団から起こったものである」
(4) 次のページにある「Paragraph Structure」を参照。

訳例

⑨3 科学の論争は絶えず続いているが、人類の起源、すなわち我々の根源に関わる根本的な問題に答えを出そうとすることほど、その論争が明らかなところはどこにもない。その論争とは、伝統的な人類学者と分子人類学者の間に存在するものだ。分子人類学者の方は、人類は世界中のさまざまな地域でゆっくりと徐々に進化していったのではなく、むしろ古代の人類から現代の人類ホモ・サピエンスへの進化が14万年前から29万年前までにアフリカというおそらく1つの地域で1つの集団から起こったものだ、と提案している。そしてそれから、このグループの子孫が9万年前から18万年前の間に世界中の他の地域に移住をしたのだ。

解説

まず、main idea は第1文と考えていいでしょう。ただし、このパラグラフが Comparisons & Contrasts のパラグラフ・パターンであることを考えると、Contrast の関係が表れている第2文も補足して、「伝統的な人類学者と分子人類学者の間の人類の起源に関する論争は、科学論争の中でも最も明らかなものである」がよいでしょう。

したがって、対照関係にあるのは、the traditional anthropologists と the molecular anthropologists になります。

また、この両者の主張は、第3文以降に書かれています。一見すると、the molecular anthropologists の主張しか書かれていないように見えますが、実は否定表現を上手く用いながら、the traditional anthropologists の主張についても記述しています。ここで注目すべきは、not A but (rather) B「Aでなくて、(むしろ) B」の構造です。もちろん the molecular anthropologists の主張は B に書かれていることですが、A の内容も無駄にそこに書かれているわけではありません。わざわざ「Aではなく」とそこで引き合いに出して否定する理由は、それが対立する論を唱えている the traditional anthropologists の主張だと

いうことです。つまり、最初に提示された比較対照関係は、その後内容においても、それが関係するあらゆる記述に影響を及ぼすのです。したがって、(3) の答えとして、the traditional anthropologists の主張は「人類は**世界中のさまざまな地域でゆっくりと徐々に進化していった**（humans evolved slowly and gradually in different parts of the world）」であり、一方 the molecular anthropologists の主張は「古代の人類から現代の人類ホモ・サピエンスへの進化は、**14万年前から29万年前までにアフリカというおそらく1つの地域で1つの集団から**起こったものである（the evolution from archaic to modern *Homo sapiens* occurred 140,000 to 290,000 years ago, probably from one group and probably in one place—Africa）」となります。

では、以下の Paragraph structure を参照してください。

TOPIC「伝統的人類学者と分子人類学者による人類の起源をめぐる対立」
Paragraph Structure

main idea：伝統的な人類学者と分子人類学者の間の人類の起源に関する
　　　　　 論争は、科学論争の中でも最も明らかなものである

A：伝統的な人類学者　　　⇔　B：分子人類学者
　　　↓　　　　　　　　　　　　　↓
　　人類は　　　　　　　　　　　人類は
　−世界中のさまざまな地域で　⇔　−アフリカという1つの地域で1つの集団から
　−ゆっくりと少しずつ進化した ⇔　−14万年前から29万年前まで進化した

別冊の演習問題 16 に挑戦してみよう！

SECTION 28

パラグラフ・パターン：Paragraph structure の練習
　　　　　　　　　　——原因と結果（Causes & Effects）

【3】 Causes & Effects

ここでは、もう1つの典型的なパターンである Causes & Effects（原因と結果）について練習しましょう。

因果関係を示すこのパラグラフ・パターンは、他のパターンとは用い方や表し方が少し異なります。すでに練習した Facts & Examples のように、明らかに具体的で signal words がなくても main idea を裏づける supporting evidence だとわかるわけでもありませんし、また Comparisons & Contrasts のように、比較されている2つのものに気づけば、その関係がその段落あるいはその後の段落にまで及ぶといった強力で明らかなライティング・パターンでもありません。

因果関係は main idea に現れることも supporting evidence に現れることもありますし、一目でわかる signal words を持たないように見えることもよくあります。段落内の構造に関しても、段落の最初の main idea に結果が述べられ、その後の supporting evidence でその原因がいくつか並べられたり、またはその逆で main idea に原因となる事柄が述べられ、supporting evidence でその結果が挙げられたりすることもあります。また、そのような単純な因果関係ではなく、ある事柄が述べられ、その結果が書かれ、さらにその結果となる事柄が挙げられ、さらにその結果が…というように、より複雑な因果関係が段落内で説明されることもあります。

重要なことは、「何から何が起こったか」すなわち「どの原因からどの結果が生じたのか」を把握すること、そして**原因と結果を混乱して読み違えない**ことです。

ルール 52

◆どのような原因から、どのような結果が生じたか、把握する。
◆原因と結果を取り違えないようにする。

もちろん、これまでのパラグラフ・パターンと同様に、因果関係を示す signal words はあります。以下に典型的なものを挙げますので、覚えて使えるようにしましょう。

〈因果関係を表す Signal words〉

◆結果を示すもの
as a result：結果として（副詞）
as a consequence：結果として（副詞）
consequently：その結果（副詞）
accordingly：その結果、したがって（副詞）
therefore：したがって、それゆえに（副詞）
thus：したがって、それゆえに、このようにして（副詞）
hence：したがって、それゆえに（副詞）
as a result of 〜：〜の結果として（前置詞）
as a consequence of 〜：〜の結果として（前置詞）

◆原因を示すもの
for the reasons (mentioned) above：上記の理由から（副詞、from ではない）
because/since/as SV：〜なので（従位接続詞）
because of + 名詞：〜なので、〜のために（前置詞）
on account of + 名詞：〜のために（前置詞）
owing to + 名詞：〜のために（前置詞）
due to + 名詞：〜のために、〜による（前置詞、be due to 〜でも用いる）

◆原因と結果を含む構文
This/That is why SV：
「こういう／そういうわけで…［結果］…」
This/That is because SV：
「これ／それは…［原因］…だからだ」
SV [結果], for SV [原因]...：
「［結果］、というのも…［原因］…だからだ（等位接続詞）」
SV [原因 ..., so SV [結果]...：
「…［原因］…、だから…［結果］…（等位接続詞）」
SV [原因]..., so that SV [結果]...：
「…［原因］…、その結果…［結果］…（相関接続詞）＊」
SV so ～ that SV [結果]...：
「とても～なので、…［結果］…（相関接続詞）」
Now that SV [原因], SV [結果]：
「今はもう～なので、…［結果］…（相関接続詞）」

＊相関接続詞：接続詞が副詞などの他の語を伴ってある構造を作りだし、一つの接続詞の役割をするもの。他に both A and B、either A or B などがある。（「句と節―副詞節」のセクション参照）

さて、以上の signal words を見て、これまでのパラグラフ・パターンで用いられた signal words と異なり、皆さんが**日常的にそれと意識せずに用いていた構文などにも因果関係が潜んでいた**ことに気づいたのではないでしょうか。ですから、この Causes & Effects のパターンは、他のパターンよりも読んでいるときに特に意識をする必要があるのです。そうしないと、例えば長文内容一致の問題などでも、「読んで訳すことはできたけれど、因果関係に気づけなかったために、選択肢を間違えて答えてしまった」ということも十分にあり得るのです。

上記のように、皆さんが日常的に英文を読む際に意識しないレベルで因果関係があふれていることは、このパラグラフ・パターン特有の signal words の種類からもわかります。これまでのパラグラフ・パターンの signal words は、副詞が最も多く、その他には接続詞、前置詞などがありました。しかし、**この因果関係のパラグラフ・パターンでは、動詞にも注意を払う必要があります**。例えば、

cause や result などは動詞としても頻繁に用いられますし、このような明らかに因果関係とわかる動詞以外にも、因果関係を暗示するものは結構多いのです。以下にいくつか例を挙げますので、参考にしてください。

〈因果関係を表す動詞（句）〉

◆結果を示すもの
　cause：～をもたらす、引き起こす
　bring about ～：～を引き起こす
　［原因］result in［結果］：～をもたらす、～の結果になる
　lead to ～：(結果として) ～につながる
　effect ～：～をもたらす（affect と混同しないこと）
　contribute to ～：～に貢献する
　make O C：O を C にする（C が結果の状態を表す）

◆原因を示すもの
　［結果］result from［原因］：～から起こる
　stem from ～：～に起因する
　arise from ～：～から生じる
　come from ～：～から来ている
　owe A B / owe B to A：B は A によるものである
　attribute A to B：A を B によるものとする

これほどに微妙な形で段落内に現れる因果関係なのですが、ある事柄に関する**原因や結果は、トピックとして重要視される**ことが多いものです。したがって、このような段落の場合、main idea をつかむときに注意が必要です。前後の文脈に注意しながら、**因果関係がその文章において重要な役割を果たしていれば、段落のどこに書かれていようとその段落の main idea と考えるべきです。**

それでは、実際に英文を読んで、因果関係を整理していく練習をしましょう。

―― 例題 ――

次の英文を読んで、各パラグラフの main idea を把握し Paragraph structure を書きなさい。Paragraph structure では、原因と結果の関係を簡潔に明示しなさい。

⑭ Since the middle of this century, women around the world have been seeking greater independence and recognition. No longer content with their traditional roles as housewives and mothers, women have joined together to create the women's liberation movement. While the forces behind this international movement vary from culture to culture and from individual to individual, the basic causes in the United States can be traced to three events: the development of effective birth-control methods, the invention of labor-saving devices for the home, and the arrival of World War II.

　The first cause of the liberation of women was the development of effective birth-control methods, freeing women from the endless cycle of childbearing and rearing. As a result of having a choice as to *when* and *if* to bear children, women acquired the freedom and the time to pursue interests outside of the home. Because of the development of birth control, women could delay having children or avoid having them altogether; consequently, women had the opportunity to acquire an education and pursue a career.

　Another event was the development of mechanized labor-saving devices for the home, resulting in more leisure time and freedom for women. For example, fifty years ago, a housewife spent an average of twelve to fourteen hours per day doing housework. Due to the invention of machines such as vacuum cleaners, washing machines, and dishwashers, a housewife can now take care of her daily housework in about five hours.

　The final event that, at least in the United States, gave power

> to the liberation of women was World War II. During the war, most men were serving in the military. Consequently, women had to fill the vacancies in the labor force. Women by the thousands went to work in factories and took over businesses for their absent husbands. This was a great change for the majority of American women, for they discovered that they could make airplane parts and manage businesses as well as change diapers and bake bread.
>
> （2008年　香川大学入試問題一部抜粋改題）

非常に明快で模範的な構成でしたね。全体は4つのパラグラフから成り立っていますが、それぞれが明確なまとまりを持って書かれ、Paragraph structure も容易に書けたのではないでしょうか。

解答　解説

解答

Paragraph structure　p.243 を参照。

訳例

㉞ 今世紀の半ば頃から、世界中の女性たちがさらなる自立と認識を求めてきた。もはや家庭の主婦や母親といった彼女たちの伝統的な役割には満足できず、女性たちは団結して女性解放運動を作り上げたのだ。この国際的な運動の背後にある力はそれぞれの文化や個人によりさまざまだが、アメリカ合衆国における基本的な原因は3つの出来事にたどることができる。それは、効果的な避妊法の開発、家庭での労働力の節約につながる電気機器の発明、第二次世界大戦の勃発である。

　女性解放の1番目の原因は効果的な避妊法の開発であり、これは出産と育児という終わりなきサイクルから女性を解放した。いつ子供を産むか、さらには子供を産むかどうかに関して選ぶことができるようになった結果、女性は家庭の外に興味の追求をする自由と時間を手に入れた。避妊法の発達のおかげで、女性は子供を持つのを遅らせたり、全く子供を持たないようにしたりすることができるようになった。結果として、女性は教育を受けたりキャリアを追求したりする機会を持つことになったのだ。

　もう1つの出来事は、家事労働を代わりにやってくれる機械の発達で、これは結果として女性により多く

の余暇と自由をもたらした。例えば、50年前には、家庭の主婦は1日のうち平均12〜14時間を家事に費やしていた。掃除機、洗濯機、食器洗い機のような機械の発明のおかげで、主婦は現在およそ5時間で毎日の家事を行うことができる。

　少なくともアメリカ合衆国において女性解放に力を与えた最後の出来事は、第二次世界大戦だった。大戦中は、ほとんどの男性が戦いに出ていた。結果として、女性は労働力の不足を埋めなければならなかった。何千人という単位で女性たちが工場に働きに行き、戦地へ赴いた夫の仕事を引き継いだ。これは大多数のアメリカの女性たちにとって大きな変化であった。なぜなら、彼女たちは、自分がおむつを替えたりパンを焼いたりするだけでなく、飛行機の部品を作ったり事業を営んだりすることができると気づいたからだ。

解説

第1段落
まず、第1段落の第1文では、「今世紀の半ば頃から、世界中の女性たちがさらなる自立と認識を求めてきた」とあり、これは main idea のように考えられます。次の文を読むと、「もはや家庭の主婦や母親といった彼女たちの伝統的な役割には満足できず、女性たちは団結して女性解放運動を作り上げたのだ」と、女性たちが具体的にどのようなことをしたのかが述べられていますから、確かに第1文がまとめとなる文のようです。しかし、第3文を読むと、「この国際的な運動の背後にある力はそれぞれの文化や個人によりさまざまだ<u>けれども</u>、アメリカ合衆国における基本的な原因は3つの出来事にたどることができる」となっています。ですから、ここで、重要なポイントが「女性がその自立と地位の向上を求めたこと」よりも、むしろ「アメリカ合衆国でそのような動きの要因となった3つの出来事」へと移ることになったわけです。そして、最後にこの3つの原因である「**効果的な避妊法の発達**」「**労働力の節約につながる家庭電気機器の発明**」「**第二次世界大戦の勃発**」が紹介されています。

したがって、第1段落の内容を簡潔にまとめると、「今世紀の半ばから世界中の女性たちがその自立と認識を求めてきたが、アメリカ合衆国におけるそうした運動には3つの原因があった」や「今世紀半ばから始まった女性解放運動のアメリカ合衆国における3つの原因は、避妊法の発達、家電製品の発明、第二次世界大戦であった」となるでしょう。この「3つの原因」に触れることが、第2段落以降へのスムーズな展開につながります。

第2〜4段落
第2段落から第4段落の3つの段落では、それぞれの原因について一つ一つ詳

しく述べられていきます。まず、第2段落では1つ目の原因である「避妊法」について書かれています。ここでは、**as a result of ～**、**because of ～**、**consequently** などの signal words を用いながら、避妊法の発達がどのようにして女性解放運動につながったのかを説明しています。第3段落は、2つ目の原因である「家電製品の発明」です。この段落でも、**resulting in ～**や**due to ～**を用いながら因果関係を説明しています。そして、最後の段落は「第二次世界大戦」についてです。ここでも同じように、**consequently** や等位接続詞 **for** を用いて、第二次世界大戦がどうして女性解放運動の原因となったのか、その原因から結果までのプロセスが説明されています。

TOPIC「アメリカで女性解放運動が起こった原因」
Paragraph Structure
［段落1］ main idea：今世紀半ばから世界中で女性解放運動が
　　　　　　　　　盛んになった
　　　　　　　　→ アメリカでの原因は3つある
　　　　　　　　　「避妊法の発達」「家電製品の発明」
　　　　　　　　　「第二次世界大戦」
［段落2］ 第1の原因：「避妊法の発達」
　　　　　　　→ 妊娠・出産の時期とそれ自体を女性が選択できる
　　　　　　　→ 女性の自由な時間の増加、家庭の外の世界により
　　　　　　　　 関心
　　　　　　　→ 教育やキャリアの追求 → 女性解放運動へ
［段落3］ 第2の原因：「家電製品の発明」
　　　　　　　→ 女性の余暇や自由が増えた
　　　　　　　　 50年前との比較
［段落4］ 第3の原因：「第二次世界大戦」
　　　　　　　→ 男性は戦地へ赴く
　　　　　　　→ 労働力の不足を女性が補う（工場などで働く）
　　　　　　　→ 女性は自らの新たな可能性（女性も社会で働ける）
　　　　　　　　 を発見する

別冊の演習問題 17 に挑戦してみよう！

SECTION 29

パラグラフ・パターン：Paragraph structure の練習
——分類（Classifications）

【4】Classifications

さあ、いよいよパラグラフ・パターン最後の練習です。ここでは、パラグラフの supporting evidence における Classifications（分類）の手法について学びましょう。

前にも書きましたが、英語の文章は高等教育においてそれなりのトレーニングを受けた書き手が、**あらかじめどのように自分の主張を読み手に効果的に伝えるかを計画した上で書かれる**ものです（「パラグラフ・パターン—事実と例」のセクション参照）。したがって、皆さんが入試問題等、公の状況で目にする文章は、**読み手を意識して整理された文章**がほとんどです。そのように「書きたいことを整理する（organize the points）」上で、この Classifications（分類）は必要不可欠ですし、極めて有用です。

書き手は、例えば自分の主張を展開するために、理由づけが１つでは不十分だと考えれば、同じ段落に３つ４つ理由を述べたりすることもあります。つまり、理由の並立構造、いわゆる箇条書きのようなものです。その際に、どこで１つ目の理由が終わっていてどこから２つ目の理由が始まっているのか、一目でわからなければ読み手に不親切ですし、またすでに終わっているはずの１つ目の理由に関する記述が３つ目の理由の後にも再び説明されているというような支離滅裂（disorganized）な文章でも、効率がいいとは言えません。したがって、**読み手にわかりやすい（reader-friendly）書き方**で持論を展開していくためには、この「**整理（organization）**」と「**分類（classification）**」は極めて基本的で重要なのです。

さて、上記の説明からもわかる通り、このパラグラフ・パターン（Classifications）は他のパターンと併用されます。例が複数ある場合は Facts & Examples と併用されますし、また先ほどの例のように理由が複数ある場合や、ある事柄の可能な結果が複数考えられる場合には Causes & Effects とともに用いられます。

つまり、このパラグラフ・パターンは、**他のあらゆるパターンに通じるもの**と言えます。

また、この Classifications のパラグラフ・パターンに限らず、パラグラフというものは、例えば「この段落は Causes & Effects の段落だ」とか、「次の段落は Comparisons & Contrasts だ」というように、**常にパターンがきれいに分かれているとは限らない**ということも覚えておいてください。もちろん、パターンが顕著なパラグラフはあります。しかし、複数のパターンが重複して用いられ、一見すると入り組んでいて複雑でどのパターンかわかりにくいパラグラフもたくさんあります。

本書の例題では、比較的パターンが顕著でわかりやすい英文を用いましたが、実際皆さんが日常レベルで出会う文章にはそうでないものもあるでしょう。重要なことは、**読んでいるときに「気づく」ことができる**ということ、そして皆さんが**英文を書く番になったら、今度はパラグラフ・パターンを効果的に用いた整理された文章を「書ける」**ということ。そのためには、やはり**それに必要なストラテジーをきちんと知っておかなければならない**のです。

・・・・・

では、Classifications に必要なストラテジーに話を移しましょう。ここで注意しなければならないことは極めて単純です。覚えておいてほしいことはたった2つです。

<u>1つ目</u>は、ある範疇（category）とその下に分類される下位範疇（subcategory）の区別をしっかりとすることです。

<u>2つ目</u>は、最初に著者が項目数を提示している場合、**その数だけきちんと並立項目が述べられていること**を確認することです。

では、1つずつ説明を加えましょう。

1. カテゴリー（category）とサブカテゴリー（subcategory）

まず1つ目の注意点であるカテゴリー（category：範疇）とサブカテゴリー（subcategory：下位範疇）について練習しましょう。分類項目にいくつかの階

層がある場合、ある階層のカテゴリーがその下にさらにいくつかの分類項目を持つようなことがあります。その低い階層にある項目がサブカテゴリーです。

例題

次の日本語の文章を見て、カテゴリーとサブカテゴリーに分類整理しなさい。

⑨⑤ 来月の英語のテストは20日行います。テスト内容はリスニングとリーディングのみです。リスニングでは、会話の聴解と講義の聴解がテストされます。会話は全部で10問あります。いずれも短い会話ですが、前半5問は教授と学生の会話で、後半5問は学生同士のカジュアルな会話です。教授と学生の会話は2種類あり、前半3問はセミナー中の質疑応答、後半2問は授業外での会話です。非学問的なトピックが扱われます。一方、講義の聴解テストは大問1問のみです。トピックは未定です。第2部のリーディングでは、長文が2つ出されます。1つは科学的な読み物で、もう1つは言語と文化に関わる人文科学系の読み物です。いずれもその文章について5つの内容理解に関わる問いが出題されます。その他、不明な点は担当講師に直接質問してください。

解答 解説

解答

カテゴリーとサブカテゴリーは次のページの図を参照。

解説

<⑨⑤>
トピックは「**来月20日に行なわれる英語のテスト（の出題予告）**」でした。そのサブカテゴリーとなる項目は2つで、「**リスニング**」と「**リーディング**」でしたね。

ではまず、「リスニング」の方から整理していきましょう。「リスニング」のサブカテゴリーとなる項目は2つで、「**会話**」と「**講義**」です。「講義」の方はそれ以上にサブカテゴリーを持ちませんが、「会話」の方はさらに細かく分類できます。

まず、すぐ下の階層のサブカテゴリーとなるのは、**「教授と学生の会話」**と**「学生同士の会話」**です。「教授と学生の会話」にはさらに、**「セミナー中の質疑応答」**と**「授業外での会話」**の2つのサブカテゴリーが追加されます。以上が、「リスニング」の下層にあるサブカテゴリー全てです。

一方、「リーディング」の方は、そのサブカテゴリーとなる項目が2つ、**「科学」**と**「言語・文化（人文科学）」**です。それぞれの長文に内容一致の問題が5問ずつつけられるので、それをそれぞれサブカテゴリーにしても構いませんが、他のカテゴリーにおいて小問をサブカテゴリーに設定していなければ、統一させた方がいいでしょう。

どれがカテゴリーでどれがサブカテゴリーかは、あくまで相対的な問題です。最も上位にあるのは、トピックである「来月の英語テスト」で、最も下位にあるのは「出題項目4」ですが、中間にある3つの層は、いずれもどの層を基点とするかによって上位のカテゴリーにも下位のサブカテゴリーにもなり得ます。

複雑な分類が supporting evidence でなされているようなパラグラフでは、このような Paragraph structure 内の階層構造を正しく把握する必要があります。正しくパラグラフを整理できましたか。表にすると次のようになります。

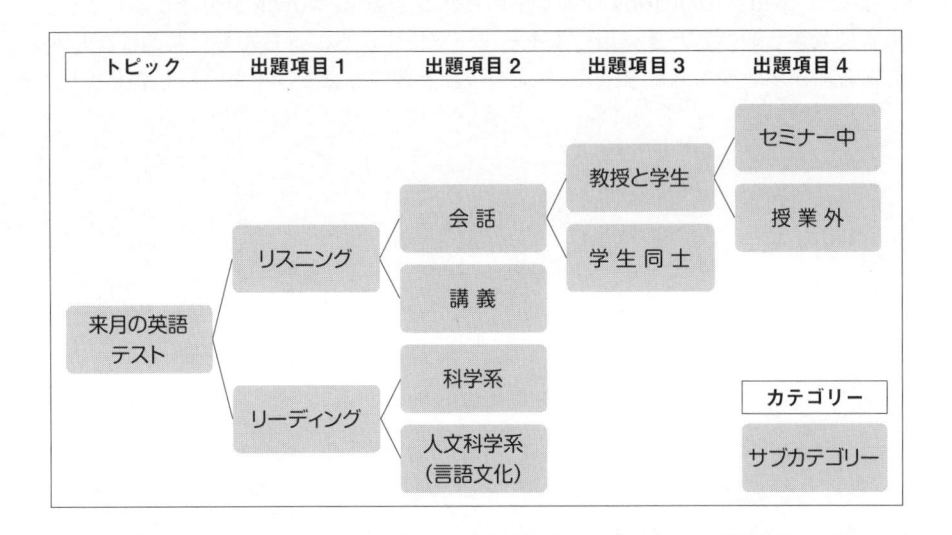

トピック	出題項目1	出題項目2	出題項目3	出題項目4
来月の英語テスト	リスニング	会話	教授と学生	セミナー中
				授業外
			学生同士	
		講義		
	リーディング	科学系		
		人文科学系（言語文化）		

カテゴリー / サブカテゴリー

2. 並立項目が述べられていることを確認

また上記の日本語の例文では、いずれの分類項目もあらかじめ項目数が明らかにされていました。例えば「会話は全部で10問あります。いずれも短い会話ですが、前半5問は教授と学生の会話で、後半5問は学生同士のカジュアルな会話です」というように。整理された、読み手に親切な（reader-friendly）文章では、通常このように前もって分類項目数を提示することがほとんどです。そのような提示を受けた場合、**その項目数を確認しながら読む**ようにすれば、途中で混乱するようなことはありません。

ルール 53

1. 上位のカテゴリーと、そこから枝分かれするサブカテゴリーを見極める。
2. 著者が提示した項目数だけ、きちんと項目が記述されていることを確認する。

では、次に Classifications でよく用いられる signal words を紹介しましょう。順番に分類し並べるときに用いるキーワードですから、皆さんも日常的になじみのある語が多いかもしれません。英文を読むときに意識できるようにしましょう。

〈分類を表す Signal words〉

First, Second, Third：第1に、第2に、第3に（副詞）
Firstly, Secondly, Thirdly：第1に、第2に、第3に（副詞）
The first 〜 , The second 〜 ,..., The last 〜 :
　　　　　　　　　　　1番目の〜、2番目の〜、… 最後の〜（形容詞）
finally：最後に（副詞）
lastly：最後に（副詞）

one is 〜 , another is 〜：1つは〜、もう1つは〜
　　　　　　　　　　　　（それ以外にも項目が残っている場合）
one is 〜 , the other is 〜：1つは〜、もう1つは〜
　（「2つのうちのもう一方」のように、それしか項目が残っていない場合）

〜 , too：〜も（副詞）
also：〜も（副詞）
in addition：さらに、それに加えて（副詞）
in addition to + 名詞：〜に加えて（前置詞）
besides：さらに、それに加えて（副詞）
besides + 名詞：〜に加えて（前置詞）

moreover/furthermore：その上、さらに（副詞）
what is more：その上、さらに（副詞）

　それでは、以上のような signal words に注意しつつ、実際に英文を読んで練習してみましょう。今回のパラグラフには、実際に入試問題で出題された通りに空所を設けてあります。まず、与えられた設問に答えてから、Paragraph structure をまとめてみましょう。また、全訳をする場合には、Paragraph structure まで終えてから、全訳をノートに書くようにしてください。

例題

次の英文を読み設問に答えなさい。

⑯ Luck is a common feature of human life and appears to arise in four main ways. First, [ア]. Some years ago it may have seemed wise to take a degree in computer science; someone who did so and got a job just before the IT bubble burst may rightly see the fact that he has now lost the job as bad resultant luck. Second, the circumstances in which one acts introduce luck. A person who is offered proper incentives and plenty of time to deliberate may make a wiser decision than he would under less favorable conditions; it may be by accident that he finds himself in the favorable conditions and hence makes the wiser decision. Third, [イ]. Genetically, some people are at greater risk of cancer through smoking than others, and because of this it makes sense to say that some smokers are lucky to avoid cancer. Finally, [ウ]. Children who grow up in a stimulating environment perhaps become more motivated than they would in a duller setting; yet children rarely determine the time and place in which they are raised. When we add up the four kinds of luck, the area of life that is free of luck seems to shrink to almost zero.

空所［ア］〜［ウ］を埋めるのにもっとも適切な1文を、以下のリスト（1〜3）から選んで、その番号を記せ。ただし、番号はそれぞれ1回しか使用しないものとする。

1. luck affects the kind of person you are
2. there is luck in the way one's actions are determined by antecedent circumstances
3. the outcomes of our actions are affected by luck

（2007年　大阪市立大学入試問題英文一部抜粋）

いかがでしたか。1つの段落の中に4つの項目が並立されており、そのそれぞれがfirst, second, third, finally のsignal wordsを用いて並べられていたので、典型的で把握しやすい段落構造だったと思います。また、それぞれの項目についても、まずまとめが述べられ、その後でわかりやすく具体的記述がなされているまさに模範的なパラグラフと言えるでしょう。

解答　解説

解答

［ア］：2　［イ］：3　［ウ］：1

訳例

⑯ 運は人間の生活において共通の特徴であり、主に4つの方法で生じるようである。第1に、人の行動がそれ以前の状況によって決定されるような場合、そこには運が関係している。数年前はコンピュータ科学で学位を取ることが賢明なように思われていたかもしれないが、ITバブルがはじける直前にIT関係の学位を取り就職した人は、結果的に運が悪く現在は職を失っているという現実を当然目の当たりにしているかもしれない。第2に、人が行動を起こす際の周囲の状況が運を取り込んでいる。適切な動機づけと熟考するための時間をたっぷり与えられた人は、好ましくない状況にいる人よりも賢明な決断を下すかもしれない。しかし、その人が好ましい状況にありそれゆえにより賢明な決断を下せるのは、偶然によるものかもしれない。第3に、我々の行動の結果は運によって左右される。遺伝的に、他の人よりも喫煙習慣からガンにかかる危険性が高い人がいる。このため、喫煙していてもガンにかからずにすむ人は運がいいと言っても納得がいく。そして最後に、運はあなたの人となりに影響する。刺激的な環境で育つ子供は、おそらく退屈な環境より、何に対しても意欲的になる。しかし、子供自身が、自分が育てられる時と場所を決定できることはめったにない。これら4種類の運を総合すると、運に左右されない人生の領域などほとんど皆無のように思われる。

解説

第1文

いつものように、パラグラフのmain idea は、第1文の「運は人間の生活に共通の特徴であり、主に4つの方法で生じるようである」だろうと考えて、読み進めます。おそらくこのとき、皆さんは「4つの主な方法とは？」という疑問を抱いたことでしょう。その疑問に答えるかのように、次の文からその4つが順に説明されています。1つ目と3つ目と4つ目の方法が、設問で問われていますが、これは空所の後ろにある具体的記述を理解することで、正しい選択肢を選ぶこと

ができます。

1つ目の方法
まず1つ目は、具体例として「バブル崩壊以前はコンピュータ科学で学位をとるのが賢明だったが、バブルがはじけたせいで運悪く失業してしまった」ことが述べられています。したがって、その内容に関係するまとめは、2の「ある人の行動が、それ以前の状況によって決定されるような運もある」が最も適当でしょう。

3つ目の方法
3つ目の具体的記述は、「喫煙してもガンにならない人もいれば、ガンの危険性がより高い人もいるので、喫煙者がガンを発症するのを回避できたらそれは運がいいと言える」という内容です。つまり、喫煙の習慣があったとしても、それが直接的にガンの発症に結びつくわけではなく、運に左右されるというわけで、空所［イ］に入る解答は3の「私たちの行動の結果は、運に影響されている」となります。

4つ目の方法
そして、4つ目の方法は、Finally で始まる文とその次の文に書かれています。最後の1文は全体のまとめです。これまでと同じように具体的記述を見ていくと、「子供たちの動機づけはその育った環境に影響されるだろうが、いつどこで成長するかは子供自身が決定することはできないので運と言える」と書かれています。つまり、子供時代にどのような環境で育ったかが、その後の子供の人格をも左右するので、空所［ウ］に入るべき解答は1の「運はあなたがどのような種類の人間かに影響する」となります。

最後の文
さて、先ほども述べたように、最後の一文はこれら4つの運の種類から得られるまとめの1文です。

> When we add up the four kinds of luck, the area of life that is free of luck seems to shrink to almost zero.

つまり、ここに「なぜこの4種類の運についてここで述べていたのか」が明らかにされています。ですから、main idea としては、第1文だけでなく、この

最後の文も含めた方がよいでしょう。

では、以下の Paragraph structure を参照してください。

TOPIC「人間生活において見られる 4 種類の運」
Paragraph Structure
運は人間の生活に共通の特徴であり、主に 4 つの状況で見られる
1. 人の行動をそれ以前の状況が決定づけるのは、運である
   （IT 関係の学位が有利だったので、IT 関係の学部で勉強した）
2. 人が行動する状況が、運を取り込む
   （有利な状況では賢明な決断ができるが、その状況は偶然である）
3. 人の行動の結果は、運に左右される
   （喫煙という行動がガンを引き起こすかどうかは運である）
4. 人格は運に影響される
   （人格や傾向は育った環境に影響されるが、その環境は運で決まる）
   → これら 4 種類の運を総合すると、運に左右されない人生の領域などほとんど皆無のように思われる

別冊の演習問題 **18** に挑戦してみよう！

Column 5

たくさん読むと単語を覚える？！

多読（extensive reading）と**語彙習得**（vocabulary acquisition）の関係は1990年代から注目されており、現在でも多くの研究がなされています。ただ、ここ数年では「ただ読んでいるだけで自動的に覚えられるわけではない」というのが一般的な見解のようです。コラム3で紹介したThe Involvement Load Hypothesisのように、やはり認知的な負荷をかける、つまり何かしら手間をかけたり意識したりしないといけないようです。

ただ読んでいるだけではダメ、ということが実感される面白い研究があります。今から10年以上も前ですが、オランダで第二言語習得の語彙習得を専門に研究しているHulstijnという人が、他の2人の研究者とともに、読みながら未知の語彙を習得できるかというテーマで実験を行いました。研究論文のタイトルにある付随的語彙習得（Incidental vocabulary learning）という言葉は1990年代初めに出てきたものですが、その後多読と語彙習得を結びつけるキーワードとして頻繁に用いられるようになりました。実験ではオランダ人のフランス語学習者を、

未知語を辞書で調べるグループ（辞書群）
余白部分に未知語の意味を注として与えたグループ（注釈群）
辞書も脚注の意味も与えないグループ（統制群）

の3つのグループに分け、(1) 未知語の意味を得る方法が語彙習得と保持に影響するか (2) 未知語が文中に出てくる頻度が習得に影響するかを調べました。

結果は、(1) に関しては、統制群 < 辞書群 < 注釈群の順に習得率がよかったのですが、辞書群に関してさらに興味深い発見がなされました。辞書群の学習者たちは知らない語があっても面倒なのか辞書をほとんど引かず文脈から推測して読んでいたことがわかりました。なんと平均すると、調査対象となった未知語のうち約12％しか辞書で意味を調べておらず、一方その辞書で調べた語の意味に関しては余白の注を与えられたグループの習得率よりよかったのです。つまり、きちんと辞書を引く手間をかけると、**統制群 < 注釈群 < 辞書群**の順に習得率がよいというわけです。また、(2) に関しては、文章中に出てくる頻度が高ければ

高いほど、習得率もよいとわかりました。

多読はとてもいいことだけれども、ただ単に知らない語の意味を適当に推測して読んだり、文脈上重要な語ではないからといって飛ばして読んだりすると、その副次的効果である語彙習得の利益は減ってしまいます。かといって、いちいち知らない語が出てくるたびに辞書を引いていたら、それこそ時間がかかりすぎて多読本来の目的に反するし、読んでいる本人も面倒くさくて読むこと自体がイヤになってしまうでしょう。最大限の利益を得ようとするとなかなか難しいところですが、それでもたくさん読むことは読解だけでなく語彙習得にもいいことだと思います。

まず、先ほどのHulstijnの研究にもありましたが、文章中に頻繁に出てくる語は高い確率で習得されますし、英語に触れる機会（exposure）が増えることにより、前に覚えた単語に「気づく」機会が増えます。この「気づき」という概念は、Schmidtという人の「気づき仮説（noticing hypothesis）」に基づいて用いられているものです。彼は、「人は注意を向けたものは習得するが、注意を向けないものは習得しない」と述べ、インプット（input）は目や耳からただ単に入ってくるものだが、「気づく」ことによってそのインプットをインテイク（intake）に変えることができる、と言いました。多読の例でいえば、知らない語を文脈から適当に推測したり、読み飛ばしたりしていると、その語に十分な注意が向けられないので単なるインプットにすぎませんが、「あ、この単語一昨日覚えたな」と気づき意味を思い出すと、単なるインプットからインテイクになり、習得されるということでしょうか。

また、Robinsonという人も記憶の説明を用いながら、「気づきがなければ知識は長期記憶には入らない」と述べています。また、適切に「気づき」を引き起こすためには、同じ材料を使ってもダメで（例えば、同じ英文を読むとか、同じ単語カードや同じ単語帳で覚えるとか）、やはりさまざまなタスクを用いて、なるべく多くの英語に触れて、さまざまな「気づき」の機会を増やすのがいいようです。

そうすると、たくさん英文を読んで、さらにそこから語彙も効率よく習得するためには、(1) 単語帳や単語カード、単語ノートなどを使ってベースとなる単語を覚える、(2) さまざまな英文に触れて、覚えた単語に気づける機会を増やす、(3) 見たことがある語だなと思ったら、なるべく頑張って思い出そうとする、というような試みが必要なようですね。

STEP 10

SECTION 30　サマリー（要約）の練習

◆演習問題 19

サマリー（要約）の作り方

チャンクこれまでのセクションで、main ideaについてもsupporting evidenceについても、学ぶべき重要なことは全て終わりました。ここからはいよいよ実践練習です。

これまでの学習をもとに、サマリー（要約）を作成する練習をしましょう。

SECTION 30

サマリーの（要約）練習

このセクションでは、実際に字数制限をもうけ、複数のパラグラフから成る入試問題と同程度の長さの文を要約する練習をしましょう。要約問題や論述記述問題が入試に出題される皆さんは、しっかり練習をしてストラテジーを身につけてください。記述問題は関係ないという皆さんも、多選択肢の内容一致の問題にも役に立ちますので、ぜひトライしてみてください。

まず、皆さんは字数制限のある記述問題にどのようにして取り組みますか。例えば「100字以内で要約しなさい」と言われたら、どうやって解答を作成しますか。だいたいの要旨を把握して、すぐに書き始めますか。解答欄に初めから書き入れますか。それとも、一度余白等に解答を書いてみて、字数を数えてから解答欄に記入しますか。

人それぞれ取り組み方があるでしょう。また、自分で自分の解き方を見つめ直したことがないので、自分がどのように取り組んでいるかわからない人もいるでしょうし、あるいは「要約の練習は初めてなので、どう取り組んだらいいかまだわからない」という人もいるかもしれません。

そこで、とりあえず要約問題を解いてみましょう。必要があればやり方を変えなければならないかもしれません。そのためにも、まず自分の普段の取り組み方を知っておきましょう。

次の英文はすでに「パラグラフ・パターン—分類」のセクションで読んだことのある英文です。ですから、英文を読むこと自体には、さほど苦労しないはずです。1～2日前に読んだものでしょうから、よい復習になるでしょう。ただし、今回の練習は要約の練習ですから、以前の練習のときに文章内にあった空所は、全て正解を入れ、埋めてあります。

例題

この英文を読んで、要旨を80字以内の日本語でまとめてください。句読点も字数に数えます。

⑯ Luck is a common feature of human life and appears to arise in four main ways. First, there is luck in the way one's actions are determined by antecedent circumstances. Some years ago it may have seemed wise to take a degree in computer science; someone who did so and got a job just before the IT bubble burst may rightly see the fact that he has now lost the job as bad resultant luck. Second, the circumstances in which one acts introduce luck. A person who is offered proper incentives and plenty of time to deliberate may make a wiser decision than he would under less favorable conditions; it may be by accident that he finds himself in the favorable conditions and hence makes the wiser decision. Third, the outcomes of our actions are affected by luck. Genetically, some people are at greater risk of cancer through smoking than others, and because of this it makes sense to say that some smokers are lucky to avoid cancer. Finally, luck affects the kind of person you are. Children who grow up in a stimulating environment perhaps become more motivated than they would in a duller setting; yet children rarely determine the time and place in which they are raised. When we add up the four kinds of luck, the area of life that is free of luck seems to shrink to almost zero.

(2007年　大阪市立大学入試問題英文一部抜粋)

いかがでしたか。解答作成にあたり、何から始めましたか。Paragraph structureを書きましたか。そして、どのポイントを要約に入れなければいけないかを見極めてから、要約文を書き始めましたか。

なぜ、字数を制限して要約問題を出題しているのでしょうか。「学生の理解度を

測るため」でしょうか。それもあるでしょう。しかし、もしそれだけなら、マークシートの内容一致多選択肢問題でもいいでしょう。また、要点を記述してもらうにしても、字数を制限する必要はないでしょう。わざわざ字数制限を設けて解答を作成してもらうのは、**無駄な部分を削ぎ落とし、重要なポイントのみを少ない字数制限内に全て含めた、極めて効率の良い要約文**を作れる能力を測りたいからなのです。どんなに美しい日本語でまとめられたとしても、含めるべき重要なポイントが記述されていなければ、要約文としてよいものとは言えません。したがって、最も重要なことは、**その英文で、何が要約に含めるべき最も重要なポイントかを見極めること**です。

次にもう1つ、見極めなければならないことがあります。それは、**この字数でどれだけのことが書けるだろうか**という見極めです。30字で作れる要約文と80字で作れる要約文と、さらには150字で作れる要約文では、どこまで含めなければいけないかという「**含めるべきポイント**」の範囲が異なってきます。つまり、30字ならば main idea の中でも本当に重要な部分しか書けませんが、80字ならばもう少し余裕がありますから main idea + α まで含むことができるでしょう。その + α の部分が何かは、その英文によります。これが150字の要約文ということになると、パラグラフあるいは文章全体の構成をかなり反映させながら、main idea のみならずその主張を裏づける supporting evidence の部分まで、要約に含めることができます。したがって、皆さんはどれくらいの字数ならどの程度まで含めることができるのか、おおよその目安を知っておく必要があるのです。

ルール 54

要約字数のおおよその目安
- ◆ 30〜40字：1文、main idea の中でも重要なポイントのみ。
- ◆ 80〜100字：1〜2文、main idea + α（例えば、main idea + reason、Comparison & Contrast では相違点を含めた対照関係など）。
- ◆ 150字程度またはそれ以上：3〜4文、段落や文章全体の構成を反映させながら、supporting evidence を含めた形で要約文を作成できる。

解答　解説

解答

要旨1　運が人生に影響する状況は、主に4つあるように考えられるが、これらを総合すると私たちの生活において運に左右されない領域はほとんどないように思われる。(73文字)

解説

それでは、先ほどの例題について考えてみましょう。字数制限は80字以内ですから、main idea + α の要約文ということになります。では、どこまで含めればよいでしょうか。Paragraph structure を見てみましょう。

TOPIC「人間生活において見られる4種類の運」
Paragraph Structure

運は人間の生活に共通の特徴であり、主に4つの状況で見られる
1. 人の行動をそれ以前の状況が決定づけるのは、運である
   (IT関係の学位が有利だったので、IT関係の学部で勉強した)
2. 人が行動する状況が、運を取り込む
   (有利な状況では賢明な決断ができるが、その状況は偶然である)
3. 人の行動の結果は、運に左右される
   (喫煙という行動がガンを引き起こすかどうかは運である)
4. 人格は運に影響される
   (人格や傾向は育った環境に影響されるが、その環境は運で決まる)
   → これら4種類の運を総合すると、運に左右されない人生の領域などほとんど皆無のように思われる

第1文は「運が人間の生活に影響しているように見える4つの状況がある」という内容でしたが、この4種類の運の影響を著者がここで述べている理由は、最後の文にあるように「これら4種類の運を全て考慮すると、人生において運に左右されない領域などほとんどないように思われる」ということです。そうすると、第1文は確かにその後の分類を展開する上では重要な1文ではありますが、

それ自体では著者の主張にはなっておらず、最後の文の方がこの文章では重要だとわかるわけです。30 字程度の短い要約を要求されているなら、最後の文の要点をまとめるだけで字数を使い果たしてしまうでしょうが、先ほどの問題の字数制限は 80 字でしたから、第 1 文の内容を ＋ α として補足する余裕は十分にあります。ただし、4 種類の運を簡潔にリストアップするほどの字数ではありません。ですから、要約の例としては、

「運が人生に影響する状況は、主に 4 つあるように考えられるが、これらを総合すると私たちの生活において運に左右されない領域はほとんどないように思われる。(73 字)」となるでしょう。それでは、同じ英文を使ってさらなる練習です。コツをつかんでください。

例題

(96)の英文に関して、
1. 30 字程度の日本語で要旨をまとめなさい。
2. 150 字以内の日本語で内容をまとめなさい。

両方ともできましたか。先ほども少し触れたように、30 字位なら main idea の要点のみで、150 字なら Paragraph structure をなぞりながらまとめることができるでしょう。各解答例は、下記を参照してください。

解答 解説

解答

要旨 1 私たちの生活において、運に影響されない領域などほとんどない。(30 文字)
要旨 2 運が人生に影響する場合は主に 4 種類で、人がある状況後に決断する行動、人が行動を決断する際の状況、人の行動によって生じる結果、人の動機づけを決定づける子供時代の環境がある。これら 4 つの場合を考慮すると、私たちの生活において運に左右されない領域はほとんどないように思われる。(135 文字)

ここまでで、要約すべきポイントには優先順位があり、字数制限を考慮した上でその優先順位にしたがっていくつかの解答例が可能だということがわかりました

か。この「書くべきポイントの優先順位」という概念は、要約する際には極めて重要です。入試問題に関して言うと、提示された制限字数を見て、出題者側が解答としてどこまでを期待しているかがわかりますし、また日常的な場面でも、簡潔にかつわかりやすく相手に何かを伝えなければならないときに、情報提供者側は常に緊急性や時間的余裕や相手が持っている事前情報などを考慮しつつ、今伝えるべき情報を取捨選択しなければなりません。この「情報の取捨選択」には、**読み取った情報のビジュアル化**がとても役に立ちます。つまり、「Paragraph structure を書き留める」という作業です。これにより、文章全体の流れから情報の優先順位まで、一目でわかるようになります。それゆえ、制限字数に応じて要約文を作成する柔軟性が生まれるのです。

まだ、1つの段落だけで構成されているような短い文章なら、この情報のビジュアル化の重要性は感じられないかもしれませんが、複数の段落から成り立つ 200 words 以上の英文の場合、頭の中だけで保持しているような情報では正解を得る確実性を欠きます。書くという作業は一見大変な手間のようにも感じられますが、長い英文の要約を効率よく行うときには、実は最も確実で簡単な方法なのです。慣れれば、Paragraph structure のためのメモ取り（note-taking）も素早くできるようになるでしょう。Paragraph structure 自体は、解答として要求されているわけではありませんから、入試の解答のようによく練ったよそ行きの文で仕上げる必要はありません。自分が読める字で、自分がわかる言葉を使って、自分のために作ればいいのです。それでは、実際にどのような手順で、英文の要約に取り組めばよいでしょうか。次のルールを見てください。

ルール 55

要約作成の手順
1. 与えられた英文を正確に読み取る。
2. 読みながら、Paragraph structure を書いていく。
3. 全体を読み終え、Paragraph structure もでき上がったら、<u>字数を気にせず日本語でまとめてみる</u>。
4. 3. で作成した下書き（draft）を、提示された字数に合わせ整える（指定された字数の9割以上が望ましい）。

それぞれの手順について、説明を加えましょう。そして、自分がこれらの手順のどの部分を強化する必要があるか、探ってみましょう。

要約作成
手順1：英文を正確に読み取る
まず、与えられた英文の内容を読み間違ってはいけません。要約文の中でも、本文と異なる内容が書かれている場合には、減点どころか全く点数がもらえません。ただしこれは、100%正しく理解できなければならない、本文中の全ての単語や表現を知っていなければならないと言っているわけではありません。安心してください。どれだけ一生懸命単語を覚えても、本番に英文を見てみたらまだ見たことのない単語が1つ2つあった、などということは誰にでもあることです（もちろん全て知っている単語ばかりで完全に意味が理解できたら、それは最も素晴らしいことですが）。大事なことは、**著者の主張に関わる本文の大筋を読み違えないこと、その大筋にしたがって具体的部分も読み取ること**です。これができていれば、この段階はクリアです。

手順2：Paragraph structure を書く
手順1がきちんとできていれば、手順2の Paragraph structure の半分はすでにクリアしていると言えます。残りの半分は、**ポイントを正しくつかむことができているか**という問題ですね。しかし、実はこれが最も重要な段階で、最も難しく、多くの鍛錬を要するところです。合否の鍵を握るのも、この部分が上手くできるかどうかにかかっています。「パラグラフ・パターン」の各セクションで、Paragraph structure を書く練習をしましたが、読み方・書き方はわかりましたか。ポイントがずれている、main idea だと思った箇所が違っている、自分で書いた Paragraph structure を要約作成のときにもう一度見てみたがよくわからなかった、などは、この Paragraph structure の読み取り方または書き方に問題があります。基礎的な段階は、手順2までで終わりです。ここまでの段階は、実は要約作成以外の出題タイプ、例えば内容一致の多選択肢問題などのいわゆる英文読解という作業をするためにはどんな場合でも必要なステップです。

手順3：日本語でまとめてみる
この手順3からは、字数制限が設けられた要約作成特有の作業です。ここで初めて、まとめの文なるものを書き始めるわけですが、ここで重要な点は、**初めから制限字数内に収めようと思って書かないこと**です。制限字数が30字程度の本

当に重要な要点のみを求める問題なら大して違いはないかもしれませんが、100字あるいはそれ以上の制限字数の場合には、推敲や計画なしに解答用紙に書き入れられた要約文か、それともよく吟味して練られた解答かは一目でわかります。

私がこのことを伝えるために授業内でよく用いる例は「夏休みの宿題」なのですが、皆さんは夏休みの宿題を毎日計画的に少しずつこなしていくタイプですか。それとも、せっかくの夏休みですからずっと楽しく過ごして、気づいたらあと1週間しかなく、その最後の1週間（または1日?）で、急いで終わらせるタイプですか。無計画な要約文は、この後者のタイプの夏休みによく似ています。100字または150字の前半部分は無駄な表現が多くダラダラと冗長に続き、後半にポイントが詰まっていたり、または肝心なポイントが抜けていたりというような文になってしまいます。このようなアンバランスを避けるためには、先ほどのルールに示したように、制限字数を気にせず書くことが大切です。これで、前後半のバランスのとれたドラフト（下書き）ができ上がりました。字数合わせは全体的に行っていかないと、バランスよく無駄な部分を削ぎ落としたシャープな文章はでき上がらないのです。

手順4：提示された字数に合わせ整える
字数を気にせず、バランスよいドラフトを仕上げたら、次はいよいよ最後の段階、字数合わせです。前の手順3で字数を気にせずドラフトを仕上げたときに、通常は指定された制限字数より多い字数でドラフトができ上がるはずです。もし、制限字数より少なかったら、ポイントとなるべきもの、または含めるべき表現を何か書き落としているかもしれません。もう一度 Paragraph structure か本文を確認してみる必要があります。最初のうちは、書いてみたら字数が少なかったりあるいは多すぎたりとなかなかうまくいかないかもしれませんが、慣れてくれば制限字数＋20字以内に収まるようになるでしょう。

そこから、**無駄な表現を削ったり、より短い表現に言い換えたりしながら、制限字数内に収める**作業をします。何も考えずに話したり書いたりした文章は、意外と無駄が多いものです。例えば、つい「まずはじめに」や「まず第一に」のような表現を使ってしまいがちですが、「まず」と「はじめに」や「第一に」は、どれか1つ用いれば意味が通じます。

別冊の演習問題 19 に挑戦してみよう！

別冊
演習問題
解答解説

演習問題 1 …… …… p.266	演習問題 11 …… …… p.276
演習問題 2 …… …… p.267	演習問題 12 …… …… p.278
演習問題 3 …… …… p.267	演習問題 13 …… …… p.280
演習問題 4 …… …… p.268	演習問題 14 …… …… p.282
演習問題 5 …… …… p.269	演習問題 15 …… …… p.284
演習問題 6 …… …… p.269	演習問題 16 …… …… p.285
演習問題 7 …… …… p.271	演習問題 17 …… …… p.287
演習問題 8 …… …… p.272	演習問題 18 …… …… p.289
演習問題 9 …… …… p.273	演習問題 19 …… …… p.292
演習問題 10 …… …… p.274	

演習問題 1 [1]

問 1)
(1) S: a set of complex issues（set のみでも正解）　V: lies
(2) S: a relationship　V: must be（there is/are 構文では、be 動詞の後ろに S がくる）

問 2)

訳例 言葉を習得すると、子供の語彙量は増えていく。この明白な真実の背後には、子供たちが新しい言葉を覚える際に用いる幅広い情報に関する一連の複雑な問題がある。しかし子供の語彙量は、どのようにその子供が新しい言葉を習得し保持するかに影響するのだろうか。明らかに、子供の新しい言葉を習得する能力とその子供の語彙量の間には、関係があるに違いない。

演習問題 1 [2]

問 1)
(1) S：how English develops in the world（how 節は名詞節）
　 V：is（no business は C）
(2) S：the very fact that English is an international language
　 （「fact」1 語のみでも正解）　V：means

問 2)

訳例 どのように英語が世界で発展しているかは、英国や米国、その他いかなるところの母語話者も全く関与するところではない。彼らはその問題に関して何も言えないし、また介入したり判断を下したりする権利もない。彼らは無関係なのだ。まさに英語が国際語であるという事実は、いかなる国家もその管理権を持ちえないことを意味する。英語に対するそのような管理権を与えることは、必然的に英語の発展を阻み、それゆえにその国際的な地位を損ねることになる。それは、自分たちの言語が国際的コミュニケーション手段となっているという、英語母語話者にとってのかなりのプライドと満足の問題なのである。しかし、重要なことは、英語が彼ら母語話者の言語ではないところまで国際的になっているということである。それはもはや、彼らが自分たちの母語としていまだ所有権を保持しながら、他人に貸し出すような所有物ではないのだ。他の人々が実際に英語を所有しているのだから。

　英語がさまざまな社会での意思伝達に関わる共有された必要性を満たしていることを受け入れたとたんに、論理的には英語は多様でなければならないということになる。国際語は独立した言語でなければならない。しかしながら、論理的に、国

際語は相互に理解不能なほどそれぞれバラバラな種類にまで分かれてしまうということにはならない。

演習問題 2

問 1）　※（　）内は品詞と役割の補足説明です。

（1）how：名詞節 最後の2語 to others（疑問詞／関係副詞）
（2）when：副詞節 最後の2語 have more（接続詞）
（3）who：形容詞節 最後の2語 have more（関係代名詞主格、先行詞は those）
（4）when：副詞節 最後の2語 have less（接続詞）
（5）who：形容詞節 最後の2語 have less（関係代名詞主格、先行詞は those）
（6）Even though：副詞節 最後の2語 either way（接続詞）
（7）that：名詞節 最後の2語 either way（接続詞、that 節は補語になる）
（8）who：名詞節 最後の2語 ourselves with（疑問詞）
（9）that：形容詞節 最後の2語 are meaningful（関係代名詞主格、先行詞は those examples）
（10）who：名詞節 最後の2語 you are（疑問詞）
（11）what：名詞節 最後の2語 you have（疑問詞）

問 2）

訳例　我々の満足や不満足の感情の多くは、我々が自分自身をどのように他人と比較しているかに根源を持っている。自分より多くを持っている人々と自分自身を比べると気分が悪いが、自分より持っているものが少ない人々と自分自身を比べたときには心地よく感じる。本当はどちらにしても私たちの生活は全く同じなのだが、生活に関する我々の気持ちは、自分を誰と比較するかによって大きく変わりうる。だから、自分を有意義な例と比較しなさい。しかし、同時にあなたがどういう人間でどれだけのものを持っているかに満足できるようにしなさい。

演習問題 3

問 1）

（1）名詞節：that there are final answers in philosophy which one can accept, like buying a ready-made suit（that：接続詞、that 節は The point is not の補語となる）

(2) 名詞節：what the philosophers agree about（what：関係代名詞目的格、前置詞 about の目的語、what 節は文全体の主語）

名詞節：that we have to think things through for ourselves, taking the different sides of every problem into account（that：接続詞、that 節は what the philosophers agree about is の補語となる）

問 2）

訳例 豊かで魅力的な哲学の伝統には、さまざまな流派の思想があり、個々の哲学者たちはしばしば他の哲学者の考えと相反する見解を提起してきた。重要なのは、哲学には人々がまるで既製のスーツを買うように受け入れられる最終的な答えが存在するということではない。哲学者たちが同意していることは、私たちがあらゆる問題の異なる側面を考慮しつつ、自らで物事を考え抜かなければならないということだ。

演習問題 4

問 1）
(1) 形容詞節：that I have not clearly defined
先行詞：a distinction (between decoration and realism)
that は関係代名詞目的格

(2) 形容詞節：between which runs a sharp dividing line
先行詞：a distinction (between two different kinds of art)
which は関係代名詞目的格、関係詞節内は倒置で S = a sharp dividing line

(3) 形容詞節：that each spectator paints with the brushes and palette of his own brain
先行詞：the pictures of similar subjects
that は関係代名詞目的格で paints の目的語となる

問 2）

訳例 私は、まだ明確に定義していない装飾性と写実性の区別をほのめかしてきた。この区別は、一般には明確な線で区切られるような 2 つの異なる種類の芸術の区別と考えられているが、実はそうではない。むしろ、ある尺度の両端という認識、まるで暑さと寒さというように、両方とも温度であるがどちらかがどちらかより本質的に優れているというものではないといった認識なのだ。それゆえに、絵画において私たちは自然を模倣しようという試みと、意図ではないが自然をほのめかそうとする意

欲とを区別する。この区別は、窓と壁を用いた古い比喩において最もよく表現されている。壁の上の模様を表す絵画もあれば、窓からの眺めを表す絵画もある。ある絵画にはキャンバスを見るが、またある絵画には我々は額縁の向こうを見る。あるものは装飾的だが、またあるものは写実的である。多くの画家たちは、自分の絵が、それを見る人一人一人が頭の中の絵筆とパレットで描く、それと似たような主題の絵と比べられたときに、何か不足していると思われないよう願ってきた。時々、この願いは他のあらゆるものを排除するまでに至った。

演習問題 5

訳例 今日では、私たちがある製品を購入するとき、私たちが求めるものはその製品自体だけでなく、その製品が私たちに示唆する自己イメージであると言われている。例えば車を購入しようと考えているとしよう。あるタイプの車を運転している自分自身のイメージが浮かんでくるだろうか。きっと浮かんでくるだろう。あなたがどんな車を運転しようとも、他人にとっては、それは単なるトヨタの SUV か、セダンかフェラーリでしかないだろう。実際は、ほとんどの人々が利便性や実用性で車を選んでなどいないのだ。私たちが消費するつもりでいるのは車の機能というよりむしろ車が持っているイメージだ。例えば小さくてかわいいとか、スポーティだとか、そういう類のものだ。あなたが自分のものにしたいのはこうしたイメージなのだ。

演習問題 6 [1]

訳例 幸福な経験に対して心を開いていれば、あなたは実際にどんな状況でも喜びを見つけることができる。例えば食器洗いのような日常のつまらない仕事でさえも、もしあなたが石けんの泡の色に驚いたり、ある皿を見てこの前の休日に家族や友人と一緒に過ごした食事のことを思い出したりすれば、喜びのひとときとなりえる。あなたの活動が何であれ、配慮と考慮と意識を持って行いなさい。あなたがその状況下でできる最良のことをするように集中すれば、そしてそのことに関して不安に思ったり神経質に感じたりしないようにすれば、今行っていることも単なるつまらない仕事ではなく、楽しみや喜びのもとになると気づくかもしれない。

演習問題 6 [2]

問 1)

- (A) 接続詞。that 節は名詞節で say の目的語となる
- (B) 関係代名詞主格。先行詞は great wealth or great poverty
- (C) 指示代名詞「それ」。指し示しているのは前文主節で、幸福に本当に寄与する

分だけ所有している状態

(D) 接続詞。that 節は名詞節で say の目的語となる、that 節の範囲は文の最後まで、that 節の S = you、V = have solved
(E) 関係代名詞主格。先行詞は the goods、関係代名詞節は that are produced
(F) 指示代名詞「それ」。指し示しているのは前文の the psychological problem of learning ～ by our industrial age

問2)
(1) 私が、皆さん一人一人が当てはまる、まるで料理本のレシピのような方法をお教えできるかどうかはわかりませんが、私自身の経験に関して言えばとても大切だと私が堅く信じ、考えているいくつかのことをお話したいと思います。
(2) しかしながら、お金が今以上の幸せを生み出す際にはるかに重要だと想像するのは、私は間違いだと思います。
(3) その事実についての私の印象はこうです。幸せの外的条件について話しているなら、もちろん人は十分な食糧や生活の必需品や育児に必要なものを持っていなければなりません。
(4) 一方、もう1つの問題とは、私たちの産業時代によって生み出されたこれらの物質的条件からどうやって商品を手に入れるかを学ぶという心理的問題です。

訳例 今晩、皆さんにお話することになっている主題は、とてもささやかで簡単な主題、「自由で幸せになる方法」です。私が、皆さんお1人お1人が当てはまる、まるで料理本のレシピのような方法をお教えできるかどうかはわかりませんが、私自身の経験に関して言えばとても大切だと私が堅く信じ、考えているいくつかのことをお話したいと思います。

　おそらくここにいらっしゃる皆さんのうちの何人か、そして他のところでは多く方々が、私のこの質問「自由で幸せになる方法」の答えは「高い収入を得ること!」という簡単な1文に集約されるとおっしゃるかもしれません。これは、私も一般的に受け入れられていると思う回答です。しかしながら、お金が今以上の幸せを生み出す際にはるかに重要だと想像するのは、私は間違いだと思います。私はこれまでの人生において、非常に多くの裕福な方々と知り合いになりました。そして、私は、そのうちのほとんど誰1人として幸せでも自由でもないと思うのです。私はまた、極めて貧しい人々も非常に多く知っています。彼らもやはりほとんど幸せでも自由でもあり得ないでしょう。しかし、その中間の範囲には、最も多くの幸福や自由が見られます。1番の幸福をもたらすのは、巨額の富でも極度の貧しさでもないのです。

その事実についての私の印象はこうです。幸せの外的条件について話しているなら、もちろん人は十分な食糧や生活の必需品や育児に必要なものを持っていなければなりません。そのようなものを持っていれば、皆さんはもう、本当に幸せに貢献するだけのものは持っているのです。それを越えてしまうと、心配や不安が増すだけです。ですから、私は巨万の富が答えだとは思いません。おそらく、幸福の外的条件について言うと、商品生産という物質的問題に関する限りでは、この国では、皆さんはもうすっかり解決してしまっているのです。生産される商品が公正に分配されれば、それは確実に幸福への真の貢献となることでしょう。ここで皆さんの問題は二重になります。1つは政治的問題、つまり、より広範囲な領域において無類の生産能力の利益を確保すること。一方、もう1つの問題とは、私たちの産業時代によって生み出されたこれらの物質的条件からどうやって商品を手に入れるかを学ぶという心理的問題です。それこそ、私たち現代人が最も失敗してきたところだと思います。すなわち、心理的な面、私たちが作り出してきた機会を楽しむことができるという面で、私たちは失敗してきたのだと思います。

演習問題7[1]

訳例 先週の日曜日、私が買ったニューヨーク・タイムズ紙は電話帳ほども厚さがあった。読むのに1週間はかかるので、私は1週間に1度しか新聞を買わなかった。まず、地元のニュースから読み始めた。それを読むと、すぐ身近な環境で何が起こっているのかがわかる。地元の選挙の候補者が行った演説についても、近所で起こった強盗についても読むことができるし、また隣のボロー区の最新情報にもついていくことができる。

それから、国内ニュースを読む。南部の出身なので、私はたいてい南部のニュースを真っ先に読むが、国内の全地域についても目を通す。私は自分自身を良き市民だと思っており、国中で何が起こっているのかを知ることが重要だと考えている。他の地域の人々が今日抱えている問題は、来年ここニューヨークで私たちが直面することになる問題と同じかもしれない。タイムズ紙に載っている国内ニュースはとても詳しく、読むたびにたくさん情報を得た実感を得られる。

最後になるが、重要なこととして、私は国際ニュースを読む。私には日本に住んでいる娘とドイツの企業に勤めている義理の息子がいるので、アジアとヨーロッパには特に関心が高い。世界はとても急速に変化し、またここ数十年の間にとても相互依存するようになった。他の国の人々が何を読んでいるのかに関して、また平均的な労働者の典型的な1日の生活について読むのは楽しいことである。私は政治や経済のニュースも読んでいる。まあ、あまり楽しんで読んでいるとは言えないが。

新聞には他の部分もあるが、その部分は妻が持って行ってしまう。だが、私はとにかくこの3タイプのニュースで満足しているし、その3タイプのそれぞれに2日

ずつ費やしている。

演習問題 7 [2]

訳例 心理学者が彼らの学者人生のある時点で、次の文を含む1冊の本か本の中の1章か、あるいは少なくとも論文を発表しようと、心の中で密かに誓いを立てていることを知っている人はほとんどいない。「人間とは、…する唯一の動物である」我々は、我々の好きなようにその文を終わらせることが許されている。しかし、その8語で始まらなければならないのだ。我々のほとんどはその業績の比較的後期になるまで、この厳粛な決まりごとを満たすのを待っている。なぜなら我々は、我々がなんとか一生涯の善意の学問研究に詰め込むことのできた他の言葉を、後続の世代の心理学者は全て無視し、主に「その文」をどのように終わらせたかで我々のことを覚えている、と知っているからだ。また、下手を打てば打つほど、よく覚えられることも知っている。例えば、その「例の文」を「言葉を用いることができる」と締めくくった心理学者たちは、チンパンジーが手話を使ってコミュニケーションをとるよう教えられたとき、特によく思い出された。そして、野生のチンパンジーが棒を使って盛り土からえさであるアリを取り出す（そして時々互いに頭を強く叩き合う）ことが研究者によって発見されたとき、世界は突然これまで例の文を「道具を使う」で締めくくったあらゆる心理学者の氏名と住所を思い出したのだ。だから、ほとんどの心理学者が例の文を完成させるのをできるだけ長く引き延ばすのはもっともなことなのだ。そして、十分に長く待っていれば、やがて死んでしまい、公然とサルに恥をかかされることは避けられるかもしれないと願っているのである。

演習問題 8 [1]

訳例 私たちは皆自分自身の考えを好む傾向にあるが、それは十分自然なことである。それらは結局、ある意味ではまさに私たち自身が生み出した子供であり、私たちの精神が生み出した概念なのである。しかし、概念というのは、思考する主体が世界と遭遇するため、初めてその思考している主体である人の中に生まれうる。究極のところ、私たちの考えは、それらが参照する外界の事物や精神からは独立した物事、すなわち客観的事実のおかげで存在しているのである。

　私たちの考えは明らかであり、その考えに対する私たちの理解も明らかである。しかし、それは私たちが絶えず、それらが参照している物事に注意を払っているという程度にすぎない。焦点は常に客観的世界の中にある、私たちの考えを生み出したもととなるものにおかれなければならない。もし私たちが自分の考えは自然に発生したものだと思っているのなら、すなわちその考えが存在するのは精神外の現実によるものだと思っていないのなら、私たちは私たち自身の考えを本当には理解し

ていない。

　私たちの考えの客観的起源を無視するような形で私たちが自身の考えに集中すればするほど、その考えは信頼できないものになってしまう。客観的な秩序を結びつける健全な絆は大きな緊張下に置かれており、その過程で度を超してしまうとその絆は壊れてしまう。そうすると、私たちは事実上客観的世界から自分自身を切り離してしまうことになる。私たちは、ありのままに世界を見るのではなく、投影された世界を見ている。それは私たちの精神に提示されている世界ではなく、私たちの精神の産物である世界なのだ。

演習問題 8 [2]

訳例 全ての人が自分自身の現実を創造する。あなたの人生の著作は、あなたの絶対的な権利である。しかし、人々は自らが望む人生の脚本を書く能力などないと言うことが非常に多い。そのような人々はしばしば、そうするだけの資金がないからやりたいこともできなければ、人生で望むものを手に入れることもできないと言い訳をする。彼らは、成功か失敗かを決定づけるのは、私たちの外的資源ではなく、むしろ自らを信じ、私たちの至高の志に従い自ら人生を築き上げようとする意欲を信じることにあるのだ、という根本的な真実を見落としている。

　あなたは責任のなすり合いをし「…だからできなかった」と頻繁に言うこともできるが、自分の人生をしっかりと支配し、それを自分が望む通りに形作っていくこともできる。また、外見であろうと経済状況であろうと生まれであろうと、そうした自分の環境に自分の身に起こることを委ねることもできれば、限界と認識されるものを越えて並外れたことを引き起こすこともできる。「そうなんだけどね…」では、何も結果は生まれない。そのような言葉は、不可能だという思い込みを強くするだけなのだ。

演習問題 9 [1]

問 1)
- (1) A: to put some important environmental issues on the policy agenda

    B: to debate how the engineering and environmental community can contribute to their solution
- (2) A: engineering

    B: environmental
- (3) A: knowledge

B：experiences
(4) A：making the decisions
　　　B：providing the funds

問2)

訳例 このワークショップのねらいは、いくつかの重要な環境問題を政策議題に載せ、工学と環境保護社会がどのように彼らの解決策に貢献できるかを議論することである。それらの問題を徹底的に議論することにより、我々は、決断を下し問題解決のための資金を供給する人々の注意を我々の知識と経験に向けさせたい考えである。

演習問題9 [2]

問1)

　　A：shopping
　　B：starting a large pot of stock to last the week
　　C：putting up a jar of fermented vegetables
　　D：making a batch of cookies for school lunches
　　E：preparing a large casserole of soup or stew that can last for several meals

問2)

訳例 適切な食事を摂るために台所で長時間を費やす必要はないけれども、ある程度の時間はそうする必要がある。簡単で健康的な献立は長時間の準備よりむしろ注意深い計画を要する。多くのことが1週間に4～5時間のまとまった時間を食べ物に捧げることによって事前の準備という方法でやってしまうことができる。そうした準備には、買い物したり、大きな鍋に1週間分のスープのだしを取り始めたり、発酵させた野菜のつぼを貯蔵したり、学校のランチ用にひと焼き分クッキーを作ったり、何食分かにとっておくことのできる大きなキャセロールのスープやシチューを準備したりすることなどが含まれるかもしれない。簡単で栄養価の高い食事は、前もって下準備をしておけば、とても素早く準備することができる。もしあなたの現在のスケジュールで食事の準備の余地が全くないようなら、あなたがしなければならないことの優先順位を再検討することが賢明だろう。

演習問題10 [1]

訳例 コンピュータは、比較的シンプルで初期のタイプのものでも、いくつかの点で並外れていいものであるように思われる。巨大なメモリを所有しているし、実質上即座

演習問題 11 [1]

問 1)

(a) 情報の伝達手段として、訴えの最終判決を下す法廷となり得る本などない。刺激を受けた本でさえも刺激のもとは必要である。日常ありふれた本は、事実の記録か、事実についての意見の記録である。前者は我々の注意を事実に向けさせ、後者は我々にその事実を自分で考えさせる。

解説 the former = records of fact「事実の記録」、the latter = records of reflection upon fact「事実についての熟考の記録」となるので、和訳は上の通りになる。

問 2)

(b) 本やその他の間接的な情報源への絶対的な依存は、初等教育では必要だ。しかし、本をそのまま信じずにそれを越えて自分で考えることは精神の発達における明確な段階の特徴である。それは、本当の研究の始まりだ。

訳例 よい学生は、本に対して大きな畏敬の念を抱いている。もっとよい学生は、本に対してより批判的である。そのような学生は、本に証明書のようなものを求める。若い学者が、「しかし先生、本にはこう書かれています」と言わなくなり、親でも答えを知らない問題があるだけでなく本に書かれた答えも間違っていることがあると実感したとき、学生として重要な進歩を遂げている。情報の伝達手段として、訴えの最終判決を下す法廷となり得る本などない。刺激を受けた本でさえも刺激のもとは必要である。日常ありふれた本は、事実の記録か、事実についての意見の記録である。前者は我々の注意を事実に向けさせ、後者は我々にその事実を自分で考えさせる。

　理想的には、我々が直接事実に向かっていく方がいいのかもしれないが、本は労力を節約するのに役立つ道具だ。そう、まるで対数表のように。そして、数学者がどのように対数表がまとめられたのか知りたいと思うのとちょうど同じように、いかなる主題に関するいかなる本を使っても、どのように著者がその情報を手に入れたのかを我々が知り、時々著者が導きだした結論を自分で試してみるのはいいことである。本やその他の間接的な情報源への絶対的な依存は、初等教育では必要だ。しかし、本をそのまま信じずにそれを越えて自分で考えることは精神の発達における明確な段階の特徴である。それは、本当の研究の始まりだ。これらの特徴は、もちろん文学としての書物の研究には当てはまらない。この場合、本そのものが事実である。

にまた失敗なく保存した内容を取り戻すこともできるし、また膨大な数の繰り返しの演算を疲れることも間違えることもなくやってのける能力を見せてくれる。もしその種のことが知性を測る物差しだとしたら、すでにコンピュータは我々よりもはるかに知性がある。それは、コンピュータがあまりに大きく我々の能力を超越しているので、我々はそれらを無数の異なる方法で用いており、もしコンピュータが一斉に停止してしまったら、我々の経済が崩壊してしまうことを知っているからである。

しかし、知性を測る基準は、そのようなコンピュータの能力だけではない。実際、我々はそのような能力をほとんど価値がないものと考えているので、コンピュータがどれだけ速かろうとも、コンピュータが出した解答がどれだけ素晴らしかろうとも、我々はそれを真の知性は全くもたないただの巨大な計算機としか見ていない。人間の持つ特別な能力がどのように見えるかと言うと、知性に関する限りでは、問題を全体としてとらえ、洞察を通じて解決策をつかみ、新しい組み合わせを発見し、並外れて知覚的で独創的な推測をすることができる能力なのである。それと同じことができるようにコンピュータをプログラムすることはできないだろうか。おそらく無理だろう。なぜなら、どうやって我々がそうしているのかを我々自身が知らないからである。

演習問題 10 [2]

訳例 能は、14世紀に発達した、日本の古典芸術の形式であり、演劇と舞踊と音楽と詩を合体させたものである。世界の他の儀式的な役割をもつ演劇の中でも珍しく、能の主な登場人物は幽霊である。

今日上演されている約250の戯曲の古典の題目において、幽霊が標準的な筋の中心的役割を担っている。例えば、この世を去った老人の霊が、悩みや憤りを感じて、自分にとって大切な出来事がかつて起こった場所に現れる。そして、自らの一生について語り、涅槃にたどり着けるよう助けを求める。あるいは、ある女性の幽霊が現れ、自ら愛の物語を語り始める。女は生き返ることを強く切望し、静かに舞を舞う。あるいは、激しい死を遂げた侍の亡霊が、そのとき起こった出来事を語り、自らの憤りと悲しみを舞に託し、解放され涅槃に入れるよう求める。

20世紀のイギリスの詩人であり劇作家でもあるT. S. エリオットは、かつて、幽霊ほど劇的なものはないと述べた。しかし、アクションいっぱいの芝居に見られるような劇的な出来事が、能にテンポを与えるなどと期待してはいけない。能においては、幽霊の出現それ自体が劇的なのである。幽霊は現在あの世に暮らしており、出来事はみなその幽霊が生きていたときに起こったことである。記憶だけが残っているのだ。生き返った記憶だけが。ただそれだけだ。

演習問題 11 [2]

問 1) （C）、（D）、（E）、（G）

問 2) 《1》tea 《2》tea 《3》this refreshing oriental beverage
《4》the liquid

問 3) もしお茶を断りでもしたら、風変わりか野蛮だと判断され、もう文明社会に仲間入りすることは望めなくなってしまう。

問 4) tea-time

問 5) 暑かったので、冷たいコーヒーを作り冷蔵庫に入れておいたら凍ってしまった。また、チーズをキッチンテーブルの上に出しっぱなしにしておいたら、溶けてしまった。

訳例 お茶に関して困ったことは、もともと極めておいしい飲み物だったということだ。だから、最も著名なイギリスの科学者の集団が一緒に知恵を出し合い、お茶の味を損ねる方法を見つけるために複雑な生物学的実験を行った。

　イギリス科学の永遠の栄誉をもたらすまでに、彼らの労働は実を結んだ。もしお茶をストレートで飲んだり、レモンを入れるかラムと砂糖を入れて飲んだりするのではなく、数滴冷たいミルクを落として砂糖を入れなければ、お望みのものは完成する。いったんこの気分を一新させる東洋の飲み物がうまく無色で無味のうがい水に変えられると、それはたちまちのうちにイギリスとアイルランドの国民的飲み物となった。いまだにその仰々しい肩書きを持ち続け、実際その肩書きを独占している。

　あなたが決してお茶を断ってはいけない、さもなければ風変わりか野蛮だと判断され、もう文明社会に仲間入りすることは望めないような場合がいくつかある。

　もしあなたがイギリス人の家庭に招待されたら、朝5時にお茶を一杯飲むことになる。それは心からの笑みを浮かべた女主人かほとんど嫌みなくらいむっつりと黙ったままのメイドによって運ばれてくる。あなたにとって最も安らかな朝の眠りを邪魔されたとしても、「奥さん、あなたは射殺されるに値するくらい残酷で意地悪で悪意のある人間だと思う」などと言ってはいけない。それどころか、あなたは朝5時にしては最高の微笑みを浮かべ、こう言わなければいけないのだ。「どうもありがとう。私は早朝にのむ一杯のお茶が大好きなんだ。特に朝早いのがね」と。彼女たちがお茶をあなたのところに置いていったら、洗面台に流してもよい。

　それから、あなたは朝食にお茶を飲み、それから午前中の11時にお茶を飲み、昼食の後にまたお茶を飲む。さらに、お茶の時間にお茶を飲み、夕食後にもお茶を飲み、夜の11時にまたお茶を飲む。

　次のような条件下では、お茶のおかわりを断ってはいけない。それは、暑いとき、寒いとき、疲れているとき、誰かがあなたのことを疲れているかもしれないと思っているとき、緊張しているとき、陽気なとき、出かける前、出かけた先、ちょ

うど家に帰ってきたばかりのとき、お茶が欲しい気分のとき、お茶が欲しい気分ではないとき、しばらくお茶を飲まなかったとき、ちょうど一杯お茶を飲んだばかりのとき、である。

　あなたは、絶対に私の例に従ってはいけない。私は朝5時に寝る。朝食にコーヒーを飲み、昼間には数えられないほどブラックコーヒーを飲む。ティータイムでさえも、最も正統派ではない風変わりなお茶を飲む程度だ。

　例えば先日―このことは、どれほど恥ずかしいことをする人たちがいるかをあなたに示すためにひどい例として言及するにすぎないのだが―私はティータイムにコーヒーとチーズが欲しかった。その日は例外的に暑い日で、私の妻（かつてはよきイギリス人女性だったが、今では私の意地悪い外国の影響により完全にまた絶望的におかしな方向に行ってしまった）は冷たいコーヒーをいくらか作り、それを冷蔵庫に入れておいた。すると、冷蔵庫の中でコーヒーは凍ってしまい、1つのかたまりになってしまった。一方、チーズの方はキッチンテーブルの上に置きっぱなしにしておいたので、そこでとけてしまった。かくして、私は1個のコーヒーとコップ一杯のチーズをいただくことになったのだった。

演習問題 12 [1]

問1）若いときには他人の年齢を当てるのが得意だったが、今はそうでもない。

問2）I am no longer a fairly good judge of age.

問3）Everyone between forty and sixty looks more or less the same to me, too.

訳例 若いときには、私は他人の年齢を当てるのがかなり上手だった。しかし、もう上手くはない。20歳から40歳くらいの年齢の人は皆多かれ少なかれ私と同じように見えるし、また40歳から60歳の人もそうである。しかし、どういうわけか子供の年はとても正確にわかってしまう。3歳半と4歳の違いも、8歳と9歳の違いもわかるのだ。

演習問題 12 [2]

> **paragraph structure（段落構造）**
> 段落1 顔に関わる問題「自分が認めていない人をいい顔だと思えるか」
> → 我々は見た目の判断より道徳的判断を重視する傾向がある
> （main idea）(＝認めていなければ、いい顔とは思えない)
> S. E.：道徳的に低いと思う人と直面したときの例
> 段落2 → 外見と内面が直接関係すると想定するには注意が必要だ（main idea）
> （人の外見だけで判断し結論づけると、判断を誤ることが多い）
> S. E.：ヒトラーの例

問1) 段落1：我々は見た目の判断より道徳的判断を重視する傾向がある。
段落2：外見と内面が直接関係すると想定するには注意が必要だ。

【解説】第2段落は単純な構造だが、第1段落には注意が必要。第1文は確かに中心的な文なのだが、これは第1段落のみではなくこの文章全体の中心（main idea）となる。この段落のみの main idea に関しては、本文第2文に書かれている。

【全体のまとめ】
自分が認めていない人をいい顔だと思えるかどうかという顔についての問題があるが、人は一般的に外見よりも道徳的判断を重視するため、それはないだろう。また、外見だけで人を判断すると結論を誤りがちなので注意が必要だ。

【解説】不要な部分を削いで、ポイントのみを残すようにすればもっと短くすることもできる。この文章全体の main idea については特にそのまま書かなくても各段落の main idea を述べることで代用できるので、「我々は一般に外見よりも道徳性を重視するので、認めていない人間をいい顔とは思えない。また、外見だけで人を判断すると結論を誤りがちなので注意が必要だ。(73字)」とするともっと見栄えがする。

問2) give more weight to moral judgments than to judgments about how people look

問3) that he or she looks nice

問4) 標準的に読む場合には、書かれたものや目で見たものを頭の中に取り入れるが、人の顔を見ているときには、自分の頭の中にあるその人の過去の振舞いを目で見たそ

の人の顔に当てはめているため、逆方向に読んでいることになる。

訳例 顔についての深刻な問題の１つは、我々が認めることのできない相手を魅力的で感じよい人だと思えるかどうかである。我々は一般的に、人の外見がどのように見えるかについての判断よりも道徳的判断の方に重要性をおく。あるいは、少なくともほとんどの人がほとんどいつもそうしている。だから、人は自分がその人に対して道徳的に低い意見しか持っていないような相手に直面したとき、たぶん言いそうなことは、その人の「外見」がいいということだろう。そしておそらく、これは表面的な印象だけだけど、と付け足すことだろう。そのとき実際に我々がしているように見えることは、ある人の過去の行動に関する知識から、その人の顔にあるその行動の証拠へと逆に読んで行くことだ。

　我々は、外見と内面の自己が直接的関係を持っていると想定する際には用心しなければいけない。ある人の外見から判断するだけで我々が信頼できる結論を引き出すことは実際極めて難しいことで、その人についてより知識を得るにつれて、最初の判断がいかに間違っていたかがわかるということはよくあることだ。ヒトラーが頭角を現し、権力の座についた初期の頃には、我々が現在彼の顔にはっきりと見て取れる冷酷さを見つけた者はほとんど誰もいなかった。口ひげを生やし誇張された動作をする小柄な男の外見に、必然的に悪であるものなど何もない。その人物描写なら、有名な喜劇役者チャーリー・チャップリンにも同じくらいよく当てはまるだろう。ただし、チャップリンの身振りと口ひげは笑いと共感を誘う。実際に、ある有名な映画の中で、チャップリンは普通の男と意地の悪い政治的支配者の両方の役を、全く見分けがつかないほど同じように演じている。

演習問題 13 [1]

paragraph structure（段落構造）

ラテン語は何世代もの間、評判が悪い
↓
But 最近、状況が変わってきた
　　（現代の教材や映画により、ラテン語が生き生きし始めた）
↓
though 残念ながらそれにもかかわらず、ラテン語を学ぶ子供は減少している
　　→ 理由：ラテン語がもはや学校で教えられていないため

問 1) in spite of the renewed interest of the subject, the number of children studying it has decreased

問 2) 近年のラテン語への関心の高まりにもかかわらず、ラテン語を学ぶ子供の数は減少している。(42字)

訳例 古典言語であるラテン語はどの世代にも評判が悪かった。退屈で難解でもはや使われない死んだ言語と見なされている。しかし、近年になって状況は変わってきた。バラエティに富んだ古代ローマ人の生活に焦点を当てた現代的な教材、映画やビデオ、テレビドラマ、ドキュメンタリー、インターネットが、ローマ人たちと彼らの言語を生き返らせたのだ。だから、ラテン語はもはや退屈などということはなく、死語どころか復活を楽しんでいる。決して簡単になることはないが、確実により身近に感じられるようになった。しかし、悲しいことに、そうしたラテン語に対する新たな関心にも関わらず、ラテン語を学ぶ子供の数は減ってしまった。その理由は特に、かつては幅広く必修とされていたのだが、今ではもはや多くの学校で教えられてさえいないということだ。ラテン語の授業をとることができる場合でも、それは他教科、たいていは現代の言語と選択教科の選択肢の1つとして競わなければいけない。私の学校では、それはドイツ語、イタリア語、スペイン語、さらには中国語といった、ラテン語より実用的と見なされても仕方のない選択肢を意味する。

演習問題 13 [2]

---

paragraph structure（段落構造）

アジアでの現人類の進化は複雑だ
　↓
However 1つだけ確かなことがある
　→ 人類の進化に含まれる多くの問題を解決するのに適当な説明は1つではない
but 全ての科学者や学者たちが認めている共通の事実もあるようだ
　具体的事実：現人類は5～6万年前にアジアに到達し、急速にその前の人類に取って代わっていった → 全世界的に見られることと一致

問 1) some facts appear to be acknowledged by all scientist and scholars working on this question

問 2) たった1種類の説明で人類の進化の歴史に含まれる多くの問題を解決するわけ

ではないが、全ての学者たちが認めている事実もいくつかあるようだ。（67字）

問3）現人類は5～6万年前にアジアに到達し、その後急速にそれ以前の人類に取って代わっていった。（44字）

問4）現人類が5～6万年前にアジアにやってきて、急速にそれ以前の人類に取って代わった過程。（42字）

訳例 アジアにおける現人類の進化は、複雑で簡単には語ることのできない話である。多くの疑問にまだ答えが出ないままであり、これまで集められた全ての答えが、時の試練に耐え正しいと確定するとは限らないであろう。しかしながら、確かなことが1つある。人類の進化の歴史に含まれる多くの問題を解決するのに適当な説明は決して1種類ではないということだ。真実に到達するには、科学的な分析が歴史的な調査と組み合わされなければいけない。完全なる真実は誰にもわからないかもしれないが、いくつかの事実に関してはこの問題を研究している全ての科学者や学者が認めているようである。現人類は5～6万年前にアジアに到達し、それから急速にそれ以前の人類に取って代わっていった。この話は圧倒的多数の研究者によって事実として受け入れられてきた。4万年前から3万年前の間に、ホモ・サピエンスが日本にやってきた。この過程は世界の他の地域で起こったこととよく似ており、我々の種は進化という観点では比較的短期間に地球の支配を確立した（といえる）。

演習問題 14

問1）

---

paragraph structure（段落構造）

段落1 （具体例）子供の頃、1セント硬貨を道端のどこかに隠して、その在処を示す目印を書いては、見知らぬ通行人がそれを見つけるところを想像してワクワクしていた

↓

段落2 今、大人になって「見ること」について考えてこの思い出を思い出す
→ 世界には見るものがたくさんあるが、最近の大人が1セントを見て興奮するだろうか
But もし1セント硬貨を見て興奮できる精神を養えば、世界はそういうものに溢れているから、発見の人生を手に入れたことになる（main idea）

問2) 世界はさまざまな価値で溢れているが、現代はそれに気づかない心の貧しい人が多い。そうした価値に感動できる健全に貧しい精神を培えば、発見に満ちた一生を送ることができる。(82字)

訳例 私は、6歳か7歳の頃、自分の小さなコイン、たいてい1セント硬貨を手に取っては、それを誰かに見つけてもらおうとどこかに隠したものだった。どういうわけか、私はいつもその1セント硬貨を同じ歩道のどこかに隠していた。例えば大きな木の根っこのところに置いておいてみたり、歩道にある穴の中に入れておいたりしたものだった。それから私はチョークを1本手にとり、硬貨を隠した場所を含む1区画の両端からその1セント硬貨に向けて大きな矢印を書いた。文字を書くことを覚えてからは、矢印に「前方に驚くべきものアリ」や「お金はこちら」のような標識をつけた。私はこの矢印を書いている間中ずっと、その人の功績に関わりなく、このようにして宇宙からただで贈り物を受け取ることになる最初の幸運な通行人のことを考えてとても興奮していた。

　今、1人の大人として私はこれらの思い出を思い出すのだが、それは私が最近ずっと「見ること」について考えているからだ。見るものはたくさんあり、ただでビックリできることもたくさんある。世界は、気前のいい人が落としていった1セント硬貨があちこちにあふれているのだ。しかし、ここが重要なのだが、いったいどんな大人がただの1セント硬貨で興奮するだろうか。もし矢印に従って歩いていったら、もし道路脇にかがみ込んで動かずに、揺れ動く木の枝をじっと見ていて、そのおかげで恥ずかしそうに用心して見ている1頭のシカを見ることができたら、あなたはその光景を安っぽいとしてそのまま元の道を歩き続けるだろうか。実際、あまりにも疲れていて、あるいは忙しすぎて、立ち止まって1セント硬貨を拾うことができないなんて恐ろしく貧困なことだ。しかし、もしあなたが精神の健全な貧しさと純真さを培い、そうして1セント硬貨を見つけることがあなたにとって本当に意味を持つようになったら、世界は実にたくさんの1セント硬貨を植えられているのだから、あなたはあなたの貧しさで一生涯の発見を買い取ったことになるのだ。

演習問題 15

問1)

> paragraph structure（段落構造）
>
> 段落1 main idea：不安は、我々が他人をどう判断するかに影響する
> however 正確に不安がどのように影響するかを見てみると驚く（main idea）
> → 不安な精神状態のとき、見知らぬ人を否定的に見るのではなく、むしろ親近感を感じてしまう
>
> （実験例）橋の上での見知らぬ人との遭遇
> 目的：不安な精神状態がどのように他人に対する判断に影響しうるか
> 方法：高くて不安定な吊り橋と安定した低い橋のそれぞれを渡っている最中の人々に調査協力の依頼をし、連絡先を教え、その反応を後日比較する
> 結果：高くて不安定な吊り橋を渡っている人の方が、調査協力に応じ、後日電話がかかってくるケースが多かった
> 結論：不安な精神状態では、見知らぬ人にも親近感を感じてしまう（結合効果）
>
> 段落2 この結合効果は、誘拐犯に人質が好意を持ってしまう事例の説明にもなる（main idea）

問2) 不安な精神状態にいると、見知らぬ人に対しても親近感を抱いてしまう。（33字）

問3) bridge

問4) 不安な精神状態が、他人に対して親しみや親近感を感じさせる効果

問5) the strange phenomenon (of hostages coming to care deeply about their captors)

問6) 人質が犯人を逆に思いやってしまう奇妙な現象は、人質と犯人が短い期間密接な関係にいたことによるのかもしれないこと

訳例 不安は我々がどう他者を判断するかに影響しうる。しかしながら、そのような判断に正確にどのように影響しているかは極めて驚くべきことである。不安な気持ちを抱えていると、見知らぬ人々を否定的な目で見るようになるのではなく、むしろ実際

には見知らぬ人々により親近感を感じてしまうことがある。これは少なくとも1970年代に行なわれたある有名な実験の結論であるようだ。高くてかなり恐怖を感じる吊り橋を渡っている男性たちがある若い女性に止められ、調査に参加してくれないかと尋ねられた。その女性はそれから彼女の電話番号が書かれたカードを渡し、もし興味があればその調査に関してもっと詳しく話す、と言った。その同じ日に、この女性はもっと高度が低く安全な橋の上で同じことをした。その後の数日間かかってきた電話では、安全な橋の上で会った男性よりも怖さを感じる橋の上で女性に出会った男性たちの方がはるかに多かった。不安が、彼ら男性たちをより親しみやすくし、またおそらく気のある素振りさえも見せたように思われる。

　こうした不安の結合効果は、おそらく人質が誘拐犯の方に深く思いを寄せるようになる奇妙な現象の説明の一部にもなるかもしれない。この現象の中には、単純に人質と誘拐や監禁をした者がその短期間密接な関係で暮らしていたことも理由になるかもしれないが、そうだとしてもそのような愛情は人質が感じる不安感によってさらに強められているように見える。

演習問題 16

TOPIC「医療の性質と役割をめぐる変化」
paragraph structure（段落構造）
段落1　医療の性質と機能がここ1世紀で徐々に変化してきた（main idea）

（患者との communication に基づく医療 → 専門技術的事業）
A：communication　　　⇔　　　B：technique
　　↓　　　　　　　　　　　　　　↓
　caring　　　　　　　⇔　　　curing
　human touch
→ 現在では、医学は、治療法を知る前から医療を患者に有用にしてきた人間的触れ合いを失ってしまったと批判されている
段落2　However この2つを切り離すのは容易ではない
　　　S.E.
　　　1. 研究によれば、患者の健康状態は医師とのコミュニケーションの質に左右される

> 2. 効果的治療法がないときは、従来の人間的触れ合いによる看護の必要性が高い
> → boxed{Hence} 現代医療における communication の側面を覚えておかなければならない

問1) ここ1世紀の間に、医療は医師と患者の人間的触れ合いに基づくものから、専門的治療技術の遂行へと変化してきた。しかし、この2つは厳密に切り離せないため、現代医療においても従来の精神的側面を忘れてはならない。

解説 キーワードである communication の訳に注意する。この文章全体を通して、communication vs. technique の対照関係をまずつかみ、それぞれとほぼ同意で用いられていると思われる語も拾い上げていくと、caring vs. curing「世話、看護、介護 vs. 治療」という関係も見えてくる。また、さらに communication と caring は、human touch もほぼ同じように用いられていることを考えれば、ここでの communication は「医師と患者の心の触れ合い、通い合い」を意味していることがわかる。日本語に直すときには、このように対立関係を把握した後で、同じサイドで用いられている語群から、その対照対立関係にある双方の概念をつかみ取ってほしい。

問2) medicine

問3) 1. 治療後の影響として考えられることを説明するというような初歩的な形での患者に対する思いやりが、治療の結果に影響しうること。
   2. 医学において、効果的な治療法がまだ見つかっていない場合、患者との心の通い合いに基づく従来の看護の必要性は特に高まること。

訳例 医学の性質と機能はここ1世紀の間に徐々に変化してきた。かつては病人看護を目標とした主に医師と患者の対話に基づく活動だったものが、ますますうまく治療を行うことができる技術的事業となった。こうした技術的進歩をあきらめ、過去へ戻りたいと思う人々はほとんどいないだろうが、治療行為がより確立されるようになるにつれ、看護するという医療の伝統的な機能が置き去りにされてきた。そして現在、医学は、患者の治療方法がわかるようになる以前にもそれを患者にとって有用な存在にした人間的触れ合いを失ったことで批判を受けている。

　問題は単純なように見える。「人間的触れ合い」対「専門技術」である。しかしながら、我々は皆、医学においてその2つを切り離すのは決してたやすくないと

わかっている。医療行為に関する研究では、患者の健康状態は医師と患者のコミュニケーションの質にしばしば影響されるとわかっている。治療後の予想しうる影響について患者に説明することのような初歩的な形の患者への配慮でさえも、結果に影響を与えることがある。我々はまた、医学がいまだに効果的な治療法を与えていない場合には、旧式の人間的看護の必要性は特に強いと気づいている。それゆえに、現代医学における医師と患者との心の触れ合いという側面を覚えておくことは重要なのである。

演習問題 17

TOPIC「避妊法、家電製品、第二次世界大戦の結果」

paragraph structure（段落構造）

段落1　main idea：これら3つの出来事は社会に大きな変化をもたらした
→ その影響のレベルは3つある。
「家庭」「ビジネス」「行政」

段落2　第1の結果：家庭内の変化
女性の自立により
→ 男性が家事や育児に協力するようになった
→ 託児所など母親以外に育てられる子供が増加した

段落3　第2の結果：仕事に関する変化
女性の自立により
→ 働く女性の数が増加した
→ かつては男性の職業とされていた仕事に就く女性が増加した

段落4　第3の結果：行政組織内の変化
女性の自立により
→ 公職に就く女性の数が増加した

段落5　結論：アメリカの女性たちはますます自立を勝ち取りつつある。

問1）3つの出来事はアメリカ社会における女性の地位向上に貢献した。

問2）結果1：男性も家事を協力するようになった。
　　　結果2：女性労働者が増え、さまざまな業種で活躍するようになった。
　　　結果3：行政に関わる女性の比率が向上した。

訳例 これら3つの出来事は、社会の中に大きな変化の種を植えることとなった。そして、この変化は家族、ビジネス、行政というあらゆるレベルで感じられるようになりつつある。

今日の女性のさらなる自立の最も大きな結果の1つは、家庭内で感じられている。伝統的な夫婦の関係が根本的に変わりつつあるのだ。現在は非常に多くの女性たちが仕事をしているので、男性たちは料理や掃除や育児などの家事を共有するようになっている。ほとんどのアメリカ人の家庭では、いまだに夫が家計のほとんどを稼ぎ、妻が家事のほとんどをこなしている。しかし、それにも関わらず、米国の育児のシステムは、女性がますます家庭の外に出て労働力に加わるようになった結果変わっているのだ。外に働きに出ている母親の数は1950年から1987年までで3倍に増え、1,200万人以上になった。結果として、何百万人もの子供たちが、今では家庭で母親に育てられる代わりに、幼児や就学前や就学後の子供を受け入れるデイケア・プログラムで働く保育士に育てられている。

女性解放の結果は、家庭だけでなく職場でも感じられている。1986年には、およそ4,800万人の16歳以上の女性が雇用されるようになった。この数は米国において給料や賃金をもらい雇用されている全労働力の44%を表している。ほとんどの女性がいまだに、秘書や販売員、小学校の先生、医療労働者のような低賃金で地位も低い職業で働いている。しかし、ここ20年で、女性たちはますます新しいハイテク産業に参入するようになった。例えば、1986年までに、全コンピュータ・プログラマーのうち女性の割合が34%になり、またビジネスにおいて重役や管理職まで昇進した女性や、伝統的に男性の仕事と考えられていた建築や工学、医学や法律の職業に就いた女性の数も、ゆっくりとではあるが着実に増えた。

さらに、政治や行政もまた女性運動の結果が感じられるもう1つの領域である。アメリカ合衆国は世界中の他の数カ国とは異なり、女性の大統領を受け入れる用意はまだないようだが、アメリカ人の女性が高い公職に選ばれたり任命されたりする数は増加しており、現在は閣僚や上院、下院の議員、州知事や市長にも女性が就任している。1984年、ジェラルディン・フェラーロが、女性として初めて民主党副大統領職に指名されたが、選ばれはしなかった。

結論として、アメリカ合衆国の女性たちはますます自立を獲得しており、それが家庭や職場や政府において広範囲に及ぶ変化を引き起こしている。アメリカ人女性はスウェーデンのような西洋諸国の女性が得ているような男性との平等の地位はまだ獲得していないが、着実に進歩しつつある。このプロセスが社会に与える十分な影響は、まだ見られていない。

演習問題 18

> TOPIC「本好きな家庭の6つの特徴」
>
> paragraph structure（段落構造）
>
> 段落1　子供にとって、本をテレビより魅力あるものにするためにはどうすればいいだろうか
>
> 段落2　本好きの家庭をみると、
> 　　　1. そのような家には本がある
> 　　　　（裕福な家庭の子供は、ゲームやDVDを持っていても本を持っていないことがあり、本が読めない）
>
> 段落3　本好きになる第2の要因は、
> 　　　2. 子供本人が本や本棚を所有している
> 　　　　（これにより、気に入った本を何度も読み返すことができる）
>
> 段落4　第3に必要なことは、
> 　　　3. 家中に様々な種類の読み物が置かれている
> 　　　　（読みたい欲求は様々であるから）
>
> 段落5　第4に不可欠な要因は、
> 　　　4. 親が読書を楽しんでいる姿を子供が見ている
> 　　　　（子供が家にいる時に読書をするのがよい）
>
> 段落6　本好きの家庭で第5のことは、
> 　　　5. 親は真剣に親の役割を果たしている
> 　　　　（このような親はきちんと子供に読み聞かせをしている）
>
> 段落7　最後に、子供が本好きになるためには、
> 　　　6. 読むための時間と環境が必要だ
> 　　　　（これは静かな場所、明かりなどを意味する）
>
> 段落8　本好きな家庭でも、テレビを全く見ないわけではない
> 　　　　（テレビは子供が将来難解な本を読む時の背景知識を与える）

問1) イ、エ、ケ、サ、セ、タ

解説　本文で説明されている6つの特徴がつかめれば、それに該当するものを選択肢から選べばよい。イ（第1の特徴）、エ（第4の特徴）、ケ（第6の特徴）、サ（第5の特徴）、セ（第2の特徴）、タ（第2の特徴）このような内容一致の問題を練習するときには、正解ではない選択肢に関してなぜ該当しないのかの理由も

考えるようにするとよい。

ア　set a time とは書いていない
ウ　「読書は楽しい」と子供に言う（tell）のではない
オ　a little more difficult のように、レベルについては触れていない
カ　leave them in a room alone とは書いていない
キ　親が子供にいい本を選ぶべきだとは書いていない
ク　「テレビを禁じる」の部分が第8段落に反する
コ　子供に与えるべき本の種類については限定していない
シ　「長い間同じ本を読ませるべきではない」が第3段落に反する
ス　図書館については触れていないし、後半部分が本文に反する
ソ　「買ってはいけない」とは書いていない

問2）(almost as necessary) as talking
問3）if we don't create in children a deep-seated need for books
問4）read to their children
問5）a relationship
問6）people watch television selectively

訳例 本をテレビより魅力的なものにするために、私たちは話すことに関してすでに行っていることを読むことに関してもしなければならない。大人として私たちは、話すことは得るものがあると示してきた。同じことを本に関してもしなければならない。私たちは、読書が話すことと同じくらい楽しく、そしてほとんど同じくらいに必要なことであると示さなければならない。子供たちに本の必要性をしっかりと植えつけないといけない。そうしないといつもテレビに負けてしまう。いったいどうやってこれをすればよいだろうか。

　本好きな人を生み出すような家庭を見てみると、最初に気づくことは、そしてこれは最も明らかなのだが奇妙なことに最もよく忘れがちな要因である、そのような家には本が置いてあるということだ。私たちの社会には、本が読めないとか本を読もうとしない高い特権階級の子供たちが存在する。なぜそうなるかは理解に難くない。そういう子供たちには、テレビがある。おもちゃやコンピュータゲームや自分だけのDVDプレイヤーや自転車や豊かな子供時代の象徴であるようなものが全て存在する。しかし、本は持っていないのだ。ちらっと周囲を見回したところに本が置いてなかったとしたら、いったいどうして本が魅力的なものになろことか。

　熱心で優秀な本好きを生み出す2番目の必要不可欠な要因は、子供たちが気に

入った本を自分で所有して何度も繰り返し読めるように、自分の本と本棚を持つことである。所有するということは重要なことだ。私は、ある特別なお気に入りの本を何度も読んで、ついには製本部分がすり切れてページがバラバラにほどけてしまったというある子供のことを知っている。その子の両親は1度ではなく3度もその本を新しいものに取り替えてあげた。所有できること、それゆえにその本を何年もの間繰り返して読めることが、その子を本好きにしたのだ。
　3番目に必要なことは、推理小説やらペーパーバック、雑誌に新聞に百科事典に古典に児童小説、ノンフィクションに入門書に専門誌に絵本に、と幅広い種類の読み物を家中に置くことだ。短い本もあれば、長いものもある。小さい子供には読むのが難しいものもあれば、本当に簡単に読めるものもある。大人として、私たちはいつもまじめな小説を読んでいるわけではない。私たちの本へのニーズはさまざまであり、また子供のニーズもやはりそうであると覚えておくべきである。
　4番目の必要不可欠な要因は、親が読書を楽しむところを子供が見ているということである。これは、親が本を楽しんでいるところを子供が見られるように、昼間のうちか晩の早い時間帯に本を読むということだ。私は、親が子供の前で悲しい本を読んで泣くところを見られるのはいいことだし、またある特定の本を途中で置くことができないために、飼い犬を洗ってあげたり野球の試合に行ったりするのを延期するのもいいことだと信じている。
　本好きの家庭で見られる5番目のことは、親がたいてい真剣に親をやっているということである。彼らは、死にものぐるいで親の役割を演じている。彼らは、自分たち親が子供に読み聞かせをするべきだと知っているので、きちんとそうしている。子供たちは本の世界に夢中になる。夜になると、子供たちは、大きくて愛情たっぷりに自分を守ってくれる親がベッドのそばで毎晩お話を読み聞かせてくれてあたたかく安心でいられる。昼間には、心地よい膝の上に座り、親の温かい愛情に守られて、あらゆる種類の恐怖や喜びが本の中から溢れ出てくるのを聞くのだ。物語を読んでいる間の親と子の関係は、思いやりと愛情の関係であり、それは子供の心に本とぬくもりや愛情や喜びや安心感とを結びつけてくれるものである。本はなんと魅力的なものになるであろうか！
　そして、最後に、子供が本を愛するようになれるためには、読むための時間が必要だ。読むための静かな場所が必要だ。冬には暖が必要だ。腰を下ろせる快適なところも必要だ。本が読めるだけの十分な明かりが必要だ。
　熱狂的な読書家を生み出す種類の家庭でも、やはりテレビも見る。しかし、選んで見ている。本が大好きな子供たちも、テレビを見ることから多くのことを得るだろう。未知の世界の多くがテレビで明らかにされ、子供たちに貴重な情報や洞察を与えてくれる。そしてそれらが、あとになってもっと難解な文学を理解するときに子供たちを助けてくれることになるだろう。

演習問題 19 [1]

TOPIC「絶滅する言語と人間の可能性」

paragraph structure（段落構造）

段落1 現在、世界では推定およそ5,000語の言語が話されている
　　　⇒言語学者は、半世紀でその半分以上の言語が、母語話者がいなくなり絶滅すると予想している
　　　⇒喪失は残念だ（言語は人間の歴史を表すから、過去の消失を意味する）

段落2 Butこの観察は人間の振舞いにおける興味深い特徴を見過ごしている
　　　　　　　↓
言葉を失うのと同じくらい速く、言葉を生み出している
（具体例）
英語が共通語として世界中に広がりつつある
yet
同時に、英語の地方方言が生まれた

要約 世界中の言語の半数以上が将来消滅するという予想は人間の過去の一部も失われ、残念ではあるが、人は同時に新しい方言を生み出す特徴も持っている。（69字）

解説 字数制限がかなり厳しいので、無駄な言葉はほとんど入れられない。筆者の主張自体は第2段落に書かれているが、一般的な認識として「言語の消失が過去の消失となり残念なことだ」という部分を要約に加えなければ、筆者の主張を効果的に表すことはできない。

訳例 今日の世界では、およそ5,000語の言語が現在話されていると推定されている。まあ、それはどの語を方言として数え、どの語を明確な言語と数えるかにもよるのだが。これらの言語に、おそらくさらに古代ギリシャ語やラテン語のように学校でいまだに教えられたり、サンスクリット語やギーズ語のように宗教行事で用いられたりする一握りの「死んだ」言語を加えることができる。言語学者は、これら全ての半数をはるかに越える数の言語が、母語話者がいなくなると言う意味で、半世紀以内に絶滅するだろうと予想している。それらはほとんどが、現在母語話者の数が1,000

人未満で、そのほとんどがすでに高齢であるような言語である。世界がたった2つの言語に支配される時がそのうちにおとずれるかもしれないとこれまで示唆されてきた。現時点での状況に基づくと、この2つはほとんど確実に英語と中国語である。これらの言語を全て失ってしまうことは、もちろん残念だろう。言語を失うとき、我々は我々の過去の断片をも失う。なぜなら言語は、民族の歴史、彼らの経験の蓄積、彼らの移住や彼らが被った侵略を表しているからだ。

　しかし、この観察は人間の振る舞いのある興味深い特徴を見過ごしている。それは、我々は古い方言を失うのと同じくらい速く新しい方言を生み出すという傾向である。英語は世界中に広がり、あらゆる大陸上の国々の国語となるだけでなく、貿易、政府、科学における共通語にもなった。しかし、同時に、互いに話者同士が理解し合えないような地方方言も多く発達した。ほとんどの言語学者が、現在、ピジン（ニューギニアのピジン英語）や黒人英語（アメリカ合衆国の大都市で主に黒人が話す英語の形態）、カリビアン・クレオール（さまざまなカリブ海の島々の英語）、クリオ（西アフリカ、シェラ・レオネのクレオール）、スコットランド英語（スコットランドの低地で話される英語）でさえも、独立した言語として認識している。

演習問題 19 [2]

TOPIC「SFと科学の相互作用」

paragraph structure（段落構造）

段落1　SFは楽しみだけでなく、重要な目的も果たしている
　　　　　　　　　　　↓
　　　　　　人間の**想像力**の拡大（キーワードの提示）

段落2　SFと科学には、双方向の作用がある（main idea）
　　　SF → 科学：科学理論になりうる新しいアイディアの提案
　　　but
　　　SF ← 科学：時にSFよりも奇抜なアイディアを提起し、SFに主題を提供
　　　（具体例）ブラックホール（その命名がSF作家の想像力を駆り立て、SF小説に多く取り上げられた：「SF ← 科学」の例）

段落3　SFが注目したものは、「時空を超えた移動」である（SF → 科学」の例）
　　　（具体例）宇宙旅行にかかる歳月

> 段落4　アインシュタインの一般相対性理論が実現可能性を与えてくれる（「SF → 科学」の例の続き）
> （SFのような研究は税金の無駄遣いと言われるため、本格的研究は行なわれておらず、水面下でのみ行なわれている）
> Nevertheless
> 今日のSFは明日の科学的事実；SFの背後にある科学は調査する価値がある（「SF → 科学」の関係をまとめている）

問1) SFと科学は相互に影響し合っており、「ブラックホール」のように科学がSFの想像力を駆り立てる一方、「時空を超えた移動」のようにSFが科学に新しい研究課題となる概念を提供することもある。（92字）

解説 第1段落では、SFのキーワードとして「想像力」を提示するのにとどまり、この文章全体のmain ideaは第2段落第1文と考えてよい。ここで述べられている「双方向作用」のそれぞれを具体例とともに答えるのが、この要約問題で必要なポイントである。双方向の影響については、第2段落main ideaの直後に説明されているが、同段落内の「ブラックホール」は「SF ← 科学」の方の例である。一方、「SF → 科学」の例は第3〜4段落にわたって記述されている「時空を超えた旅」である。

　このそれぞれの例を混同しないように、要約に書き加えるのが重要。相互作用のどちらの影響にも想像力は関与しているので、両方に「想像」という言葉を入れても構わない。

問2) a serious purpose

問3) Black holes

問4) If they had continued

問5) 宇宙船が光の速度以内で飛ぶように制限されていたら、再び地球に戻ってくるまでに地球上では8万年も経ってしまうという困難

問6) 人は、時空間を曲げたり、行きたい場所への近道を作ったりできる、という考え方

訳例 SF小説は、よい楽しみであるだけでなく、重要な目的も果たしている。それは、人間の想像力を広げるという目的である。我々は、人間の精神が将来の科学の発達にどのように反応するかを調べることができるし、また科学の発達がどのようなものになるかを想像することもできる。

SFと科学の間には双方向の作用がある。SFは、科学者が理論の中に含んでいる概念を示唆するが、時々科学はいかなるSFよりも奇抜な観念を提起する。ブラックホールが例である。それは物理学者ジョン・アーチボルド・ウィーラー氏が与えたその触発された名前によって非常に助けられた。その本来の名前であった「凍った星（frozen stars）」や「重力的に完全に崩壊した物体（gravitationally completely collapsed objects）」を続けていたら、ブラックホールについて今の半分も書かれてはいなかっただろう。

　SFが人々の注目を集めたことの1つは、光より速い移動だ。もし宇宙船が光速より少し遅い速度で飛ぶように制限されていたとしても、乗組員にとっては銀河の中心への往復もたった数年しかかからないように思えるかもしれない。しかし、宇宙船が戻ってくるまでに地球上では8万年が過ぎてしまうだろう。戻って家族に会うためにはあまりにも長過ぎる！

　幸運にも、アインシュタインの一般相対性理論がこの困難を回避する可能性を与えた。人は時空間を曲げること、すなわちワープしたり、訪れたいところへの近道を作り出したりすることができるかもしれないというのだ。そのような時空間の超越が、将来我々の可能性の範囲内にあるかもしれないように見える。しかしながら、これまでこの線に沿った本格的な科学的研究はあまりなされてこなかった。その理由の一部は、それがあまりにもSFのように聞こえるからではないかと私は思う。高速宇宙旅行の結果の1つは、人が時間を過去にさかのぼることができるということだろう。もし政府が時間旅行の研究を支援しているなどということが知られてしまったら、税金の無駄遣いだと不満がでてくることを想像して見なさい。こうした理由で、この分野で研究している科学者は、本当は時間旅行を意味する「閉鎖された時曲線（closed time like curves）」のような専門用語を用いることによって、彼らの真の関心を隠さなければならない。にもかかわらず、今日のSFは明日の科学的事実となることも多い。つまり、SFより遅れた科学は、確かに調べる価値のあるものなのだ。

おわりに：本書を手にした皆さんとお世話になった方々へ

「リーディング・読む」という作業は、外国語（すなわち自分の周囲で日常用いられていない言語）を最も効率よく手軽に学習できる方法だと筆者は考える。スピーキングは話し相手を見つけなければいけない。リスニングもまた、インターネットやポッドキャストで英語を流し聞きすることもできるが、自分の理解を確かめることは難しい。ライティングも、ただ1人で英語を書いているだけでは空しいだろう。読んでくれる相手または自分の英語をチェックしてくれる誰かがいなければ、モチベーションも上がらないしスキルの向上も望めない。その点、リーディングは異なる。読むもの（本でもコピーでもキンドルでも）さえあれば、喫茶店でも電車の中でも、いつでも空いた時間を使って著者の世界に入ることができる。その時、辞書を持ち合わせている必要はない。どうしても推測すらできない未知の語は、印を付けるなどして後で調べればよい。こうしたほんの少しの努力を怠らなければ、リーディングを通して語彙や表現を増やすこともできる。

本書を手にした皆さんには、本書を利用してリーディング活動というものをもっと身近なものにして欲しいと願っている。もちろん「スラスラ読める」など、そう簡単にできることではない。毎日ある程度の英語を読む習慣がなければ、楽に読めるようにはならない。しかし、毎日読み続けるためには、その作業を少なくとも苦痛に感じるようではいけない。手軽である、楽だと感じられなければ、続けることは難しい。そのために必要なリーディングのルールを、全て本書に記したわけではないが、その足がかり（scaffolding）となるものは十分に込めたつもりだ。本書を手にした皆さんには、その「リーディングをもっと手軽に感じるための足がかり」を、本書を通じて得て欲しいと思っている。

本書の執筆にあたってはさまざまな方々に協力や励ましをいただいた。この場を借りて、お礼を申し上げたい。まず、本書の発案の原点にもなったこれまでの教え子たちに感謝したい。諸君の素朴な質問が常に筆者を刺激し、本書の着想に至った。諸君と、諸君の頑張りと疑問がなければ、本書は生まれていなかっただろう。これからも小さな疑問と好奇心を持ち続ける大人になってほしい。

また、多忙な中にありながらも、本書の例文の英語チェックに協力してくださったUCLA

のロバート・ルモイン博士、同じくUCLAのコリーン・チャールズさんに感謝したい。お2人にはその他にも英語表現に関して相談させていただいたが、いつも快く応じてくださり、大変ありがたかった。また、UCLAのESL及びTESLコースでリーディングを担当していらっしゃるリンダ・ジャンセン先生にもお礼を申し上げたい。ちょうど本書の執筆中に師の授業に出席していたことがきっかけで、リーディングに関する本を貸していただき、また本書の出版に関しても度々励ましの言葉をいただいた。元津田塾大学、現明治大学准教授、鈴木健先生にも、原稿の最終段階で目を通していただき、貴重なコメントをいただいた。先生はご自身の研究で忙しい中、丁寧に原稿をみてくださり、アドバイスをくださった。この場を借り、お礼を述べたい。ただし、出版された本書の文責は全て筆者にあるものと、付け加えておく。

さらに、本書の企画、出版に尽力してくださったテイエス企画の関戸直衛氏、上平更氏への感謝は忘れられない。関戸氏は、本書企画の最初から担当し、励ましの言葉とともに原稿を辛抱強く待ち続けてくださった。また、上平氏は、すべての編集の段階において本書の出版に惜しみなく力を注いでくださった。心よりの感謝を申し上げたい。また、渡米後も変わらず、筆者に教育の場を与えてくださったトフルゼミナールの皆様にもお礼を申し上げたい。常に新鮮な学習者との触れ合いが、筆者に絶えず示唆を与えたことは言うまでもない。そして、本書の執筆にあたり温かい励ましをくださった友人や全ての方々にも、謹んでお礼を述べたい。最後に、英語との出会いと言語への関心の礎を与えてくれた両親に一言感謝の意を添え、本書のあと書きとする。本書が、英語が読めるようになりたいと望むひとりでも多くの学習者の一助となることを願う。

2012年8月
米国・加州・羅府の自宅にて
味岡　麻由美

著者紹介

味岡　麻由美（あじおか　まゆみ）
東京都出身。津田塾大学大学院文学研究科英語教育専攻修士課程修了、文学修士。カリフォルニア大学ロサンゼルス校（UCLA）応用言語学＆TESL修士課程修了（MA in Applied Linguistics & TESL）。現在同大学大学院応用言語学博士課程在籍。母語話者・非母語話者の比較により「母語話者らしさ」を研究中。トフルゼミナール講師。長年にわたり英文読解を教える。

トップ大合格への英文精読トレーニング

発行	：2012年8月30日　第1版第1刷
著者	：味岡麻由美©
発行者	：山内　哲夫
企画・編集	：トフルゼミナール英語教育研究所
発行所	：テイエス企画株式会社
	〒169-0075　東京都新宿区高田馬場1-30-5　千寿ビル6F
	TEL（03）-3207-7581（代）
	email：books@tsnet.co.jp
	URL：http://www.tofl.jp/books
印刷・製本	：日経印刷株式会社
本文デザイン・DTP	：野村真美
編集・校正協力	：飯塚香

ISBN978-4-88784-136-9 C7082
乱丁・落丁は弊社にてお取り替えいたします。